于家砣头墓地

大连市文物考古研究所　编著

科学出版社
北　京

内 容 简 介

本书是1977年大连市旅顺口区于家砣头青铜时代墓地考古发掘报告，由大连市文物考古研究所编著。该墓地为独立的积石冢，内有58座墓室，流行丛葬习俗，墓室丛葬人数最多达21人。出土陶器、石器、玉器、铜器等200余件（套），为于家村遗址上层人们的公共墓地，属于双砣子三期文化，距今约3000年。

本书适合考古学、历史学等学科研究者和高等院校相关专业师生，以及广大文史爱好者阅读、参考。

图书在版编目（CIP）数据

于家砣头墓地 / 大连市文物考古研究所编著．—北京：科学出版社，2018.8

ISBN 978-7-03-058434-2

Ⅰ. ①于…　Ⅱ. ①大…　Ⅲ. ①墓葬（考古）– 发掘报告 – 旅顺口区 – 青铜时代　Ⅳ. ①K878.85

中国版本图书馆CIP数据核字（2018）第175116号

责任编辑：王光明 / 责任校对：邹慧卿

责任印制：肖　兴 / 封面设计：张　放

科学出版社 出版

北京东黄城根北街16号

邮政编码：100717

http://www.sciencep.com

中国科学院印刷厂 印刷

科学出版社发行　各地新华书店经销

*

2018年8月第　一　版　开本：787 × 1092　1/16

2018年8月第一次印刷　印张：12　插页：23

字数：353 000

定价：208.00 元

（如有印装质量问题，我社负责调换）

序

《于家砣头墓地》考古报告终于定稿出版了，这是东北地区青铜时代考古的一件大事，值得庆贺。

于家砣头墓地是1977年开始发掘的，受那个特殊时期各方面条件的限制，加之墓地打破遗址的堆积和以石块垒砌且多墓相连的墓葬结构，都有一定复杂性，一墓多具人骨交错叠摞，更需仔细剥离辨认，而且人骨和陶器现场保存情况都很不理想，这就造成考古发掘材料从发掘现场到库房保存，从实物到档案记录，都有许多不足之处。此后又经历40年的机构、参与人员的变动和文物、资料的转运，重新整理这批材料和编写发掘报告，难度之大可想而知。好在大部分实物和全部档案得以保留，这次启动发掘材料的整理和发掘报告的编写工作，又得到大连市文化部门和大连市文物考古研究所历届领导及各方面人士的支持。特别是当年发掘主持人许明纲先生，在刘俊勇同志协助下，在发掘工作结束后不久，就将发掘资料及时整理并将简报较早地发表出来。简报所发表的资料较为丰富，尤其是发表了墓地平面图和墓葬登记表，有关资料在研究东北亚青铜时代的国内外学者中引用率甚高，也为这次于家砣头墓地的全面整理和发掘报告的编写打下了较好的基础。这次发掘报告的主要编写人张翠敏同志深知抢救这批资料的重要性，为遵循编写发掘报告的原则，做到尽量准确、客观和全面，对一些难点问题的解决盯住不放，不时地向当年参加过发掘工作的老同志请教。为使报告的内容能坚持每座墓室分别加以介绍的原则，编写者将当时过于简单的发掘记录、线图及图版结合起来，反复进行核对后再作文字描述，并采用套色彩图表现复杂的人骨关系。还根据专业的发展趋势，增加了多学科研究方面的许多新内容，如人骨重新分析和稳定同位素检测、人骨测年及玉石类科学检测等新技术手段和新的研究成果。执着的追求使墓地的信息得到尽可能多的保留，发掘报告的质量也得以保证。

我曾在于家砣头墓地发掘开始后不久去过一次现场，当时对这处墓地的丛葬习俗印象特别深刻，也隐约地感觉到发掘、辨认、记录和保存这批人骨会碰到预想不到的困难。2006年11月我有机会到大连市文物考古研究所参观，惊喜地发现这批发掘材料中还有许多是没有发表的，特别是陶器，有不少完整或较完整器在简报中未见过，有些还是大家都十分关注的典型器如附贴耳的弦纹壶。于是，我在得知大连市文物考古研究所有意整理这批资料并着手编写正式考古报告时，多次予以鼓励，认为这对推动辽东半岛以至我国东北地区和东北亚青铜时代考古的有关课题，意义重大。

于家砣头墓地所属为双砣子三期文化（又称羊头洼文化）。该考古学文化正式定名见于1996年由中国社会科学院考古研究所编著的《双砣子与岗上——辽东史前文化的发现和研究》，但有关遗址的发现和资料的积累，算起来已有近一个世纪的历史了，尤其是近几十年有多处经系统发掘的遗址，出版的正式考古发掘报告，除了上述双砣子遗址发掘报告（1964年发掘）以外，还有由大连市文物考古研究所编著、于2000年出版的《大嘴子——青铜时代遗址1987年发掘报告》，加上20世纪30年代前后出版的《貔子窝》（单砣子有关部分，1929年）、《羊头洼》（1942年），有关双砣子三期文化已见于4本正式的考古发掘报告。于家砣头墓地则是属于该文化墓地中保存较为完整、随葬品较多、也最具代表性的一处墓地。资料的积累使研究不断有所进展，在这方面，以陈光同志在张忠培先生指导下所著《羊头洼类型研究》一文（1989年）的论述较为系统全面。

不过，据我的印象，这些年较多地关注到双砣子三期文化，是从东北南部地区青铜时代的年代问题开始的。因为东北南部青铜时代的初始年代，过去一般是以辽西地区所做工作较多的夏家店下层文化和大凌河流域多起窖藏商周青铜器的年代为准，定在商至周初时期，或商周之际前后。认识到东北南部地区青铜时代开始的年代应该有所提早，也是从对夏家店下层文化年代的重新认识开始的，从最初以为夏家店下层文化年代“与商代相始终”；到大甸子墓地发掘出土陶鬶和陶爵，确认夏家店下层文化有与二里头文化年代相当的部分；后又依大甸子墓葬有高台山文化陶器共存，认识到不仅辽西而且辽东地区的青铜时代的上限都可早到商代以前，我们将辽宁地区时代可以早到夏代至早商时期的这些遗存归于“早期青铜时代”。辽东半岛南部双砣子三期文化、辽东山地马城子文化，大约在此后不久也以其地层叠压关系、陶器特征、所出小件青铜器和^{14}C年代测定的对应，被认为其起始年代也可进入夏至早商时代即早期青铜时代。

回想起来，对双砣子三期文化的年代有一个较长的认识过程。因为，与双砣子一、二期文化分别具有山东龙山文化和岳石文化的某些因素相比，双砣子三期文化缺少可资相互比较的断代标准器，更多地需要^{14}C年代测定的支持。1972年第5期《考古》公布的全国最早一批为数不多的^{14}C年代测定数据中，就有双砣子三期文化的年代数据（当时称为双砣子上层文化），属于该文化的四号房址的炭化木柱标本，测定的年代数据为距今3135±90年（公元前1170±90年）。此后，1996年发表的《双砣子与岗上——辽东史前文化的发现和研究》考古发掘报告，公布了四号房址树轮校正后的年代，为公元前1360±155年。该发掘报告并参照岗上墓地下面的双砣子三期文化层的测年数据（公元前1280～前1330年，树轮校正为公元前1565±135年）和属于双砣子三期文化的于家村上层测年数据（距今3555±135年）（《考古学集刊》

第1集，中国社会科学出版社，1981年），将双砣子三期文化的年代推定为公元前1600～前1400年。并认为于家砣头墓地的年代与双砣子三期文化相当或稍晚。1989年发表的陈光《羊头洼类型研究》一文，经与早于双砣子三期文化、相当于岳石文化的双砣子二期文化年代的分析比较，将双砣子三期文化的年代定在公元前1835～前1050年，认为该文化早期年代约在夏末。

将包括双砣子三期文化在内的辽东地区青铜时代的开始年代提早到夏代，补充和纠正了辽东半岛从新石器文化到青铜文化年代上的一段重要缺环，使有关研究建立在更为科学的年代基础之上，从而使得对辽东半岛以至东北地区青铜时代的历史发展进程及其与辽宁西部、中原地区青铜文化的关系，都有重新加以认识的必要，这无疑是一个很大的推进。

当然，对双砣子三期文化进而对大连地区早期青铜时代的认识，主要还是以其丰富且独特的内涵，特别是其中表现出的强烈的地域文化特性为依据的。与双砣子一、二期文化相比，在双砣子三期文化中，来自山东古文化的因素基本不见，具有地域特色的文化因素却一直延续下来，而且有充分发展，形成一整套独具特点的陶器群。对此，《双砣子与岗上——辽东史前文化的发现和研究》已认识到："双砣子一、二期文化尚有胶东的影响，不过地域因素相当突出，尤以双砣子三期文化最为显著，无疑代表着辽东的土著文化。"陈光同志在《羊头洼类型研究》一文中也提到：羊头洼类型"在其繁衍生息期间，控制了整个旅大地区，本身的发展具有相当的连续性，是东北一支有浓厚地方特色的青铜文化"。近些年积累的大量资料，使我们对双砣子三期文化浓厚的地域特色及发达程度有更多体会和认识：与双砣子一、二期文化甚至当地新石器时代诸文化相比，双砣子三期文化的遗址点数量多，而且规模较大的遗址多，还有如甘井子区大王山那样的特大型遗址。分布范围分别沿黄海和渤海沿岸各向东北方向的延伸也较其他新石器时代至青铜时代古文化为广。遗址文化堆积也较厚，特别是房址的分布较为密集（双砣子遗址17座房址，除3座为双砣子一期文化外，其余14座属于双砣子三期文化；大嘴子遗址的51座房址中有48座属于双砣子三期文化，还有10组房址存在叠压和打破关系，其中一组为3座房址的连续叠压）；房址面积增大，房址结构趋于复杂，普遍有石墙叠砌；出土石器、陶器和兽骨多，表现出的渔猎经济生活特征十分浓厚，而且兼营种植业（大嘴子遗址有炭化稻米等谷物发现）。陶器的个体增大，器类增多，大嘴子遗址出土带几何形图案的彩绘陶，还常有铜镞、铜环等小件铜器发现。特别要提到的是，包括钺、剑、戈、镞、矛等在内的石兵（礼）器多见，尤其是钺、剑与戈，不仅多见，而且钺的形制规整，时代特征标准，剑更有超长形制，如单砣子石剑长60厘米，普兰店瓦窝孙屯采集的石剑长更达1米余，戈有明确的内部与援部的分界，形制也较为典型。多类型成组合的石质兵（礼）器的多见，是双砣子三期文化社会发展到较高程度的集中表现，也应是双砣子三期文化成为大连地区历史上最为繁荣和最具区域代表性的一支土著古文化的主要原因。于家砣头积石墓地作为全面发掘揭示的该文化时期的一处墓地，多达50多座墓葬既相互连接又有区域和主次之分，是了解该文化社会结构及其与当地新石器时代和青铜时代的文化源流关系的较为完整的一批资料。

双砣子三期文化的又一重要学术价值，也是海内外学术界更为关注的学术价值，是该文化与曲刃青铜短剑文化的起源有密切关系。于家砣头墓地的材料，对解决这一课题提供了更多线索，故在这里多谈几句。

关于含曲刃青铜短剑诸遗存的起源，有辽西说和辽东说，20世纪80年代前后曾有所争论，此后虽有些沉寂，但问题至今未解决。前述有关双砣子三期文化的诸多考古发掘报告和论著中，都有关于双砣子三期文化与曲刃青铜短剑关系的论述，而且都认为包括于家砣头墓地在内的双砣子三期文化与曲刃青铜短剑的起源有关。如《双砣子与岗上——辽东史前文化的发现和研究》提出："于家砣头的少量铜器，无疑是青铜短剑及有关遗存的先驱。"于家砣头墓地考古发掘简报也认为"砣头积石墓有很多地方与大连地区早期青铜短剑积石墓相似"，两者"似有一定联系"。陈光同志在其文中也强调：作为曲刃青铜短剑最具代表性的双房遗存，虽然兴起于羊头洼类型的边缘部位，但"双房遗存的器形、器物组合是继承羊头洼类型的"，羊头洼类型"在探讨青铜短剑文化起源方面占有举足轻重的位置"，"约在商末之时，至迟不晚于西周早期，这个文化群体分布区的南部，以羊头洼类型为主，汲取庙后山上层部分文化因素，产生了富有特征的辽东青铜短剑文化中年代最早的双房遗存"。

我自20世纪70年代到辽宁工作后，最先和经常接触到的就有这类形制独特的青铜短剑，所以也一直在关注着曲刃青铜短剑起源这一课题的进展。认为在断定曲刃青铜短剑年代进而探索其起源时，除曲刃青铜短剑本身的类型学分析以外，更为重要的，还是要从其所属的考古学文化和共存关系方面全面地比较分析。于是我借2006年参加日本国立历史民俗博物馆举办"古代亚洲青铜器文化研讨会"撰写论文的机会，查阅和综合有关资料，并到大连双房等地点调查，到旅顺博物馆观摩实物，提出从这类遗存发展演变具"原生性"的角度加以探讨的思路："辽东半岛以双房六号墓为代表的青铜文化，具有相对稳定的自身特征与组合，起源以当地为主，所受外来文化影响较小，其发展过程表现出很强的原生性。该墓青铜短剑的形制也具有较为原始的特征。由此理解，辽宁式曲刃青铜短剑应起源于辽东，并在向辽西扩展及与燕文化频繁接触交流的过程中，改变着自身面貌，也为燕文化走向辽东准备了条件。"

这里提出的"原生性"观点的主要依据，一是以双房六号墓为代表的辽东曲刃青铜短剑遗存，二就是于家砣头墓地及其出土陶器。

前者所指的具体文化因素，除了曲刃青铜短剑以外，主要是与之经常共存的弦纹陶壶和叠唇筒形陶罐。筒形罐作为东北地区新石器时代主要陶器器形，其演变过程在辽西与辽东并不同步。其在辽西一路坚持到小河沿文化，到夏家店下层文化即早期青铜时代开始时消失，只在筒形鬲上保留遗痕。辽东特别是大连地区，筒形罐开始于新石器时代的小珠山下层文化和小珠山中、上层文化及偏堡文化，经青铜时代早期的双砣子三期文化，到双房类型时仍是主要文化成分，一直延续到战国晚期及以后，中间虽有间隔，形制也随时代不断有所变化，但始终保持着如外叠唇的特点。辽东与辽西两地区相比较，一方面反映筒形陶罐在东北地区文化发展过程中的顽强性，另一方面则表明，辽东特别是大连地区较辽西地区表现出更为浓厚的原生状态。

与筒形陶罐相比，弦纹陶壶在辽东地区的出现，虽然年代较晚，但一出现频率就很高。由于这类陶壶在辽西罕见，在辽东地区表现出的区域性和原生性特点就更为显著。我对这种弦纹壶印象最为深刻的是，2006 年在旅顺博物馆将正在陈列的双房六号墓的 2 件陶壶从柜中拿出来观摩时，发现这 2 件陶壶不仅具短唇、盆式或钵式口、下垂状球形腹部、不规则弦纹、半月形贴耳、横环耳等特点于一器，而且整体的重量极轻！原因是器壁甚薄，而且壁的厚度较为均匀，几乎接近于山东龙山文化的蛋壳黑陶，后在本溪大片地石盖墓群获得的多件弦纹陶壶也都有相同特点。考虑到这些作品完全是手制，且为夹砂陶质，火候不高，色泽不匀，器形又有一定的复杂性，还要附加器耳，却将器壁做得如此薄而匀，可见，其制作难度甚大，应是当时一种受到特殊重视的非实用器物，是辽东青铜短剑遗存最具标志性的文化因素之一。而且，由于这类遗存中有青铜短剑随葬的墓葬甚少，陶壶出现比率却较高，因而这类陶壶就成为辨别、研究这类青铜文化的最主要的资料，当然，也是追溯这类遗存起源的主要线索。

由双房遗存的弦纹陶壶向前追溯，目前所知，只有于家砣头墓地所出弦纹壶与之最为接近。早在双房墓发现的当时，发掘者许玉林与许明纲两位先生就认为，双房六号墓的贴耳弦纹陶壶“在旅顺于家村积石墓中也有发现”。我在论述其原生性时，有些细部比较：于家砣头墓地的陶壶，肩至腹部所饰三组或四组弦纹，也多为三道一组，略呈波浪式而非笔直；口部外弧、近于钵形，也有矮圈足，口、足与器身交接处接痕也甚明显，尤其是还有在弦纹处加饰小贴耳的，总之，无论器形、制法还是纹饰，都与双房陶壶之间有着较为清晰的先后演变关系。其中砣头 M40 所出弦纹陶壶，钵形口与肩相接处有细槽状接痕，贴耳分为两组，一组在肩，一组在腹，各 7 ~ 8 个，甚小而薄，虽表现出更浓厚的装饰性，但仍可看出贴耳在当时使用的普遍性，这也是其与双房壶先后演变关系最为直接的一个例证。

《于家砣头墓地》考古发掘报告在“初步研究”部分也有相近的论述：（双房六号墓）出土的 2 件弦纹壶无论在形制上还是纹饰、陶质上，或者在贴耳的饰法上，都与于家砣头积石墓地的弦纹壶风格一致，只是增加了桥状横耳。大连地区积石墓的发展也有一定的规律，到了春秋时期，除了积石墓仍存在外，在北部山区出现了新的墓葬形式——石棺墓，因此，毋庸置疑，双房的弦纹壶就是从于家砣头墓地发展过来的。而双房类型的弦纹壶在辽东地区包括抚顺、本溪、丹东及辽阳等地区甚至辽北某些地方的石棺墓中都有发现，形制大同小异，同时伴随曲刃青铜短剑出现，这说明此时的弦纹壶在分布上具有一定的区域，墓葬以石棺墓、大石盖墓等形式出现，代表一定的区域文化。

由于家砣头墓地所出多件弦纹壶，与曲刃青铜短剑墓共出的弦纹壶，前后演变序列清晰，可明确双砣子三期文化即为曲刃青铜短剑文化的前身，从而可以确认，曲刃青铜短剑文化的起源地在辽东，而不在辽西，具体地区即为辽东半岛南端、黄渤海沿岸的大连地区。

包括于家砣头墓地在内的双砣子三期文化，既是大连地区地域特色最为浓厚从而最具代表性的古文化，又是曲刃青铜短剑文化的源头，并将文化的影响扩及整个中国东北到东北亚地区，可以说，这是名副其实的大连古文化之根。相信随着《于家砣头墓地》考古发掘报告的出版，对双砣子三期文化的这一认识会引起更多有识之士的重视，对这类文化遗存的保护也会得到进一步加强。

郭大顺

2018年6月于沈阳

目　录

插图目录

插表目录

彩版目录

图 版 目 录

第一章　概　　述

第一节　地理位置

于家砣头墓地位于辽宁省大连市旅顺口区铁山街道于家村（1997 年于家村与毗邻的两个自然村尹家村、刁家村合并为牧羊城村）西南临海砣子的尖端，地理坐标为北纬 38°45′48.3″，东经 121°7′22.7″，海拔约 23 米（图一、图二；彩版一、彩版二）。与于家砣头墓地相连的是其东北方向的于家村遗址，它们一起坐落在深入海中的砣子上。砣子长约 500、宽约 300 米，砣子东北面与陆地相连，其他三面濒临渤海，形成了三面临海的小半岛，当地俗称“砣头”。这一带海岸线曲折，多良港。砣头下面的港湾是当地有名的老船坞——于家村修船厂，墓地北面约 5 千米便是旅顺新港和烟大轮渡旅顺港，是通向山东半岛的重要港口。于家砣头墓地南 4 千米为辽东半岛最南端的老铁山，由此隔渤海海峡与山东半岛相望，其间的庙岛群岛成为连接两个半岛的纽带。自古以来，两个半岛的文化交流就是通过这条海上黄金水道实现的。

于家砣头墓地所在的旅顺渤海沿岸分布着各个时期的古代遗存，其中又以新石器时代至两汉时期遗存数量最多，内涵最为丰富。于家砣头墓地周边分布的古代遗存主要有：东约 1 千米为战国至汉时期的牧羊城城址，牧羊城战国与汉代遗存下面叠压着双砣子三期文化遗存；东南约 1 千米为刁家村汉墓和大坞崖战国至汉代遗址，约 1.5 千米为青铜时代尹家村遗址和汉代遗存；东约 2.5 千米为郭家村新石器时代遗址，约 5 千米为老铁山 - 将军山新石器时代积石墓地；北约 5.5 千米为羊头洼青铜时代遗址。这一带也是考古开展较早的一个地区。20 世纪 20 ~ 40 年代日本东亚考古学会在旅顺、甘井子、金州、普兰店等地进行了多次发掘，其中在于家村及周边发掘的地点有：1928 年发掘了牧羊城遗址及刁家屯、于家屯、官屯子墓葬[1]，1929 年发掘了南山里汉墓[2]（主要位于尹家村附近），1933 年发掘了羊头洼遗址[3]。从 20 世纪 60 年代开始，我国文物工作者在于家村周边开展的考古发掘工作有：1964 年发掘了尹家村青铜时代遗址和汉代遗存，以及将军山积石冢[4]；1973 年、1976 ~ 1977 年发掘了郭家村遗址[5]；1977 年发掘了于家村遗址[6]；1973 年、1975 年发掘了老铁山 - 将军山积石墓地[7]。

于家砣头墓地于 1980 年 5 月 12 日被公布为旅顺口区区级文物保护单位，2014 年 10 月 17 日被公布为辽宁省第九批省级文物保护单位。

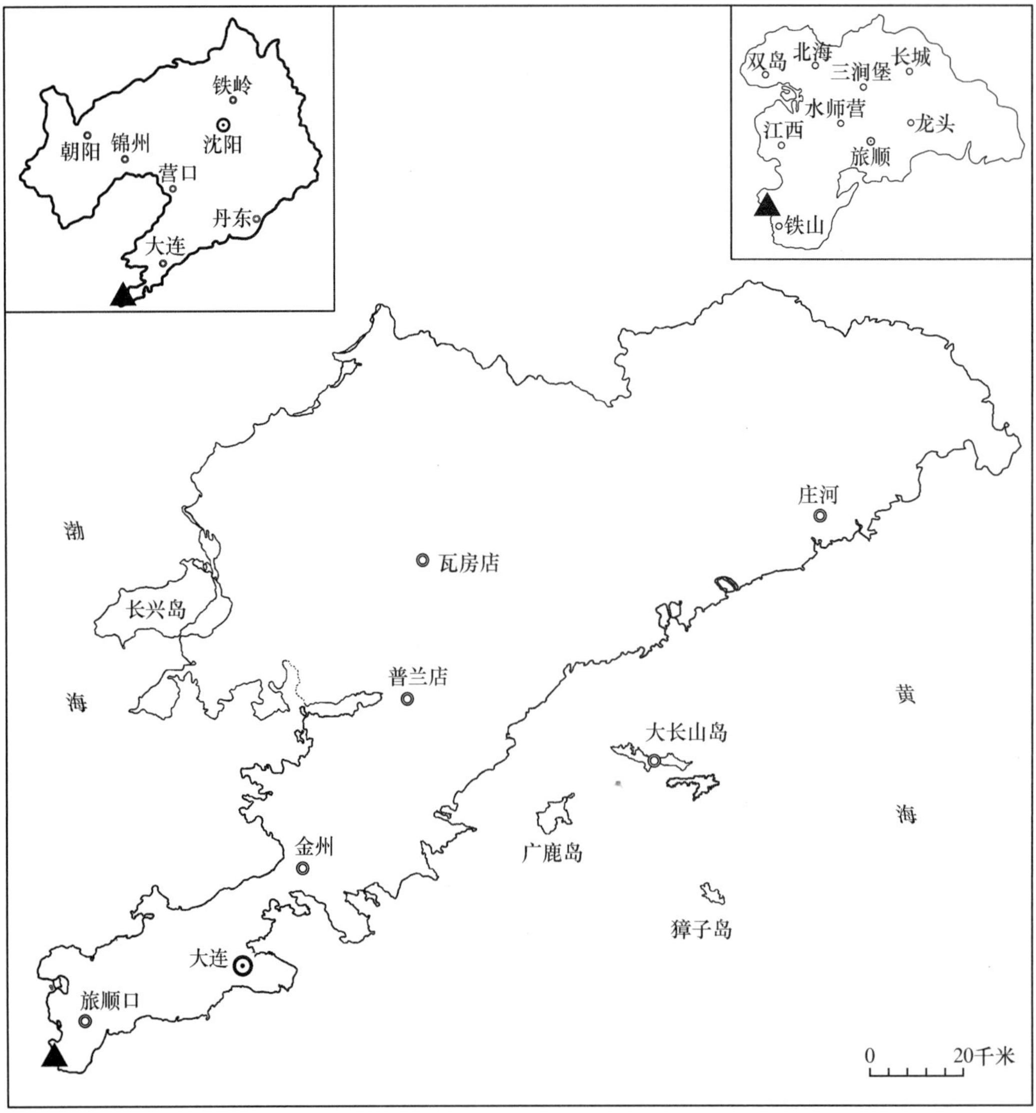

图一 于家砣头墓地位置示意图

第二节 发现与发掘经过

于家砣头墓地是1977年4月中旬由旅大市工农兵考古学习班发现的。

旅大市工农兵考古学习班由旅顺博物馆、辽宁省博物馆、辽宁大学历史系考古专业学生及部分地市文物干部组成。1977年3~7月，考古学习班对旅顺郭家村遗址进行第三次发掘。期间，于这一年的4月份，部分学员发掘了西距郭家村遗址约2.5千米的于家村遗址。地处于家村遗址边缘的于家砣头墓地由此被发现。

于家村遗址位于于家砣头墓地东北方向、在砣子的东南坡，与砣头墓地相连接，

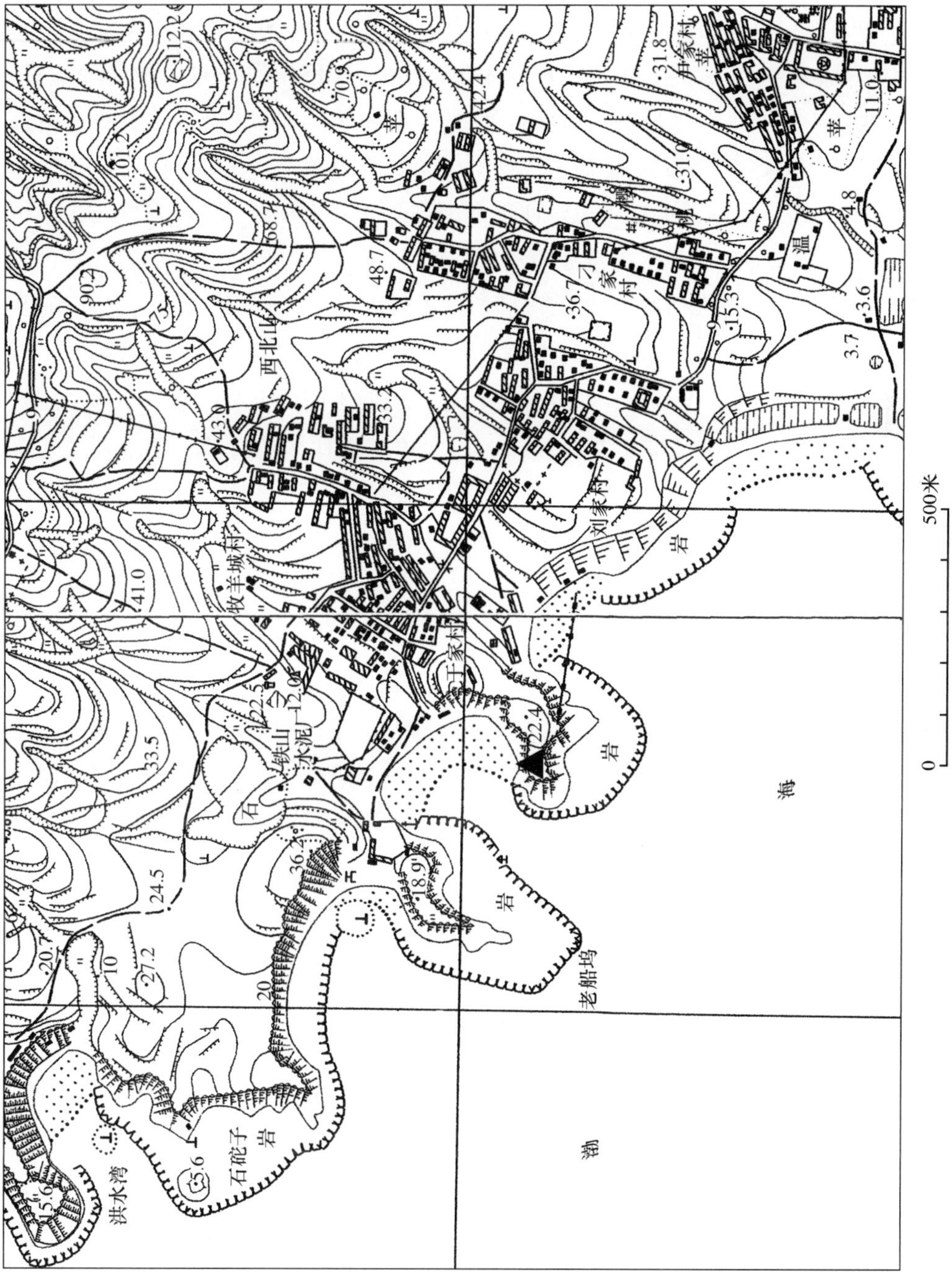

图二 于家砣头墓地地形图

分布面积约5000平方米，发掘面积100多平方米。于家村遗址包括两期遗存，分别相当于双砣子一期文化和双砣子三期文化。于家村下层测年为距今4085±100年（树轮校正为距今4510±145年）（公元前2560年）、距今3655±80年（树轮校正为距今3975±100年）（公元前2025年）[8]，相当于龙山文化晚期，陶器风格具有山东龙山文化晚期特征。于家村上层年代距今3230±90年（树轮校正为距今3555±135年）（公元前1605年）[9]，已进入青铜时代，属于双砣子三期文化。于家村上层这类遗存即双砣子三期文化，在大连地区有广泛的分布，为当地土著文化。

于家砣头墓地建在临海的砣子上，西部和南部、北部为临海悬崖，东北与于家村遗址相连，并通向陆地。于家砣头墓地地势狭窄平缓，起伏不大。墓地东北高出地面约1米，西南为平地。当地人俗称的“乱葬岗”。发现的当时，墓地上覆盖着黑色腐殖土，局部暴露出大石块和大量小海卵石，与周边在高度和地面色泽变化上有着明显差别。

该墓地为一个独立的积石冢，总体保存较好，但西、南面墓葬因靠近悬崖，多被自然剥蚀破坏，墓地东部墓葬也多有损毁，西南角被近代壕沟打破，整个墓地还有15座墓被现代墓打破，另有部分墓葬被当地农民挖坑捕鸟所破坏，近中部和东北部地势稍高，墓室保存较好。现存墓地平面为近三角形，南北最长约30、东西最宽约37米，残存面积约960平方米（图三）。

5月3～7日，考古学习班部分学员开始对墓地进行清理发掘。发掘前，整个墓地被厚10～15厘米的黑色腐殖土覆盖，将腐殖土清理后，露出大石块封顶的积石冢，有的墓室顶部大石块被破坏，露出墓室内的小海卵石。发掘初期还发现，于家砣头墓地建在于家村遗址的边缘地带，修建墓地时破坏了部分遗址，有些墓室即以遗址的黑灰土为墓底垫土，有些墓室以遗址的黑灰土（夹带着陶片）等为填土，填土内还常常夹杂着遗址房址内常见的火候较高的红烧土块。有的墓室建造时还取遗址中房址红烧土块垒砌墓壁。如M24，其墓壁就用红烧土块和大石块垒砌。

由于墓地结构有一定的复杂性，为调整工作方案，发掘工作曾一度短时间暂停[10]。后在许明纲先生指导下，从5月28日开始对墓地重新进行清理发掘，墓地的全貌才得以全面揭露，直到7月1日现场考古工作全部结束。

于家砣头墓地是按照先布探方的方法开始发掘的，不过当时称为“区”，因为是根据墓地实际情况，以十字格划分发掘区域，初分4个区，后来增加至7个区，区与区之间留有1米宽的隔梁，所以区相当于探方，用“T”表示，但每个区的大小都不一样，包含的墓室数量也不同。T1有8个墓室，T2有13个墓室，T3有8个墓室，T4有7个墓室，T5有12个墓室，T6有5个墓室，T7有5个墓室。按区发掘，墓葬的编号也分区在区内依次编号（区号“T”加墓葬号“M”），然后汇总在一起，最后再重新统一编号（附表二）。

于家砣头墓地共存58座墓室[11]，实际上墓室的数量还要多一些。因墓地临近海

图三　于家砣头墓地平、剖面图

边悬崖，从 M58 至 M53 半圆形范围内，有的地方还有墓圹残迹存在，据现场发掘者回忆，这些地方仍有存在一排墓室的可能性。只是因为被破坏严重（包括自然损毁和人为损毁）而无法得知其具体形状和数量，所以仅记录了尚存的 58 座墓室（图版一）。

墓室形制多为长方形，还有椭圆形和不规则形。相邻墓室往往使用共同的墓壁，部分墓室有独立的墓壁。

于家砣头墓地的考古发掘项目由辽宁省博物馆文物工作队原副队长许玉林负责，旅顺博物馆原副馆长许明纲主持发掘。参加发掘的人员还有孙守道、苏小幸、刘俊勇、孙力、金殿士、陈连旭、王瑽、孟庆忠、方静等。孙守道负责发掘现场的人骨绘图、鉴定和分析，原始发掘记录和绘图由许明纲、许玉林、孙守道、苏小幸、刘俊勇、陈连旭、金殿士、孙力、王维胜、王瑽、孟庆忠、方静等完成。当时人骨^{14}C 测年分别由中国社会科学院考古研究所和北京大学历史系完成。

注　　释

[1]　〔日〕东亚考古学会：《牧羊城——南满洲老铁山麓汉及以前遗迹》，《东方考古学丛刊》第二册，1931 年。

[2]　〔日〕《南山里——南满洲老铁山麓的汉代砖墓》，《东方考古学丛刊》第三册，1933 年。

[3]　〔日〕金关丈夫等：《羊头洼——关东州旅顺鸠湾内的史前时代遗址》，《东方考古学丛刊》乙种第三册，1942 年。

[4]　中国社会科学院考古研究所：《双砣子与岗上——辽东史前文化的发现和研究》，科学出版社，1996 年。

[5]　辽宁省博物馆、旅顺博物馆：《大连市郭家村新石器时代遗址》，《考古学报》1984 年第 3 期。

[6]　旅顺博物馆、辽宁省博物馆：《旅顺于家村遗址发掘简报》，《考古学集刊》（第 1 集），中国社会科学出版社，1981 年。

[7]　A. 旅大市文物管理组：《旅顺老铁山积石墓》，《考古》1978 年第 2 期。

B. 中国社会科学院考古研究所：《双砣子与岗上——辽东史前文化的发现和研究》，科学出版社，1996 年。

[8]　A. 中国社会科学院考古研究所：《放射性碳素测定年代报告》（七），《考古》1980 年第 4 期。

B. 见中国社会科学院考古研究所实验室关于于家村遗址 T3F3 地面下出土木炭和居住面上出土木炭的测年数据（内部资料）。

[9]　A. 中国社会科学院考古研究所：《放射性碳素测定年代报告》（七），《考古》1980 年第 4 期。

B. 见中国社会科学院考古研究所实验室关于于家村遗址 T1F1 出土木炭的测年数据（内部资料）。

[10]　许明纲：《田野考古调查及发掘工作散记》，《大连文物》1987 年第 2 期。

[11]　旅顺博物馆、辽宁省博物馆：《大连于家村砣头积石墓地》，《文物》1983 年第 9 期。

第二章　墓室分述

一、M1

位于墓地最北端，西北部因靠近悬崖而自然损坏，南和西分别与M6、M2相邻，利用M6的北壁一部分作为其南壁。方向为北偏西40°。墓室呈长方形，墓口距地表0.2～0.3米，残长1.9、宽1.4、残深0.8～0.96米。墓室四壁用大石块堆砌，墓壁南高北低。该墓建造时用遗址黑灰土将墓底垫平，其上再铺几块石板和海卵石作为墓底，海卵石厚约10厘米（图四）。与其他墓室不同的是，墓底各用3块石板铺

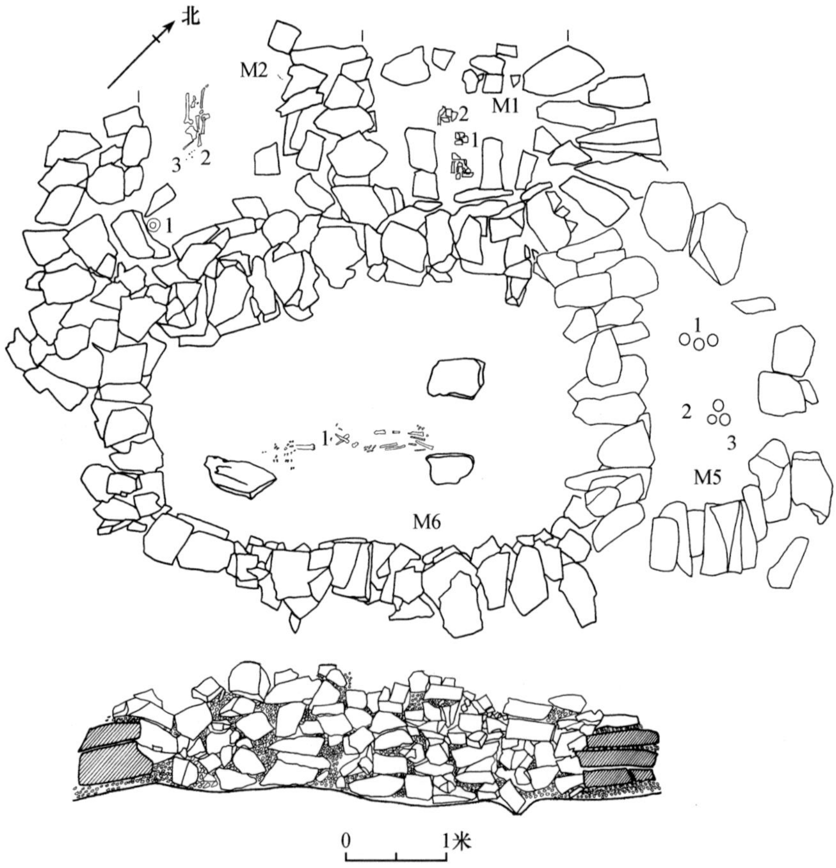

图四　M1、M2、M5、M6平面图与M6南壁立面图

M1：1、2. 陶杯　M2：1. 陶罐　2、3. 黑滑石珠　M5：1、2. 陶罐　3. 陶豆　M6：1. 铜鱼钩

成比较规矩的长方形内框，宽 55 厘米，中间填以海卵石。人骨架置于石板和海卵石之上。墓室内填遗址黑灰土和小海卵石，这些小海卵石要比墓底铺的海卵石小一些。由于墓室部分被破坏，仅发现 2 个头骨，头向均偏东南。随葬品仅有 2 件陶杯，均出自 2 个头骨下。

陶杯　2 件。M1：1，夹砂褐陶。口大底小，略侈口，斜弧腹，凹底，环状单把。口部饰三条弦纹。器壁厚 0.4 ~ 0.5 厘米。口径 9.6、底径 5.1、高 7.9 厘米（图五；彩版五，1）。另一件为黑褐色陶杯，已残，不能复原。

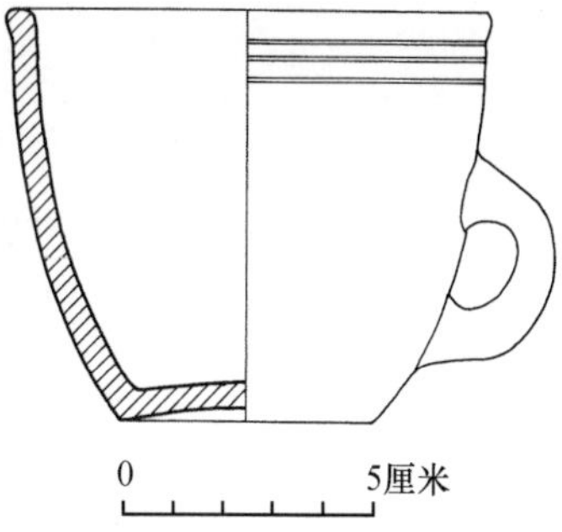

图五　M1 出土陶杯（M1：1）

二、M2

位于墓地北部，M1 西侧，东南与 M6 相邻，西南与 M3 相邻（图四）。墓室西北部因靠近悬崖而自然损毁。方向为北偏西 40°。墓室呈长方形，墓口距地表 0.2 ~ 0.3 米，墓口残长 2、宽 1.4 米，墓底残长 1.3、宽 1.4 米，残深 0.9 ~ 1 米。墓壁用双排石块堆砌，墓底铺海卵石，厚约 0.1 米，墓室内填遗址黑灰土和海卵石。发现人骨架 3 具*，按墓壁长轴方向摆放，头脚两端被破坏，仅存中间部分。保存骨骼部位有股骨、胫骨、尺骨、桡骨、骨盆、牙齿等。从人骨摆放方向分析，最上面的人骨头向偏西北，性别、年龄不详；中间人骨架为一成年女性个体，骨盆保存较好，右股骨错位，位于左髋骨之下，双手放置在右髋骨之上，右手搭在左手之上，头向偏东南；最下面是一具幼儿骨架，肱骨、腰椎均位于中间的女性骨架两腿之间，额骨和颧骨被压在中间骨架的左髋骨下，一部分牙齿散乱在中间人骨的骨盆东侧，头向亦偏东南（图六、图七）。均为仰身直肢葬。随葬品有陶罐 1 件，出自墓室东南角；黑滑石珠 4 枚，出自幼儿骨架附近。

陶罐　1 件。M2：1，黑褐陶。圈足。饰弦纹。未能复原。

黑滑石串珠　仅存 3 枚。M2：2，主要成分为滑石，含少量石英，呈黄褐色，管状中空，略粗。直径 0.65 ~ 0.7、厚 0.4 ~ 0.5 厘米（彩版六，2）。

黑滑石珠　存 1 枚。M2：3，材质、颜色与 M2：2 相同，平面为近圆形，孔略大。直径 0.8、厚 0.3 厘米。

---

* 人骨介绍分析，是根据发掘现场图纸、说明和发掘记录叙述的，与 2018 年重新鉴定的人骨可能存在出入。

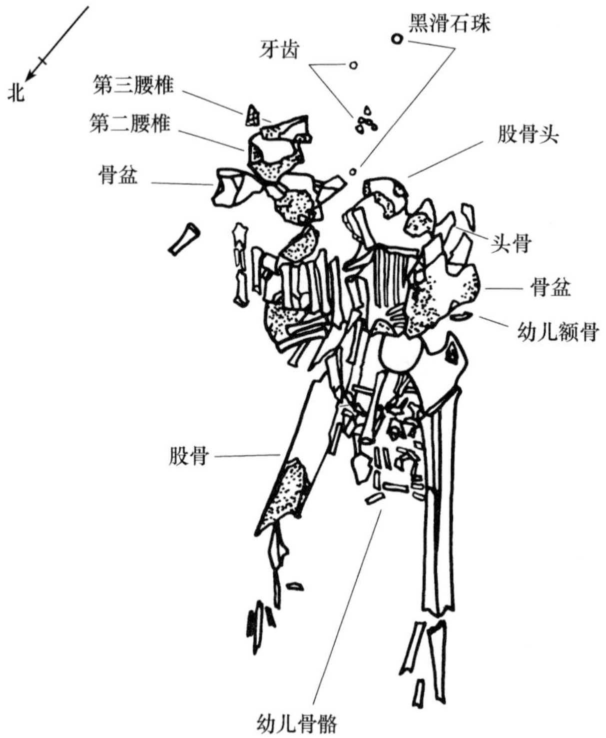

图六　M2第二层和第三层幼儿骨骼图

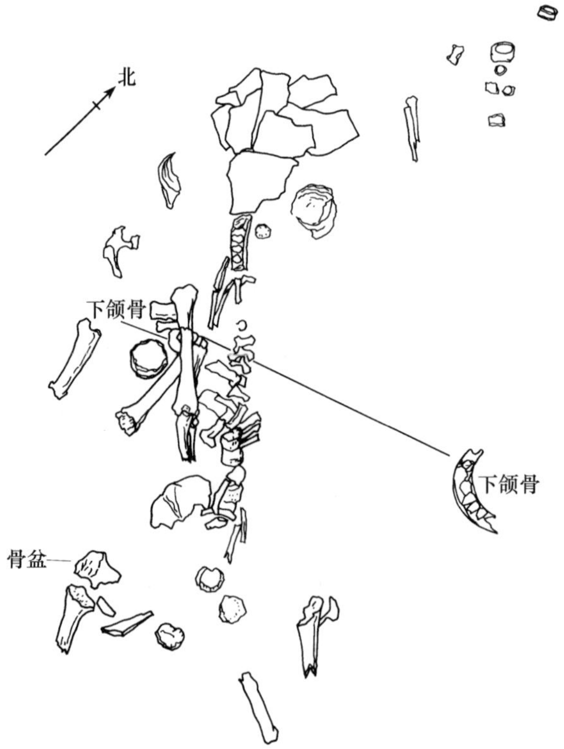

图七　M2第三层幼儿骨骼图

三、M3

位于墓地西北部边缘，分别与M2、M6、M15、M7、M4相邻，与M1、M2一样，因靠近悬崖而墓室西北部遭到自然损毁，同时被现代墓打破。方向为北偏西45°。墓室呈长方形，残长3、宽1.7、残深0.6米。该墓室建在基岩上，先用沙土和遗址黑灰土垫平，然后铺小海卵石，小海卵石厚约0.25米，人骨架置于其上。墓室内只填小海卵石。发掘时墓壁残存2～3层石块。墓室南部用石块间隔出简易的边箱，形成一大一小双室结构（图八），残存人骨架4具，按墓壁长轴方向相向摆放，人骨已被扰乱，仅存部分肢骨。从人骨安葬方向分析，头向偏东南的有3具，偏西北的有1具，均为仰身直肢葬。随葬品分别出自双室中，除1件石纺轮外，其余均为陶器，其中杯2件、鼓腹罐2件、圈足罐1件、豆1件。

陶杯　2件。M3∶1，夹砂黑褐陶。略侈口，鼓腹，凹底，环状单把。口沿另贴泥条压抹，形成凹痕。器身饰四周双凹弦纹和三周圆刺点纹。口径7.8、底径5、高8.8厘米（图九，1；彩版七，1）。M3∶4，夹砂红褐陶。直口，弧壁，矮圈足。口部

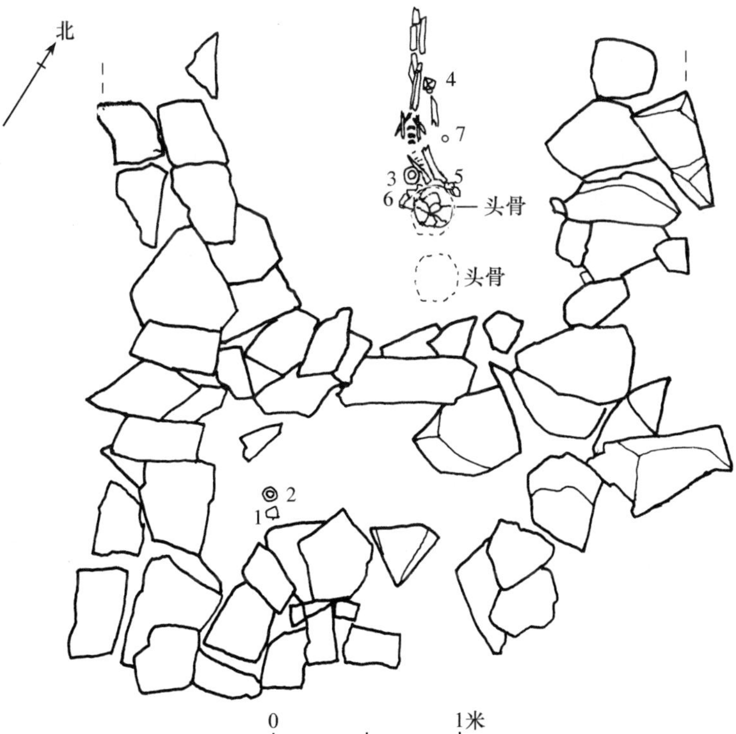

图八　M3平面图

1、4. 陶杯　2、5. 陶鼓腹罐　3. 陶豆　6. 陶圈足罐　7. 石纺轮

外贴泥条抹平，圈足饰一周刻划纹。器身中部捏出一平面呈梯形的小泥柄。长 0.8、宽 0.8 ~ 1.8 厘米（图九，2；彩版七，2）。

陶鼓腹罐　2 件。M3∶2，夹砂黑褐陶。口微侈，鼓腹，凹底，器壁较薄。口径 10、底径 5.8、高 12.8 厘米（图九，4；彩版七，3）。M3∶5，夹砂黑褐陶。直口，口部不规整，深腹，凹底。口沿饰一周刻划纹。口径 6.8 ~ 7.2、底径 4.8、高 10.8 厘米（图九，5；彩版七，4）。

陶圈足罐　1 件。M3∶6，夹砂红褐陶。侈口，短颈，鼓腹，喇叭形圈足，最大腹径在中部。纹饰主要在颈部、肩部及上腹部。颈部外贴泥条压成凹弦纹间饰刺点纹，肩部自上而下分别饰连续复线三角纹、凹弦纹、刺点纹、竖向凸泥条间横向短线，腹中部饰刺点纹。口径 7.5、圈足径 6.4、通高 10.6 厘米（图九，3；彩版七，5）。

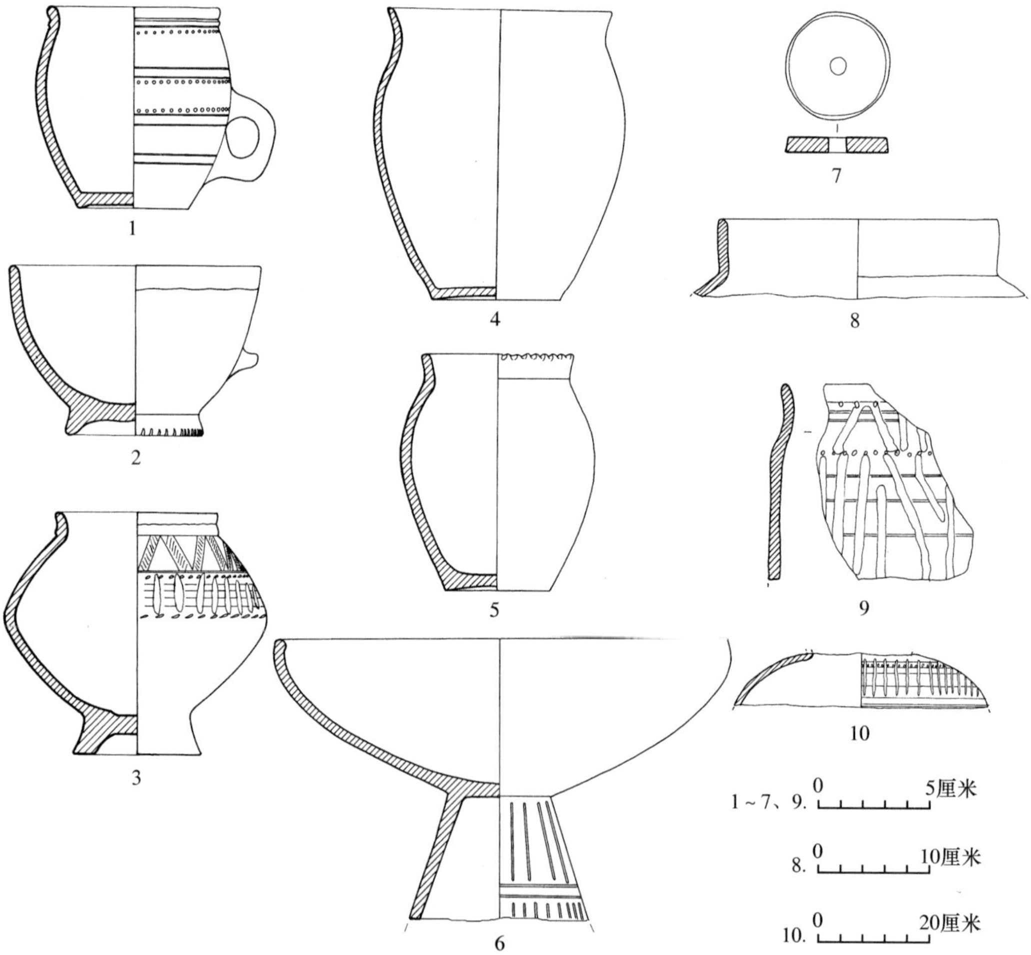

图九　M3 出土器物

1、2. 陶杯（M3∶1、M3∶4）3. 陶圈足罐（M3∶6）4、5. 陶鼓腹罐（M3∶2、M3∶5）6. 陶豆（M3∶3）7. 石纺轮（M3∶7）8、9. 陶壶口（M3∶8、M3∶10）10. 陶壶肩（M3∶9）

陶豆 1件。M3：3，夹砂灰褐陶。钵形豆，敛口，喇叭形圈足。圈足饰竖线划纹和两周凹弦纹。口径20.5、圈足径8.4、高12.4厘米（图九，6；彩版七，6）。

石纺轮 1件。M3：7，泥质板岩。圆形，中间已裂开，管钻孔。直径3.6、厚0.5厘米（图九，7；彩版六，1）。

另外，墓室内遗址黑灰土中夹带陶片，可辨器形有壶，个体比较大，属于家村遗址上层。

陶壶口 M3：10，夹砂黄褐陶。侈口，长颈微曲。口沿饰圆刺点纹、凹弦纹和另贴泥条凸棱纹（图九，9）。M3：8，夹砂褐陶。直口。口径25厘米（图九，8）。

陶壶肩 M3：9，夹砂黄褐陶。广肩，鼓腹。饰凹弦纹和凸棱纹（图九，10）。

四、M4

位于墓地西北部边缘，与M3、M7相邻。墓室西北部被现代墓打破，破坏严重。墓室呈近长方形，墓壁残损严重，仅残存少量石块，人骨和随葬品情况不详。墓室残长1.8、宽0.98米（图一〇）。

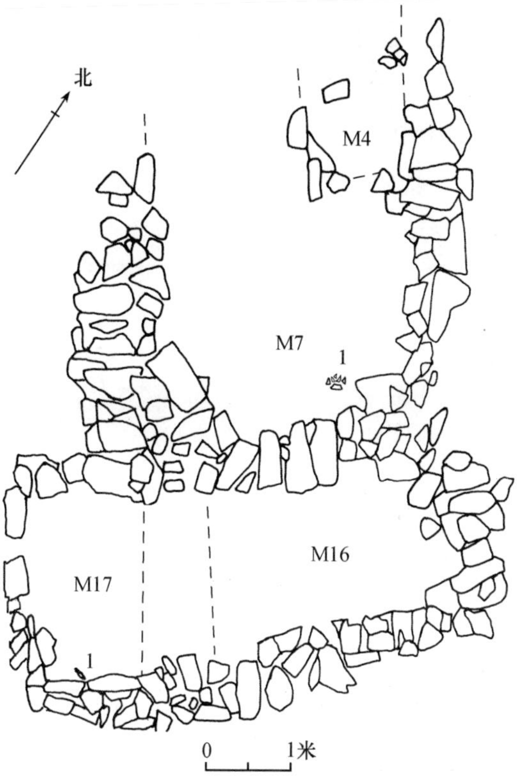

图一〇 M4、M7、M16、M17平面图
M7：1. 陶杯 M17：1. 石矛

五、M5

位于墓地北端边缘，与M1、M6、M12相邻，利用M6、M12墓壁接筑而成。靠近墓地边缘的墓壁破坏严重。方向为北偏西45°。墓室平面呈长方形，墓口距地表0.15米，墓室长2.1、宽1、残深0.35～0.85米（图四）。发掘时墓壁最多残存3层石块，墓室内只填海卵石，墓底情况不详。人骨凌乱，未能辨别个体数量和性别（图版二，1）。随葬品位于墓室东侧，共3件陶器，其中罐2件、豆1件，均不能复原。

另外，墓室内遗址灰土中发现了于家村遗址上层陶片，其中包括壶口和圈足。

陶壶口 M5：4，夹砂黄褐陶。直口，短颈。颈部饰刺点和凹弦纹。复原口径18厘米（图一一，1）。

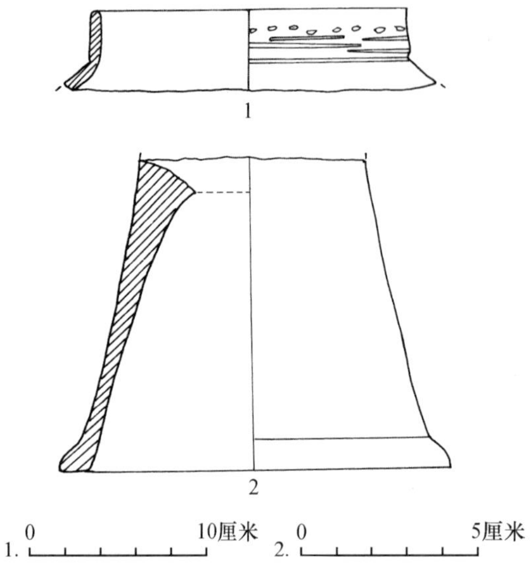

图一一　M5 垫土中出土陶片
1. 壶口（M5：4） 2. 圈足（M5：5）

陶圈足　M5：5，夹砂灰褐陶。喇叭形。圈足底缘凸起。圈足径 11.4、圈足高 8.6 厘米（图一一，2）。

六、M6

位于墓地北部。墓室规模较大，有独立完整的墓室。与其他墓室方向不同，方向为北偏东 45°。墓室呈近圆角长方形，墓口距地表 0.1 ~ 0.2 米，墓室长 3.85、宽 2、深 1.1 米（图四）。发掘时东壁保存最好，残存 6 层石块（图版二，2），距墓口 0.65 米处发现人骨，墓底铺海卵石，厚约 0.35 米。墓室填遗址黑灰土和海卵石（图四）。人骨 4 具，朽烂严重，仅存部分肢骨、头盖骨和牙齿。人骨架按墓室长轴方向摆放，从上至下叠压顺序为：最上一具头向偏东北，仅存少量头盖骨残片和牙齿，下肢部位出土 1 件铜鱼钩；第二具仅存头骨残片和牙齿，牙齿磨损严重，头向偏西南，应为老年人；第三具仅存股骨残段，头向不明；最下面一具仅存腰椎和骨盆残块，头向偏西南（图一二）。4 具人骨性别均不可辨。除铜鱼钩外，无其他随葬品。

铜鱼钩　1 件。M6：1，两端已残，呈弯钩状，横剖面呈菱形。残长 3.8、宽 0.5 厘米（图一三；彩版六，5）。

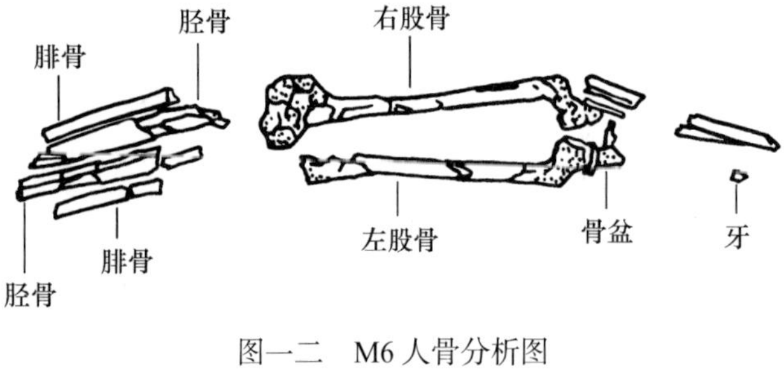

图一二　M6 人骨分析图

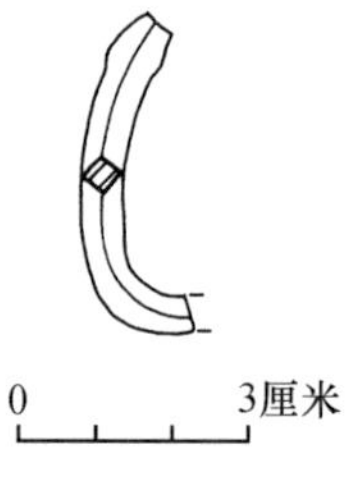

图一三　M6 出土铜鱼钩（M6：1）

七、M7

位于墓地西北部边缘，分别与 M3、M4、M8、M15、M16 相邻，靠近悬崖的一端自然损毁。方向为北偏西 45°。墓室平面呈近圆形，长 2.9、宽 2.5、残深 0.45 米。该墓建在基岩上，在建墓之前，先用沙土和遗址黑灰土将底面修平整，然后铺海卵石，其上放置人骨架和随葬品。发掘时墓壁仅存2层石块，封墓顶的大石块已不存，墓室内只填海卵石。墓室内仅存2个头盖骨，放在一起，均已残损，头向偏东南（图一〇）。随葬品仅有1件有柄陶杯，不能复原。

八、M8

位于墓地西部边缘，与M7、M9、M17相邻，墓室南部被现代墓打破，西北部因自然因素被破坏。方向为北偏西35°。墓室平面呈近长方形，墓口距地表0.1～0.25米，墓室残长2.4、宽1.5、残深0.4～1.1米。墓室建在基岩上，在修建之前，先用沙土和遗址黑灰土将底面垫平，再铺海卵石，厚约0.38米，其上放置人骨和随葬品，墓室内填海卵石。四壁用大石块堆砌，缝隙之间可见海卵石。发掘时墓壁仅残存2层石块（图一四；图版二，3、4）。共发现18具人骨架，其中有2具为儿童，按墓室长轴方向交错摆放，层层叠压。头向偏东南的有10具、偏西北的有5具，3具头向不明。人骨架自上而下叠压顺序如下。第一具存头骨和股骨残段，头向偏东南，性别不清。

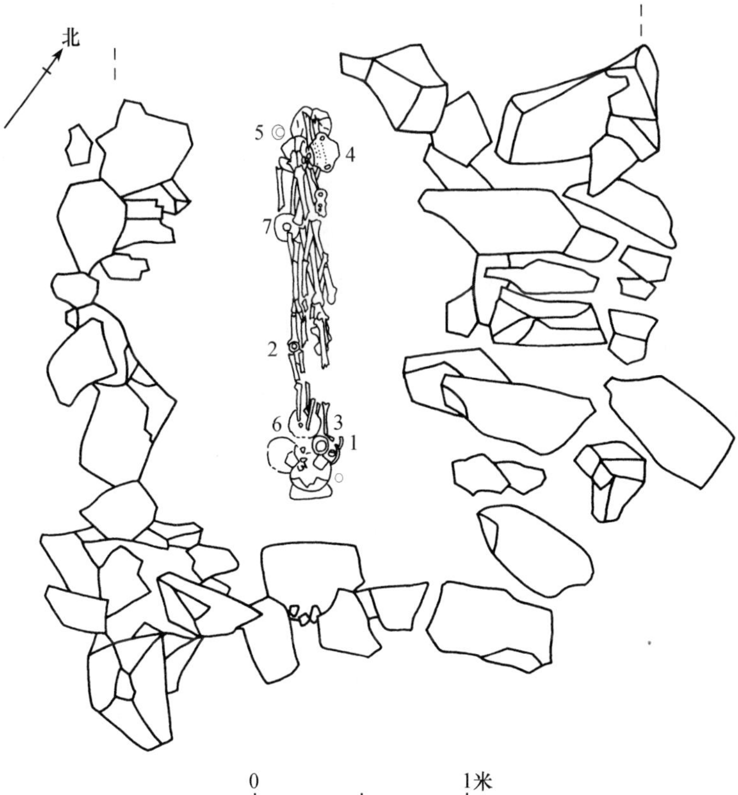

图一四　M8平面图

1. 陶大口罐　2. 陶圈足罐　3～5. 陶杯　6. 天河石坠　7. 环状石器

第二具残存头骨（包括下颌）和股骨、胫骨，头向偏东南，性别不清。第三具残存头骨（包括上颌、下颌）、上肢骨和股骨残段，头向偏西北，性别不清，另外两三具人骨之间还有儿童肋骨和脊椎骨残段。第四具残存头骨（包括牙齿）、股骨等，头向偏东南，似男性个体。第五具残存骨盆残块、股骨、胫骨残段，股骨比较粗壮，头向偏东南，性别不清。在第四和第五具之间还发现儿童的牙齿。第六具存头骨、股骨、胫骨残段，头向偏东南，性别不清。第七具存头骨等，其下压着一儿童头骨残片，头向偏东南，为男性个体。第八具存头骨、股骨等，骨骼比较细弱，头向偏东南，似女性个体。第九具残存左右股骨，骨骼比较粗壮，头向偏西北，似男性个体。第十具残存股骨、胫骨、腓骨残段，头向偏东南，性别不清。第十一具只存两侧股骨残段，头向应偏西北，性别不清。第十二具残存股骨，骨骼粗壮，头向偏东南，为男性个体。第十三具只存左侧股骨，似女性个体，头向应偏西北，其下叠压一少年指骨、左右两侧股骨和胫骨，头向不清。第十四具存股骨，头向偏东南，似女性个体。第十五具存股骨和骨盆、指骨等，骨骼粗壮，为男性个体，头向偏西北。第十六具存左右股骨，头向和性别不清。除第十七具和第十八具人骨已朽无辨外，其他 16 具人骨架均为仰身直肢葬（彩版二二）。

随葬品分别位于人骨架两端和中部，共发现 7 件，包括陶罐 2 件、陶杯 3 件、环状石器 1 件、天河石坠 1 件。

陶圈足罐　1 件。M8：2，夹砂红褐陶。侈口，短颈，鼓腹，喇叭形圈足，最大腹径在中部。纹饰主要位于颈部、中腹部和圈足上，颈部饰一周圆刺点纹，中腹饰两周圆刺点纹间五周凹弦纹，圈足饰一周大刺点纹。口径 7.3、足径 5.5、通高 10.2 厘米（图一五，4；彩版八，2）。

陶折腹罐　1 件。M8：1，夹砂红褐陶。大侈口，最大腹径位于上部，腹略折下腹斜收，凹底。颈部饰一周凹弦纹。口径 8.5、底径 4.8、高 9.9 厘米（图一五，5；彩版八，4）。

陶杯　3 件。M8：5，夹砂黑褐陶。环状单把杯，微侈口，斜腹，底微凹。口沿下饰刺点纹。口径 11.4、底径 6.2、高 9.4 厘米（图一五，1；彩版八，1）。M8：4，双耳杯，夹砂褐陶。环状双把杯，直口，弧壁，凹底。器身饰四周圆刺点纹。口径 9.8、底径 5.9、高 8.4 厘米（图一五，2；彩版八，5）。M8：3，夹砂黑褐陶。敞口，凹底，中下部捏出一上翘泥柄。器身上部饰两周凹弦纹。口径 7.4、底径 3.6、高 5.5 厘米。泥柄长 2.2、宽 1.5 厘米（图一五，3；彩版八，3）。

环状石器　1 件。M8：7，方解石质，已风化。平面为近圆形，周边略薄，刃部较钝，中间有大孔。直径 10.2 ~ 11、厚 2.4 厘米，孔径 4 厘米（图一五，7；彩版八，7）。

天河石坠　1 件。M8：6，玉质较差，呈蛋青色兼有黑色杂质。平面呈圆角长方形，正面鼓起，背面较平，横剖面呈半圆形，中间有对钻孔，孔道可见螺旋纹，背面孔两端因使用过度而形成凹槽。长 1.43 ~ 1.5、宽 1.17、厚 0.7、孔径 0.37 ~ 0.45 厘米（彩版八，6）。

在墓室垫土中采集了遗址陶片，其中包括壶口等。

陶壶口 M8：8，夹砂黑褐陶。侈口，束颈。颈部饰凹弦纹和三角形戳点纹。复原口径 23 厘米（图一五，6）。

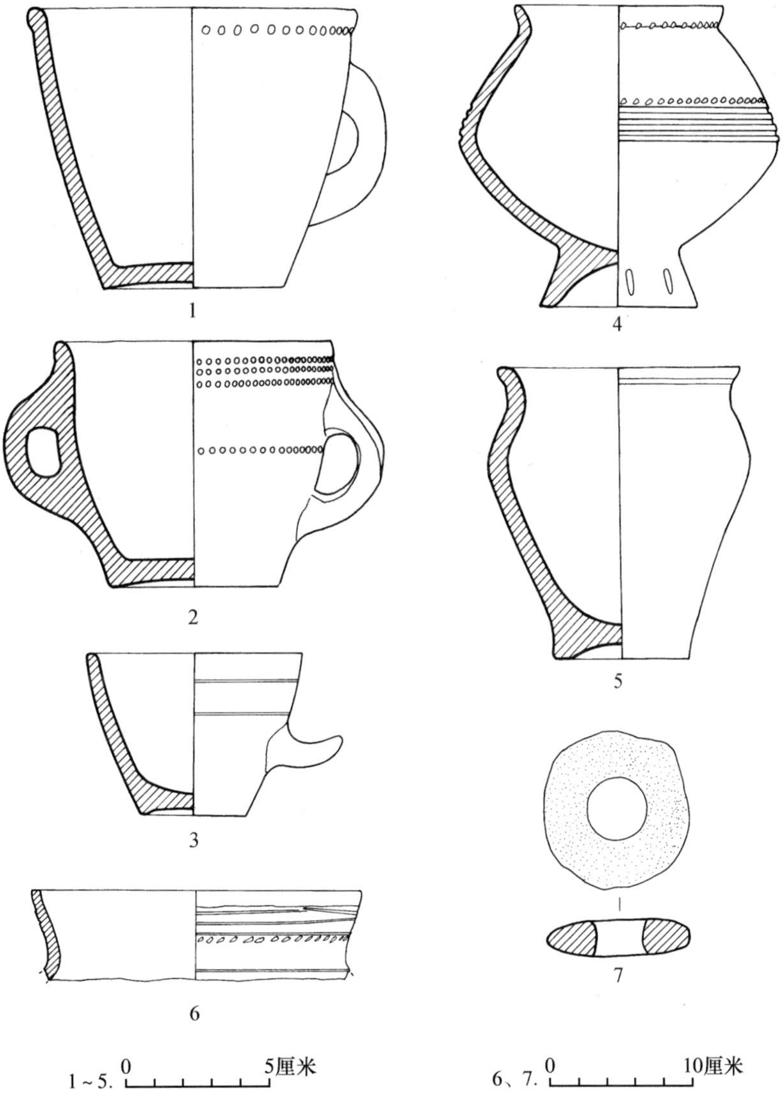

图一五 M8 出土器物

1 ~ 3. 陶杯（M8：5、M8：4、M8：3） 4. 陶圈足罐（M8：2）
5. 陶折腹罐（M8：1） 6. 陶壶口（M8：8） 7. 环状石器（M8：7）

九、M9

位于墓地西部边缘，与M8、M10、M18相邻，西北端被扰乱。方向为北偏西35°。墓室平面呈近长方形，墓口距地表0.15～0.25米，残长1.9～2.6、宽1.7、残深1米。发掘时墓顶封石已被破坏，墓壁残存3～4层石块。墓室建在基岩上，在修建之前，先用沙土和遗址黑灰土将底面垫平，然后铺几块大石板，其他地方铺海卵石，厚约0.15米，其上放置人骨和随葬品。墓室内只填海卵石。墓壁用大石块堆砌，缝隙之间可见海卵石（图一六；图版三）。发现人骨架5具，朽烂严重，仅存头骨、股骨、胫骨、指骨和牙齿等，按墓室长轴方向摆放。偏东南的有3具，偏西北的有2具。有仰身直肢葬和俯身葬两种。人骨架自上而下叠压顺序如下：第一具为幼儿，头向应偏东南；第二具为青年女性，头向应偏东南；第三具为老年男性，头向西北；第四具为

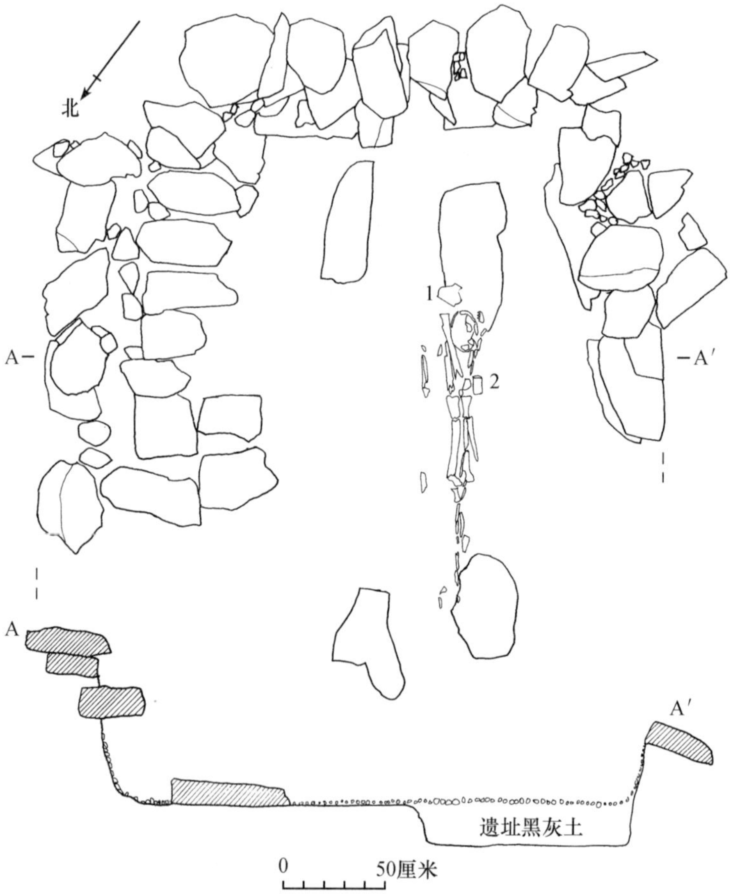

图一六　M9平、剖面图

1. 陶圈足罐　2. 石斧

男性，头向应偏东南；第五具为儿童，头向应偏西北（彩版二三）。随葬品共2件，即陶圈足罐和石斧各1件，陶圈足罐出自第三具头骨附近。

陶圈足罐 1件，M9：1，夹砂黑褐陶。侈口，长颈，鼓腹，喇叭形圈足。颈部与肩部相接处形成高凸棱。颈部饰两周刺点纹间两周凹弦纹，肩部和腹部分别饰一周刺点纹。口径10.8、足径6.3、通高12.5厘米（图一七；彩版五，2）。

石斧 1件，M9：2，上半部已残缺。弧刃，横剖面呈椭圆形。残长9、刃宽8、厚4厘米。

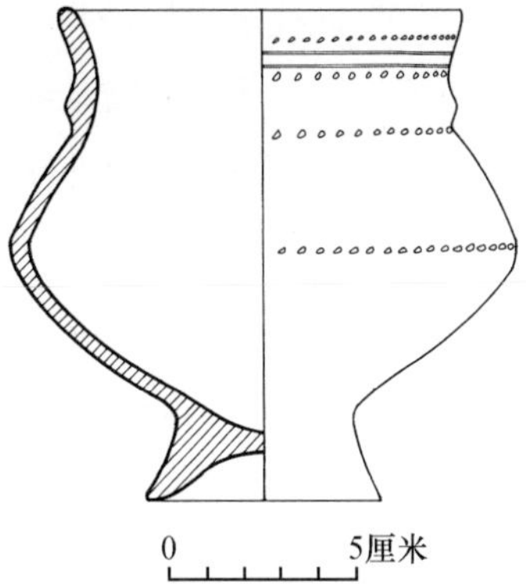

图一七 M9出土陶圈足罐（M9：1）

一〇、M10

位于墓地西部边缘，与M9、M11、M19相邻，被现代墓打破。墓室破坏严重，仅存部分墓圹。墓室内填海卵石，墓底人骨情况不详。未发现随葬品（图一八）。

一一、M11

位于墓地西部边缘，与M10、M19相邻，被现代墓打破。墓室破坏严重，仅存部分墓圹。墓室内填海卵石，墓底和人骨情况不详（图一八）。发现随葬品2件，即陶杯和陶钵各1件。

陶杯 1件。M11：1，夹砂灰陶。敞口，斜腹，凹底，中部偏下捏出一小泥柄。口径14.5、底径8.4、高11厘米（图一九，2）。

陶钵 1件。M11：2，夹砂褐陶。较大。敛口，深腹，下腹急收，高圈足。口沿外另贴泥条压抹形成凹痕。口沿下裂缝两侧有并列在一起的圆孔，从外向内钻，钵内侧孔附近分别有1~2个未钻透的凹窝，很可能是当时钵已残，准备锔好再继续使用。钵底部中间有意识地凿一不规整圆孔。口径30.4、足径11.6、高19.6厘米（图一九，1；彩版五，5）。

一二、M12

位于墓地东北部边缘，墓室比较完整，与M13共用一壁。方向为北偏西30°。墓室平面呈近长方形，墓口距地表0.2~0.3米，墓室长2.8、宽1.85、残深0.95~1.05厘米

（图二〇）。该墓建在基岩上，在修筑墓室之前，先用遗址黑灰土垫平，然后墓底南部铺 2 块对称石块，其他地方铺厚约 0.25 米的海卵石。墓壁用大石块堆砌，缝隙中可见海卵石，墓室内填遗址黑灰土和海卵石（图版四，1）。共发现 8 具人骨，其中包括 1 个儿童，按墓室长轴方向摆放人骨架，层层叠压，每层人骨之间都有海卵石间隔。头向偏东南的有 6 具，偏西北的有 2 具，均为仰身直肢葬。人骨架朽烂严重，仅 1 具可辨别为女性，其他的不可辨。残存人骨部位有：头骨（包括下颌骨及牙齿）、肱骨、尺骨、髌骨、股骨、骨盆。人骨自上而下摆放顺序：第一、二、四、五、六、八具人骨架方向偏东南，其中第六具为儿童，第八具为女性，第三、七具人骨架头向偏西北（图二一）。随葬品位于人骨架两端，有石斧、石刀各 1 件，陶串珠和黑滑石串珠若干枚，推测应为 2 个串珠链。

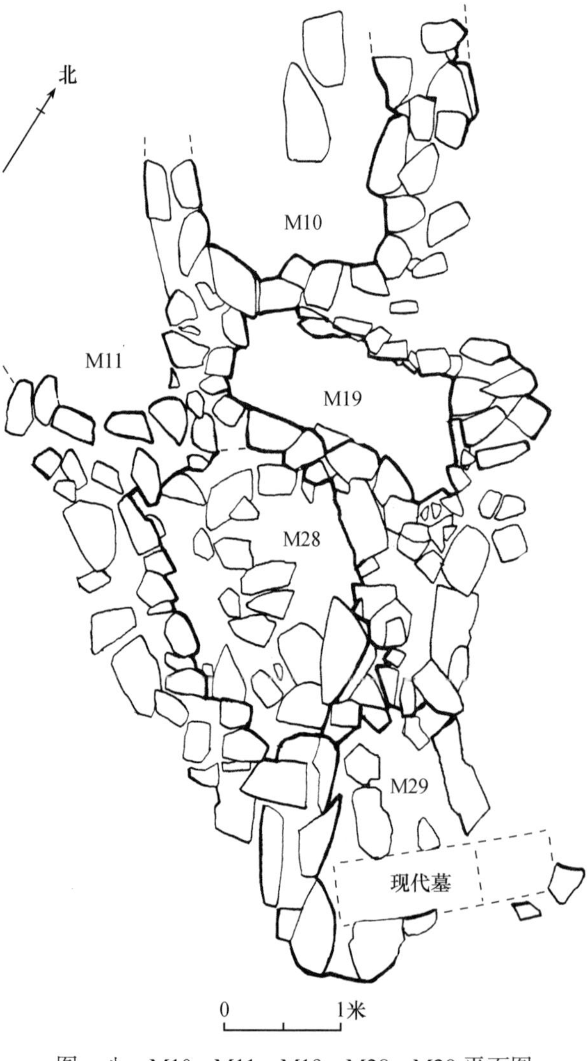

图一八　M10、M11、M19、M28、M29 平面图

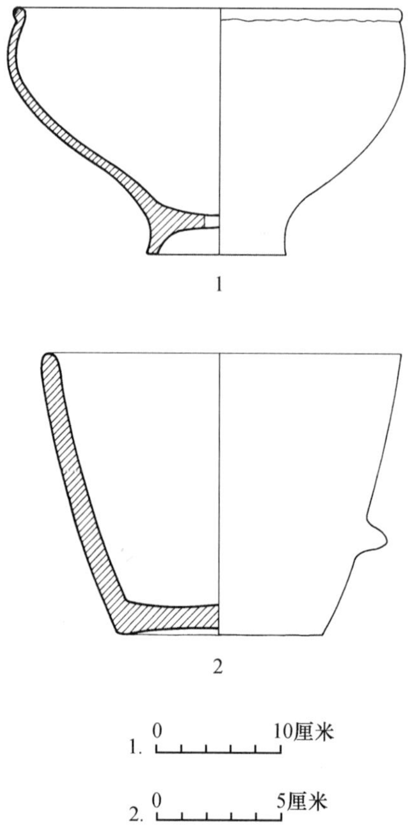

图一九　M11 出土陶器

1. 钵（M11：2）2. 杯（M11：1）

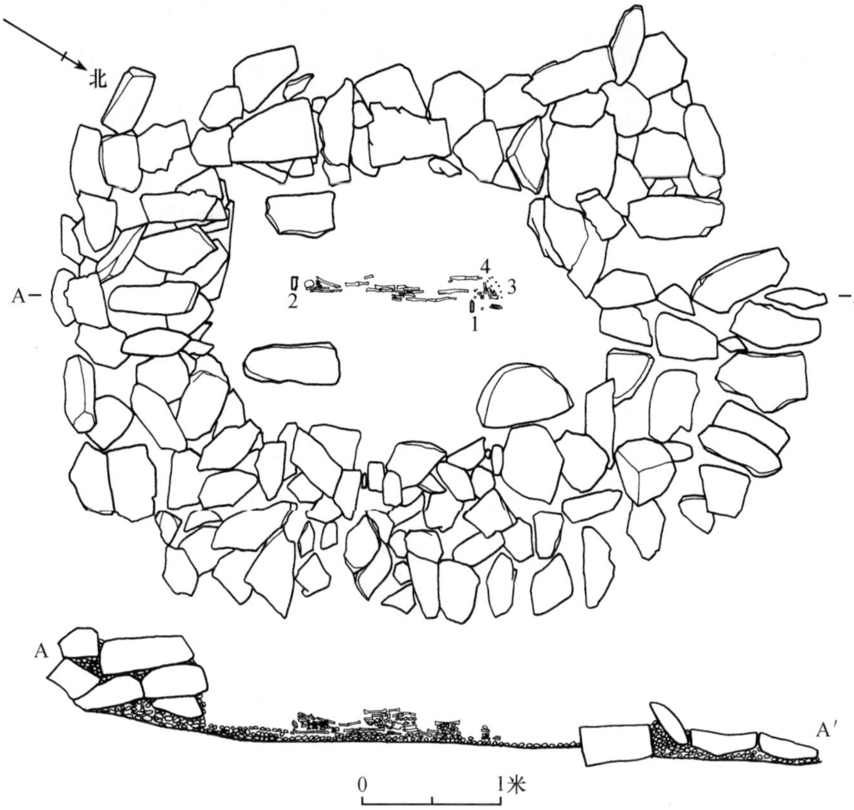

图二〇　M12平、剖面图
1. 石刀　2. 石斧　3. 陶串珠　4. 黑滑石串珠

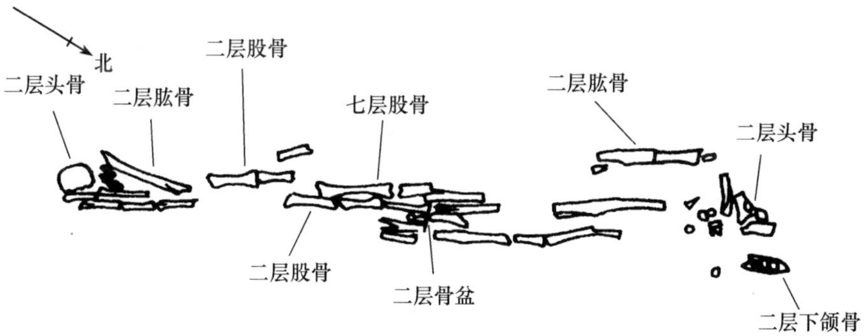

图二一　M12人骨分析图

陶串珠　存34枚。M12∶3，陶珠有两种，一种略粗，珠子略大；一种略纤细，珠子较小。大的陶珠直径0.35～0.4、厚0.25～0.35厘米，小的陶珠直径0.35、厚0.1～0.2厘米。

石刀　1件。M12∶1，泥质板岩。两端和刃部残缺，平顶，近顶部中间对钻3孔。残长6.2、厚1厘米（图二二；彩版六，3）。

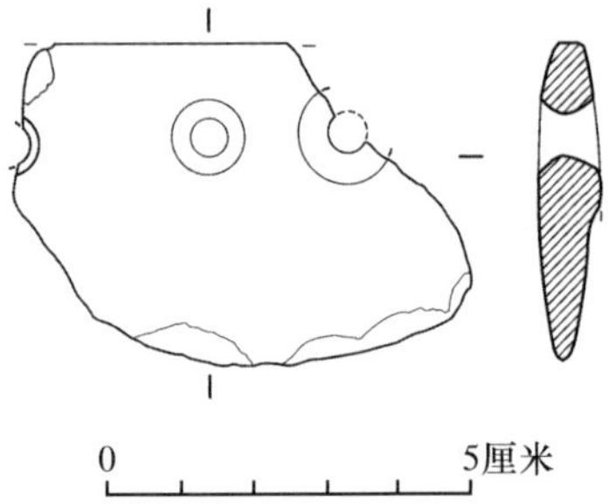

图二二　M12出土石刀（M12：1）

石斧　1件。M12：2，具体情况不详。

黑滑石串珠　存15枚。M12：4，体细小。直径0.25、厚0.1~0.2厘米。

一三、M13

位于M12、M14之间，与M12、M14、M6共用墓壁。方向为北偏西35°。墓室平面呈长方形，墓口距地表0.2~0.3米，墓室长2.45、宽1.4、残深1.4米。墓底铺不规整石块和海卵石，厚约0.2米。墓室内填遗址黑灰土和海卵石。共发现4具人骨架，朽烂严重，有头骨、肱骨、尺骨、髋骨、股骨、腓骨残片和几枚牙齿，性别不可辨，按墓室长轴方向摆放，人骨层层叠压，每层之间都有海卵石相隔，其中头向偏东南的有3具，偏西北的有1具，均为仰身直肢葬。随葬品有陶圈足罐和陶串珠，陶圈足罐位于偏西北向头骨附近（图二三）。

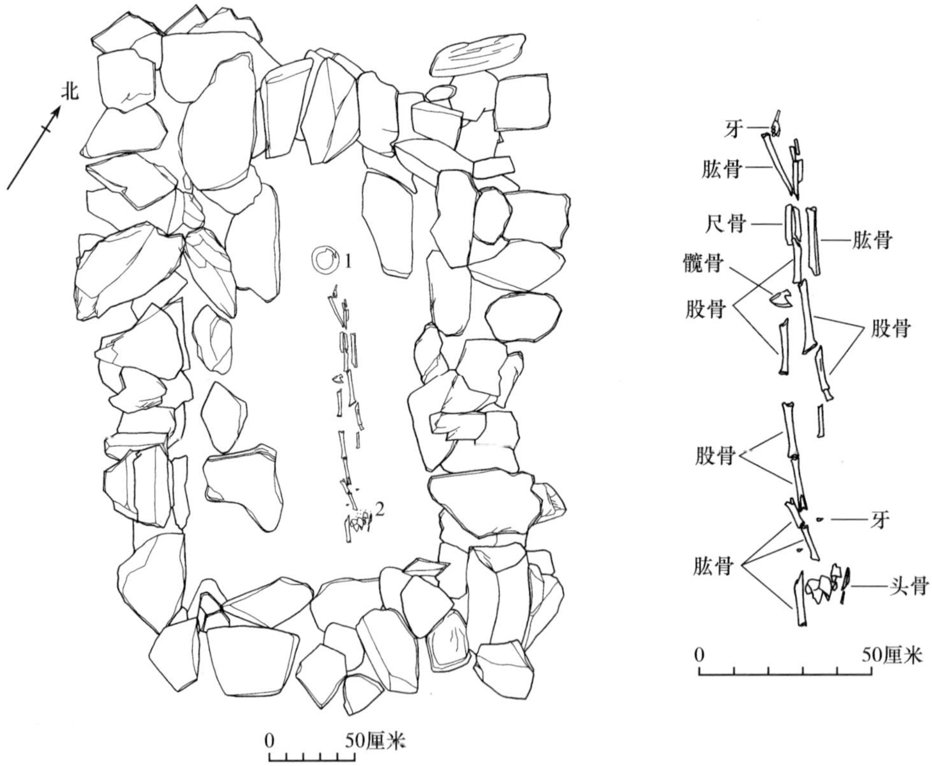

图二三　M13平面图及人骨分析图

1. 陶圈足罐　2. 陶串珠

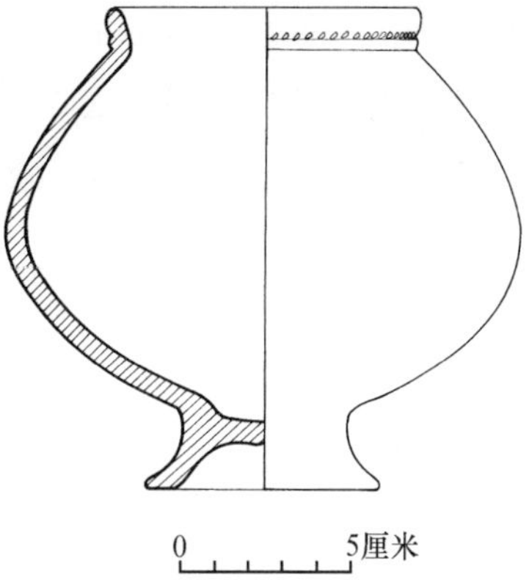

图二四　M13出土
陶圈足罐（M13：1）

陶圈足罐　1件。M13：1，夹砂黑褐陶。微侈口，短颈，鼓腹，最大腹径略偏下，高圈足。颈部中间内凹，凹处饰一周斜向刺点纹。口径9.1、足径6.9、通高13.5厘米（图二四；彩版五，4）。

陶串珠　仅存6枚。M13：2，大小不一，有的尚未切割开。直径0.3、厚0.25～0.3厘米。

一四、M14

位于M13和M15之间，三墓共用墓壁。方向为北偏西35°。墓室平面呈长方形，长3、宽1.75、残深1.1米（图二五）。墓底北端铺3块平整石块，其他地方铺厚约0.25米的海卵石。墓室填遗址黑灰土和海卵石。发现2具人骨架，方向分别为偏东南和偏西北，人骨朽烂相当严重，性别不可辨，均为仰身直肢葬。随葬品4件：1件石纺轮位于人骨架中部；3件玉坠位于偏东南向人头骨附近，当为此人佩戴。

石纺轮　1件。M14：1，圆形，中间管钻孔，磨制光滑。直径4.5、厚0.5、孔径0.55厘米（图二六，1）。

玉坠　3件。M14：2。M14：2-1，天河石，呈蓝白色。近圆柱状，两面磨平，中间对钻孔，孔道可见螺旋纹。直径1.13、宽1.1、孔径0.3～0.38厘米（图二六，2；彩版六，4右）。M14：2-2，天河石，呈浅蓝白色。平面呈近圆形，中间对钻孔。直径

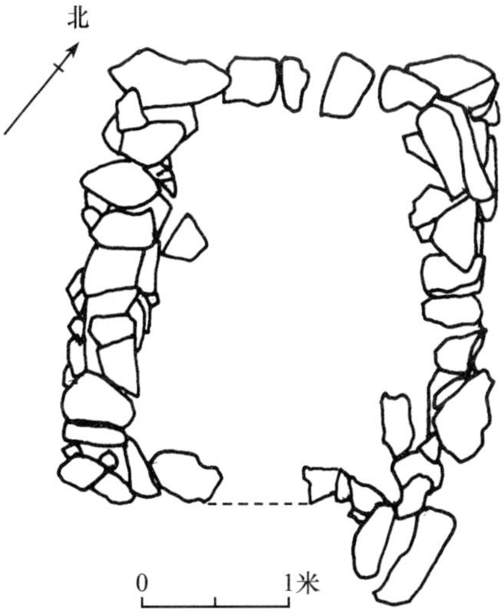

图二五　M14平面图

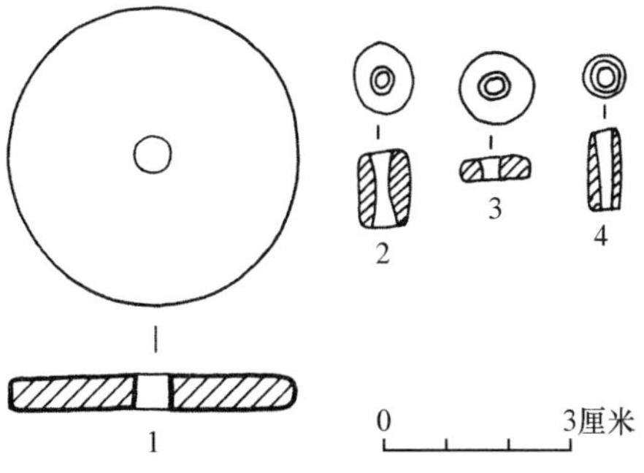

图二六　M14出土器物
1. 石纺轮（M14：1）
2～4. 玉坠（M14：2-1、M14：2-2、M14：2-3）

1.08～1.1、厚0.3～0.4、孔径2.45～2.49厘米（图二六，3；彩版六，4上）。M14：2-3，绿色。近柱状，一端略细，一端略粗，中间管钻孔，孔道可见螺旋纹。经检测，材质有三种推测，云母集合体、岫玉或东陵石。直径0.4～0.7、孔径0.2～0.3、高1.27厘米（图二六，4；彩版六，4左）。

一五、M15

位于M24北部、M14与M16之间，与M14、M16、M24共用墓壁。方向为北偏西30°。发掘时墓壁残存3层石块。墓顶原有大石块已被破坏。墓室平面呈近长方形，墓口距地表0.1～0.2米。墓室上宽下窄，墓口长3、宽2.6米，墓底长2.9、宽2.2米，残深0.8米。墓室建在基岩上，在修建之前，先用沙土和遗址黑灰土将底部垫平，然后铺海卵石，厚约0.3米，其上放置人骨和随葬品（图版四，2、3）。墓室内填海卵石，四壁用大石块堆砌，缝隙之间可见海卵石。共发现12具人骨架，其中包括儿童3具，人骨架按墓室长轴方向交错摆放，层层叠压，之间有海卵石相间。按方向看，偏东南的有4具，偏西北的有8具。保存骨骼部位有头骨、牙齿、股骨、胫骨、腓骨等，头骨一般位于两端，中间骨骼比较集中（图二七）。随葬品2件，分别为陶圈足罐1件和陶杯1件。

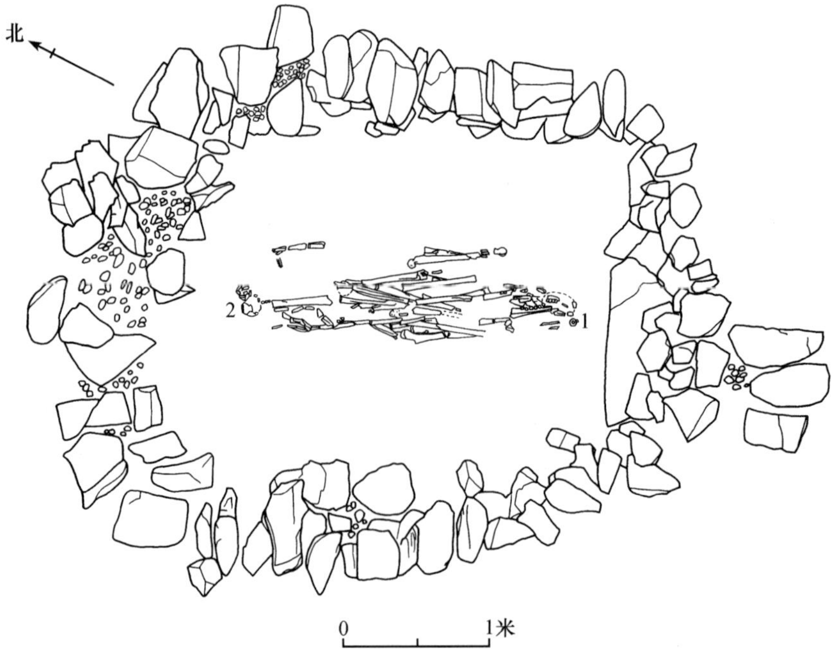

图二七　M15平面图

1. 陶杯　2. 陶圈足罐

陶圈足罐 1件。M15∶2，夹砂红褐陶。侈口，长颈，鼓折腹，最大腹径略偏上，圈足较高，圈足略残。颈部饰凹弦纹和刺点纹及四个乳丁，上腹饰两周刺点纹，之间饰竖条凸棱间多重横排短线纹，圈足饰竖线纹。口径8、足径5.6、通高9.5厘米（图二八，1；彩版五，6）。

陶杯 1件。M15∶1，夹砂褐陶。敞口，斜腹，凹底，泥柄单把，中部捏出泥柄。器身饰刺点和两周双凹弦纹。口径9.3、底径5.5、高6.5厘米。泥柄长3、直径1厘米（图二八，2；彩版五，3）。

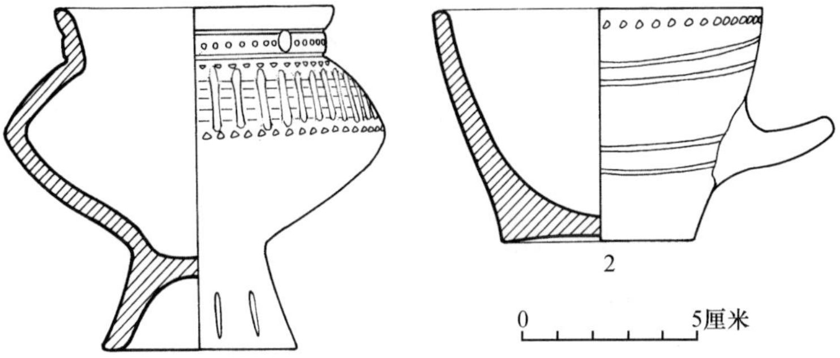

图二八 M15出土陶器

1.圈足罐（M15∶2） 2.杯（M15∶1）

一六、M16、M17

位于M15西侧，分别被2座现代墓打破，两墓之间的墓壁已完全破坏掉。发掘时墓壁残存1～2层石块。M16、M17平面均为长方形，M16为北偏东45°，M17为北偏西40°。两墓连在一体长5、宽1.8、残深0.6米，墓口距地表0.1～0.2米（图一〇）。由于破坏严重，M16、M17墓室内的人骨、填土、墓底等情况不详，仅在M17东南角出土1件石矛。

石矛 1件。M17∶1，尖端已残缺。矛身呈近三角形，中间起脊，横剖面呈菱形；柄部缩小，有绳索捆绑的痕迹。残长13.7、宽3.2、厚1.5厘米（图二九）。

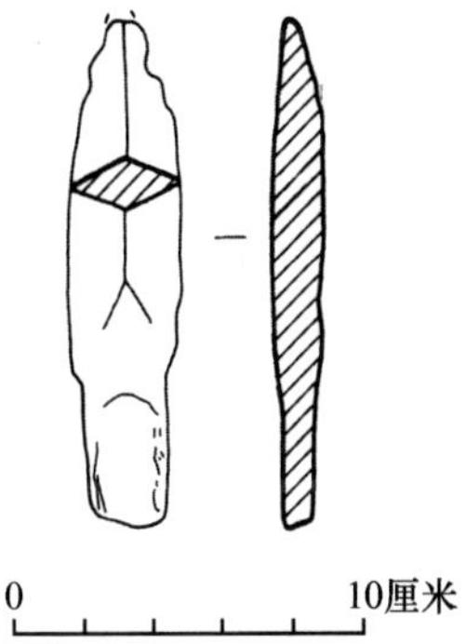

图二九 M17出土石矛（M17∶1）

一七、M18

位于墓地西部M17与M19之间。方向为北偏东45°。平面呈近长方形，墓口距地表0.1米。墓室上宽下窄，墓口长2.2、宽1.3米，墓底长2、宽1.1米，残深0.5米。发掘时墓壁仅存1～2层石块，缝隙中间可见海卵石，墓底铺大海卵石，人骨置于其上。墓室内填小海卵石（图三〇）。共发现人骨架6具，其中6个头骨，头

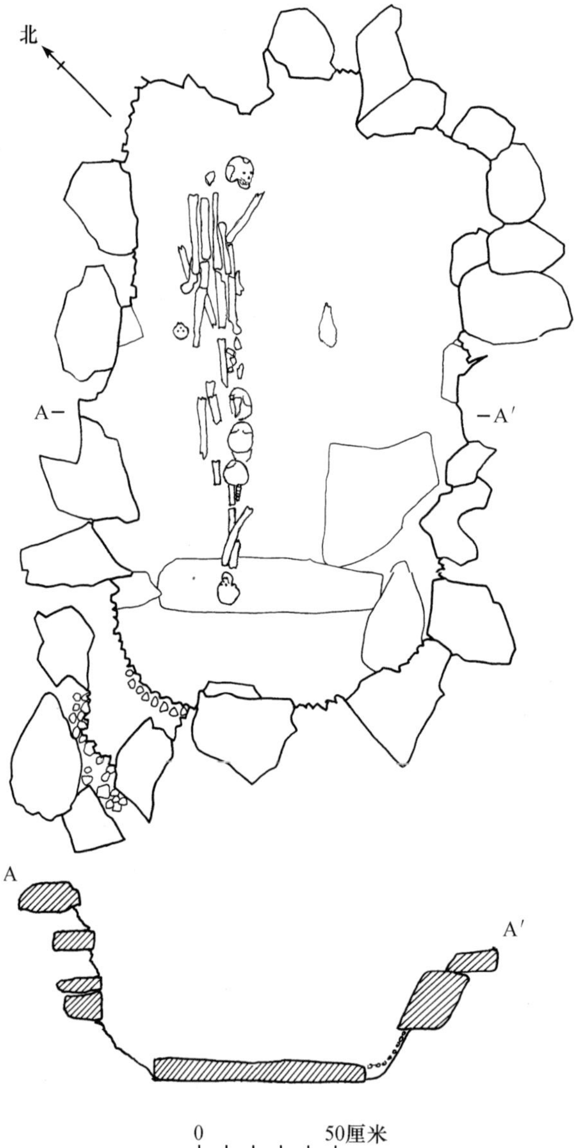

图三〇　M18平、剖面图

向偏东北、偏西南的各 1 个，中间 4 个头向不清；可辨别一成年女性，其余多为男性，具体数不详。其他骨骼主要位于两端和中间头骨之间，人骨残留部位有：尺骨、股骨、胫骨、腓骨、骨盆、肩胛骨、椎骨、肋骨、跖骨、牙齿等。未发现随葬品（彩版二四）。

一八、M19

位于墓地西部边缘，方向为北偏东 75°。平面呈长方形，墓口距地表 0.1 ~ 0.2 米，墓室上宽下窄，墓口长 2、宽 0.8 米，墓底长 1.9、宽 0.7 米，残深 0.4 米。发掘时四壁仅存 2 层石块，墓室填海卵石。未发现人骨和随葬品（图一八）。

一九、M20

位于墓地东部边缘，已被扰乱，方向为北偏西 30°。利用 M21 墓壁接筑而成。墓室平面呈近长方形，长 2.54、宽 0.9 ~ 1.1、残深 0.2 米。墓室内填遗址黑灰土和海卵石，人骨架已完全朽烂，看不出痕迹。仅发现陶碗 1 件（图三一）。

陶碗 1 件。M20：1，夹砂黑褐陶。敞口，斜腹，平底，底部已残。口径 13、底径 7.5、高 6.3 厘米（图三二）。

图三一 M20 平面图

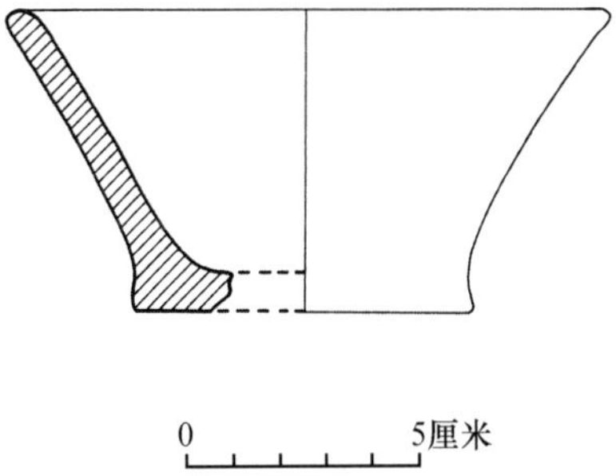

图三二 M20 出土陶碗（M20：1）

二〇、M21

位于墓地东部，与M22相邻，有独立完整的墓室。方向为北偏西32°。平面呈近椭圆形，墓室上宽下窄，墓口距地表0.1米，墓口长2.75、宽1.7米，墓底长2.15、宽1.05米，残深0.6米。墓壁用大小不一的石块堆砌成双排石圈，外圈石块排列整齐，内圈不甚规整。墓底铺海卵石，上置人骨。墓室内填海卵石（图版四，4）。共发现3具人骨架，朽烂严重，仅见少量头骨残片、牙齿和零散肢骨。头向偏东南、偏西北的各1个，头向不明的有1个，均为仰身直肢葬。随葬品8件，位于人骨架两端，包括陶杯1件、陶圈足罐1件、陶弦纹壶2件、陶大口壶1件、石纺轮1件、黑滑石串珠和陶串珠各存24枚（图三三），推测黑滑石和陶串珠可能为2个珠串。

陶弦纹壶　2件。M21∶2，夹砂黑褐陶。侈口内弧，长颈，球状腹，最大腹径在中部，假圈足，底微凹。通体素面，形制与弦纹壶相近。口径8.2、底径5.6、高13.5厘米（图三四,1；彩版九,3）。M21∶3，夹砂黑褐陶。侈口内弧，长颈，球状腹，

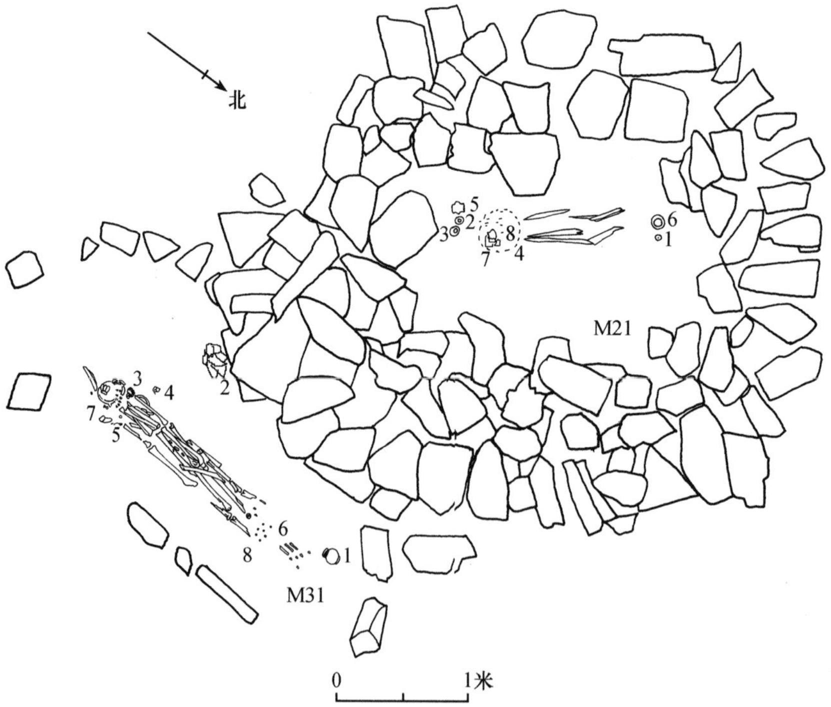

图三三　M21、M31平面图

M21：1. 石纺轮　2、3. 陶弦纹壶　4. 黑滑石串珠　5. 陶圈足罐　6. 陶杯　7. 陶大口壶　8. 陶串珠

M31：1. 陶罐　2. 陶圈足罐　3. 陶壶　4. 陶碗　5. 石斧　6. 陶串珠　7. 铜环　8. 黑滑石串珠

最大腹径在中部，矮圈足。上腹饰两周凹弦纹，之间饰双线波折纹。口径 5.4、足径 3.9、通高 7.3 厘米（图三四，2；彩版九，1）。

陶大口壶 1 件。M21：7，夹砂红褐陶。直口，长颈，鼓腹，最大腹径在中部偏下，矮小圈足。通体素面。口径 7.8、圈足径 3.6、高 7.7 厘米（图三四，3；彩版九，4）。

陶杯 1 件。M21：6，夹砂红褐陶。无把，侈口，斜弧腹，底微凹。口径 9、底径 5、高 7.5 厘米（图三四，4；彩版九，5）。

陶圈足罐 1 件。M21：5，夹砂褐陶。略侈口，短颈，鼓腹，最大腹径在中部，圈足略矮。颈部和上腹饰凹弦纹、刺点纹和竖条凸棱纹，圈足饰竖条纹。口径 8.9、足径 6.8、通高 12.4 米（图三四，5；彩版九，2）。

陶串珠 存 24 枚（M21：8），直径 0.25～0.3、厚 0.25～0.35 厘米。

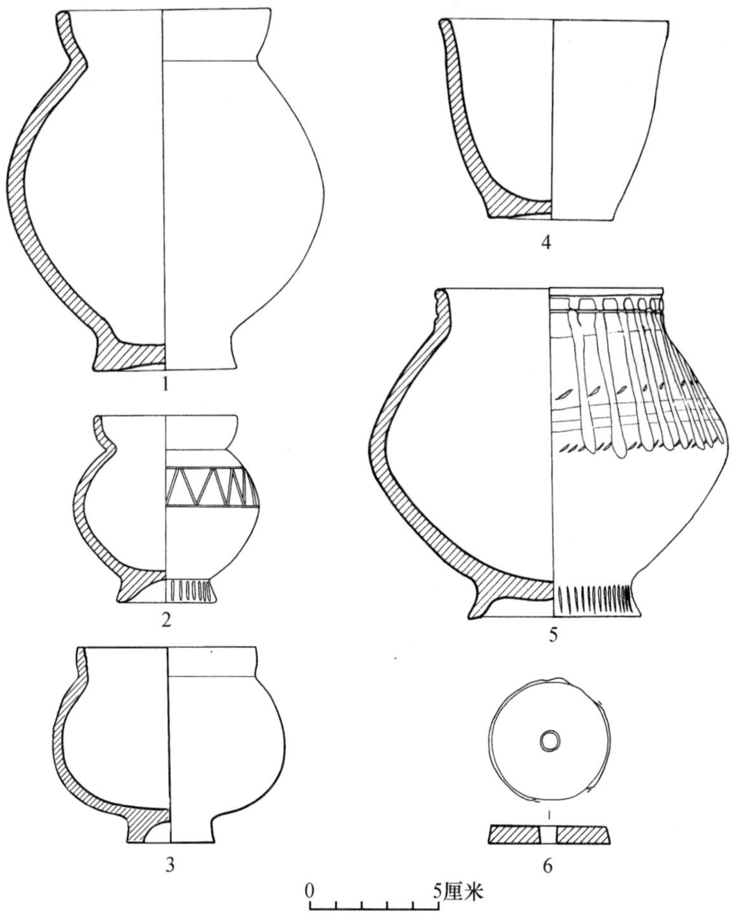

图三四 M21 出土器物

1、2. 陶弦纹壶（M21：2、M21：3） 3. 陶大口壶（M21：7） 4. 陶杯（M21：6）
5. 陶圈足罐（M21：5） 6. 石纺轮（M21：1）

石纺轮　1件。M21：1，泥质板岩。边缘略残，圆形，管钻孔。直径4.4～4.6、厚0.6厘米（图三四，6；彩版九，6）。

黑滑石串珠　存24枚。M21：4，管状，较小。直径0.25、厚0.1～0.2厘米。

二一、M22

位于墓地东部、M21西侧，被现代墓打破。方向为北偏西32°。平面呈近长方形，墓口距地表0.15米，墓口长2.55、宽1.2米，墓底长2.3、宽0.7米，残深0.67米。墓壁用两排石块砌成，墓底铺海卵石，人骨置于海卵石之上，人骨上填海卵石，其上再填遗址黑灰土。人骨已朽烂，看不出痕迹（图三五）。随葬品仅发现2件，包括石锛和陶圈足各1件。

陶圈足　1件。M22：1，仅存高圈足，饰四周弦纹和竖向刻划纹。残高7.3、足径6.5厘米（图三六，4）。

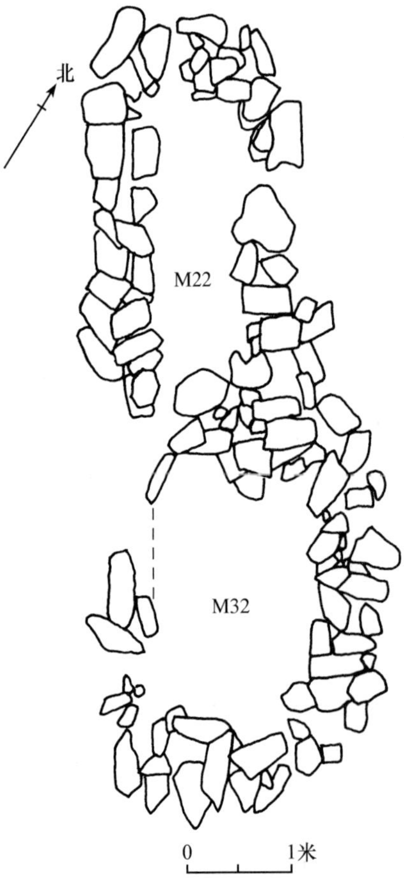

图三五　M22、M32平面图

石锛　1件。M22：2，蛇纹岩。扁平梯形，顶窄刃宽，弧顶，直刃，底面上翘。刃部饰交叉斜线。长6.4、刃宽4.8、厚2厘米（图三六，6）。

另外，墓室填土中发现一些遗址陶片，可辨器形有壶口、杯和甗。

陶壶口　数量不清。M22：3，夹砂褐陶。侈口，高领。颈部饰三角形戳点纹、凹弦纹和另贴泥条竖向凸棱纹。口径19.2厘米（图三六，5）。

陶杯　1件。M22：6，上半部残缺，残存底部。夹砂黑褐陶。无把，斜壁，凹底。底径4、残高4.8厘米（图三六，3）。

陶甗　数量不清。口沿残片，器体较大。M22：4，夹砂黄褐陶。敛口，弧壁。颈部出凸棱，饰两周凹弦纹。口沿和颈部分别斜穿一周从外到内圆孔，大部分未穿透，颈下另贴竖环耳，耳上饰一条竖向划纹。口径34.2厘米（图三六，1）。M22：5，夹砂褐陶。直口，平沿。口沿内圈另贴泥条压抹，口沿上竖穿一周圆孔，未穿透；颈部斜穿一周圆孔，均穿透。口径39.2厘米（图三六，2）。

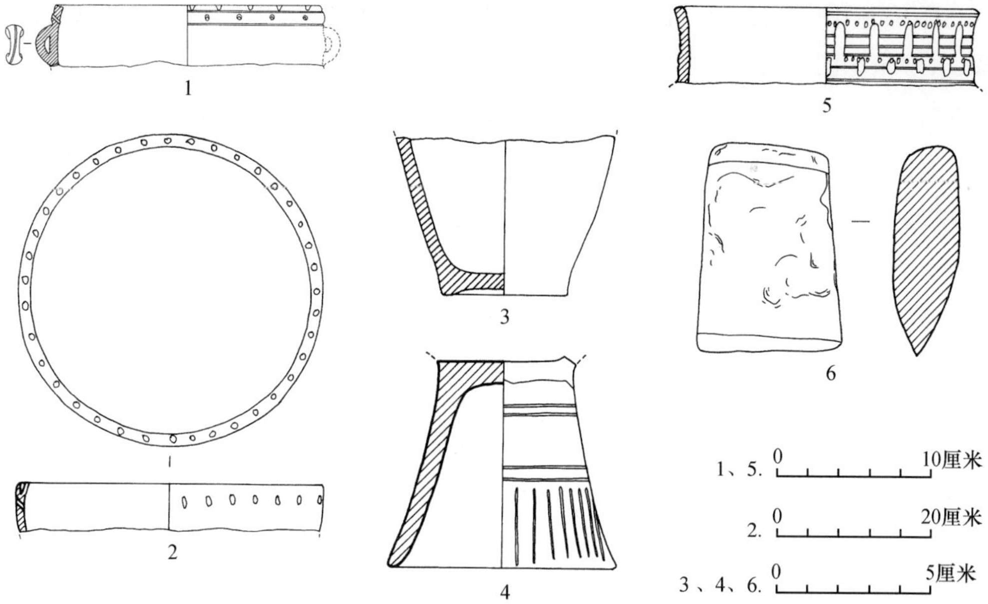

图三六　M22出土器物

1、2. 陶甗（M22∶4、M22∶5）3. 陶杯（M22∶6）4. 陶圈足（M22∶1）5. 陶壶口（M22∶3）6. 石锛（M22∶2）

二二、M23

位于M24东侧、M22西侧，利用M24东壁作为其西壁，与M22共用一壁。方向为北偏西40°。墓室平面呈近长方形，墓室上宽下窄，墓口距地表0.15米，墓口长2.25、宽1.98米，墓底长1.8、宽1.3米，残深0.65米。墓底铺小海卵石，人骨架上填小海卵石，其上再填遗址黑灰土。人骨已完全朽烂，看不出痕迹。随葬石器3件，包括斧、锛、刀（图三七）。

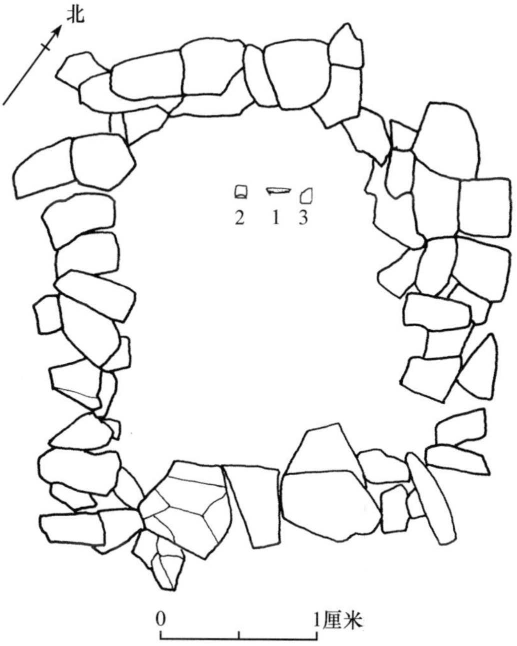

图三七　M23平面图

1. 石刀　2. 石斧　3. 石锛

石斧　1件。M23∶2，顶部已残缺。长方形，弧刃，横剖面呈椭圆形。残长13.6、刃宽7、厚2.6厘米（图三八，1）。

石锛　1件。M23∶3，顶部残缺。平面为近长方形，直刃。残长13.8、宽6.8厘米（图三八，2）。

石刀　1件。M23：1，泥质板岩。扁平长方形，弧顶直刃，无孔。长14.4、宽4、厚0.8厘米（图三八，3）。

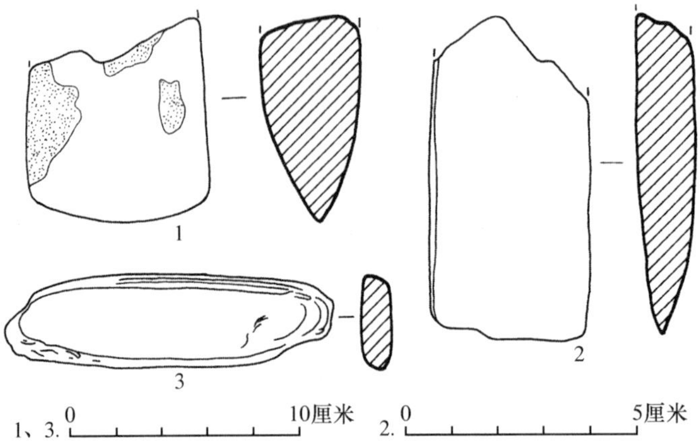

图三八　M23出土石器

1. 斧（M23：2）　2. 锛（M23：3）　3. 刀（M23：1）

二三、M24

位于墓地中心位置，是该墓地最大的一座墓葬，也是最早的墓葬之一，周围相邻的墓室都是依该墓向外接筑。方向为北偏西35°。墓室平面呈圆角长方形，墓口距地表0.1米，长3.9、宽2.9、残深0.6米。该墓建造时先用遗址黑灰土将底面垫平，然后在其上铺厚约0.25米的海卵石，人骨架置于海卵石上，人骨架上填小海卵石。墓壁是用大石块和遗址中的红烧土块垒砌，墓顶用大石块封顶。共发现17具人骨架，其中包括2个儿童和1个少年。能辨别性别的有6人，其中男2人、女4人。人骨架按墓室长轴方向交错摆放，层层叠压，偏东南的有7具，偏西北的有10具。有头骨多个，位于人骨架两端（图三），已经分不清与哪具骨架为同一个个体，但根据头骨附近的牙齿分析，多为老年个体。人骨架自上而下顺序如下。第一具，保存股骨、胫骨残段，骨骼粗壮，头向偏西北。第二具残存股骨等，骨骼较细弱，头向偏西北。第三具保存右侧股骨和右侧胫骨残段，骨骼比较粗壮，头向偏西北。第四具保存部分头骨残片、肱骨（包括肱骨头）、肋骨、肩胛骨、骨盆残块等，骨骼细弱，似女性个体，头向偏东南。第五具保存左右两侧股骨残段和骨盆残块，骨骼较粗壮，似男性个体，头向偏西北。第六具保存股骨和骨盆残块，骨骼较细弱，似女性个体，头向偏西北。第七具保存左侧股骨，骨骼粗壮，头向偏东南。第八具保存股骨、上肢骨残段，头向偏西北。第九具为儿童个体，仅存牙齿，头向偏西北。第十具残存左右两侧股骨，骨骼粗壮，头向偏东南。第十一具保存股骨和肱骨残段，骨骼较细弱，为少年个体，头向偏东南。第十二具保存股骨残段，骨骼粗壮，头向偏西北。第十三具为儿童个体，保存牙齿、胫骨、腓骨残段等。第十四具保存股骨残段，骨骼较细弱，为女性个体，头向偏东南。第十五具保存右侧股骨、左侧股骨头，骨骼粗壮，为男性个体，头向偏西北。第十六具保存头骨、右股骨和股骨头，为女性个体，头向偏东南。最下面一具仅存头骨、左右两侧股骨、胫骨、跖骨等，头向偏西北（彩版二五）。均为仰身直肢葬。随葬品：陶折腹罐2件，陶鼓腹罐1件，陶圈足罐1件，石锛1件，玛瑙珠1件，最底层两端人头骨下各发现1件铜镞（图版五，1）。

陶折腹罐　2件。M24：1，夹砂红褐陶。器体不对称，侈口，折腹，喇叭形圈足。口沿下饰刺点纹，颈与肩相接处饰凹弦纹和竖线纹，折腹处饰凹弦纹间刺点纹带。口径6.2、足径5、通高8.1厘米（图四〇，1；彩版一〇，3）。M24：3，夹砂褐陶。侈口，高领，折腹，矮圈足。颈部饰两周刺点纹间一周凹弦纹和另贴泥条竖向凸棱纹；上腹饰刺点、凹弦纹和另贴泥条竖向凸棱纹；圈足上戳三角形刺点。口径6.5、足径5.5、高9.4厘米（图四〇，2；彩版一〇，4）。

陶鼓腹罐　1件。M24：7，夹砂黑褐陶。深腹罐，器体较大，口大底小。侈口，鼓腹，凹底。口径13、底径6.2、高17厘米（图四〇，4；彩版一〇，1）。

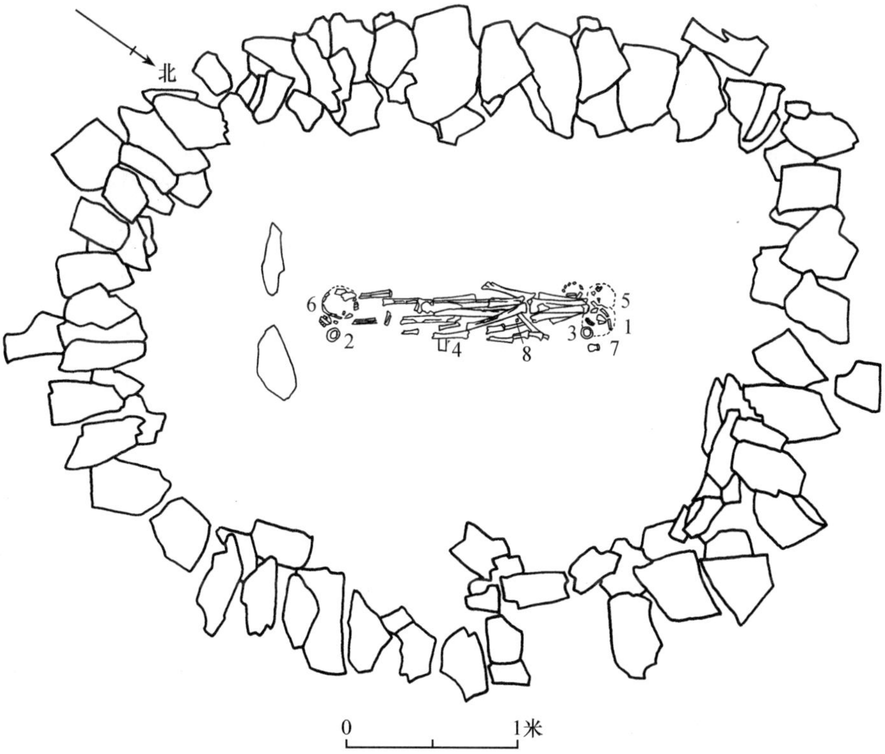

图三九　M24平面图

1、3. 陶折腹罐　2. 陶圈足罐　4. 石锛　5、6. 铜镞　7. 陶鼓腹罐　8. 玛瑙珠

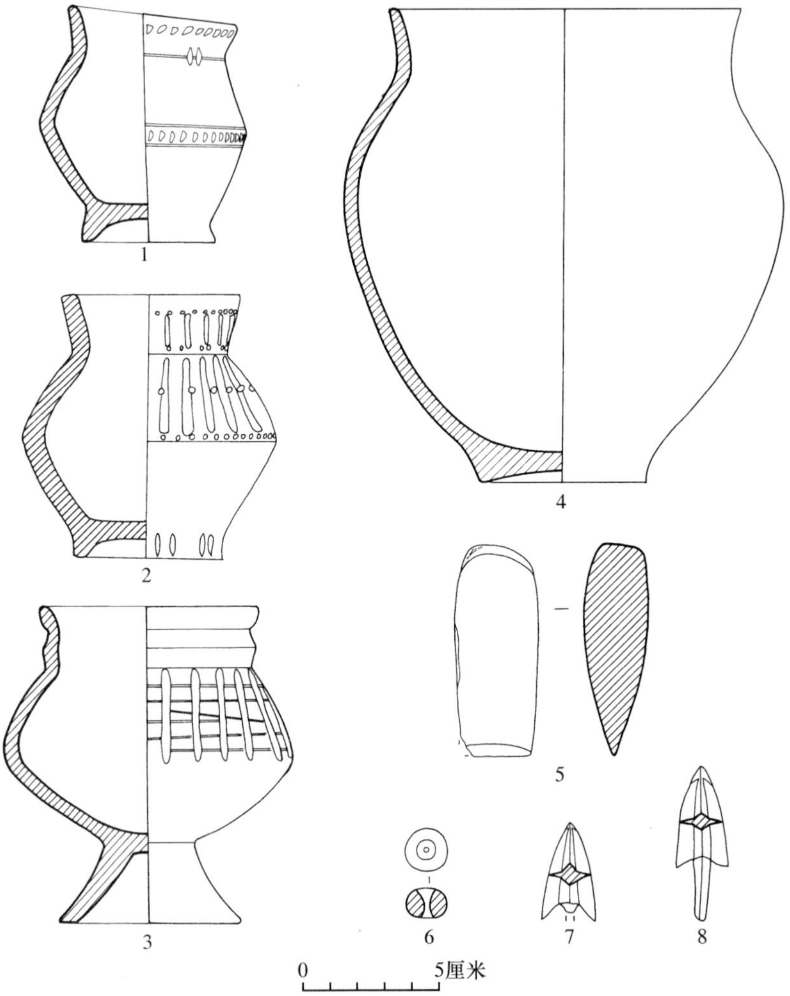

图四〇　M24 出土器物

1、2. 陶折腹罐（M24：1、M24：3） 3. 陶圈足罐（M24：2） 4. 陶鼓腹罐（M24：7）
5. 石锛（M24：4） 6. 玛瑙珠（M24：8） 7、8. 铜镞（M24：6、M24：5）

陶圈足罐　1 件。M24：2，夹砂红褐陶。侈口，外唇另贴泥条压抹成凹槽，长颈，颈部出凸棱，折腹，高圈足。上腹饰竖向凸泥条间多重横排短线纹，凸泥条是后贴上去的。口径 8.2、足径 6.8、通高 11.3 厘米（图四〇，3；彩版一〇，2）。

石锛　1 件。M24：4，泥灰岩。长方形，弧顶，直刃，刃角略残，底面下段上翘。通体磨制，两侧面未经细致加工。长 7.8、宽 2.7、厚 2.3 厘米（图四〇，5；彩版一〇，6）。

玛瑙珠　1 件。M24：8，一端略残损。红白色相间，算盘珠状，中间对钻孔。孔道可见螺旋纹。直径 1.5、厚 1.05、孔径 0.3 ~ 0.6 厘米（图四〇，6；彩版一〇，5）。

铜镞　2 件。平面均呈三角形，圆铤，双翼，双侧刃，双范合铸，脊断面呈菱形。M24：5，长铤。通长 5.5 厘米（图四〇，8；彩版一一，1）。M24：6，铤残断，双翼较尖锐。残长 3.3 厘米（图四〇，7；彩版一一，2）。

二四、M25

位于墓地中部、M24 西侧，利用 M24 西壁为其东壁，西北角被现代墓打破。方向为北偏西 40°。墓室平面呈圆角长方形，墓口距地表 0.2 米，长 3.96、宽 1.7、残深 0.66 米。墓室南部用石块间隔，形成一大一小两个墓室。该墓修建前先用遗址黑灰土平整墓底，大墓室墓底四角铺石块和红烧土块，与其他墓室不同的是，人骨架放置在遗址灰土上，人骨周围有红烧土块，没有铺海卵石。墓室填遗址黑灰土和海卵石（图版五，2）。发现 2 具人骨架，按墓室方向相向摆放，骨骼保存极差，残存头骨、股骨残段。随葬品有陶罐 1 件、钵 3 件、壶 1 件和石斧 1 件。小墓室如同边箱，未发现人骨（图四一）。

石斧　1 件。M25：4，蛇纹岩。平面呈近长方形，顶略窄于刃，斜刃，边缘有使用痕迹。长 9.8、刃宽 7、厚 2 厘米（图四二，6）。

陶鼓腹罐　1 件。M25：1，夹砂黑褐陶。直口，深腹，腹略鼓，底微凹，大口小底。口沿饰刻划纹。口径 9.2、底径 5.9、高 14.5 厘米（图四二，4；彩版一一，3）。

陶钵　3 件。M25：2，夹砂黑褐陶。器体较大。敞口，弧壁，矮圈足。口径 17、圈足径 8.9、高 5.8 厘米（图四二，1；彩版一一，5）。M25：3，夹砂褐陶。器体高大。

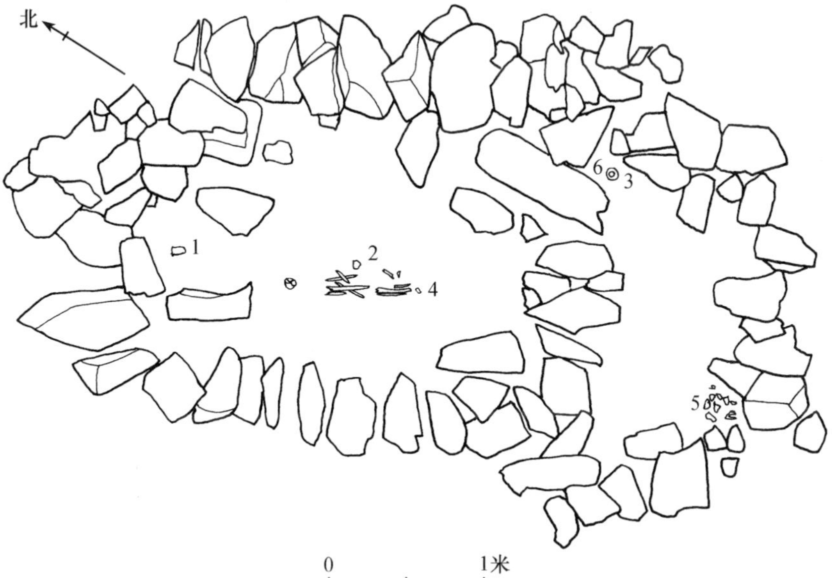

图四一　M25 平面图

1. 陶鼓腹罐　2、3、6. 陶钵　4. 石斧　5. 陶壶

敛口，深腹，矮圈足。口沿外另贴泥条压抹，形成凹痕。口径 18.5、足径 7.9、高 12.4 厘米（图四二，3；彩版一一，4）。M25：6，夹砂黑褐陶。直口，鼓腹，凹底。口沿外贴泥条压抹，形成凹痕。口径 10.4、底径 5.8、高 9.5 厘米（图四二，2；彩版一一，6）。

陶壶　1 件。M25：5，不能复原。

另外，墓室填土中夹杂有遗址陶片。

陶壶口　M25：7，夹砂黄褐陶。短颈。口沿外另贴泥条出棱，饰锯齿纹（图四二，5）。

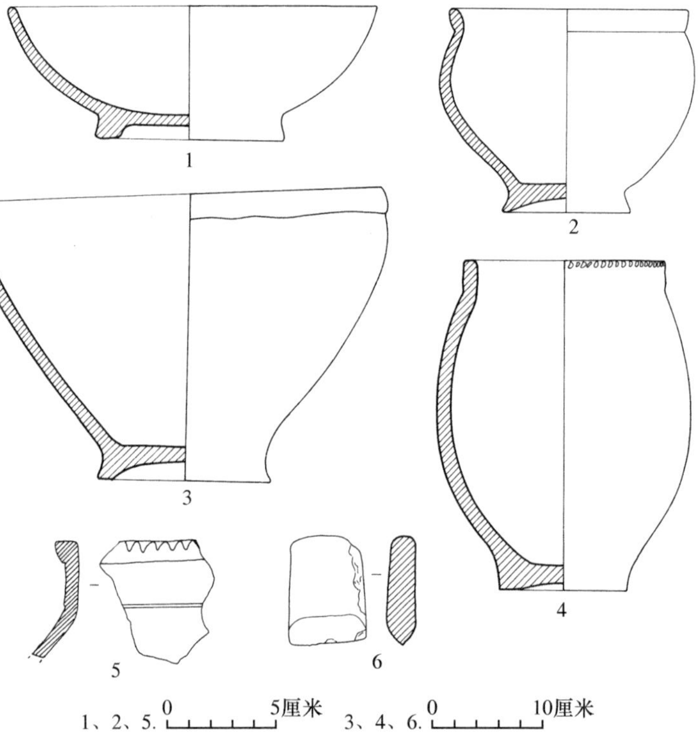

图四二　M25 出土器物

1～3. 陶钵（M25：2、M25：6、M25：3）　4. 陶鼓腹罐（M25：1）　5. 陶壶口（M25：7）　6. 石斧（M25：4）

二五、M26

位于 M25 西侧，被现代墓打破。方向为北偏西 40°。墓室平面呈圆角长方形，墓口距地表 0.1～0.2 米，长 3.1、宽 2、残深 0.6 米。该墓用大石块封顶，四壁用大石块堆砌，缝隙中可见小海卵石，发掘时西壁保存 3 层石块，最高 0.43 米，南壁保存 1 层石块，高 0.12 米。墓底铺 2 块石板，墓底其他地方铺厚 0.2 米海卵石，墓室内填以遗址黑灰土和海卵石，夹杂红烧土块和陶片。共发现 6 具人骨架，其中包括 1 个儿童，保存头骨和部分肢骨残段，偏西北的有 4 具，偏东南的有 2 具，均为仰身直肢葬。还发现兽骨。随葬品有石纺轮和石锛各1件，石纺轮出自人骨架中部，石锛出自墓葬东南角（图四三）。

石锛　1件。M26∶1，表面脱皮，平面呈梯形，体小。长6.2、宽5厘米（图四四,1）。

石纺轮　1件。M26∶2，泥质板岩。圆形，中间管钻孔，边缘略有残损。直径4.2、孔径0.65、厚0.6厘米（图四四，2；彩版一二，6）。

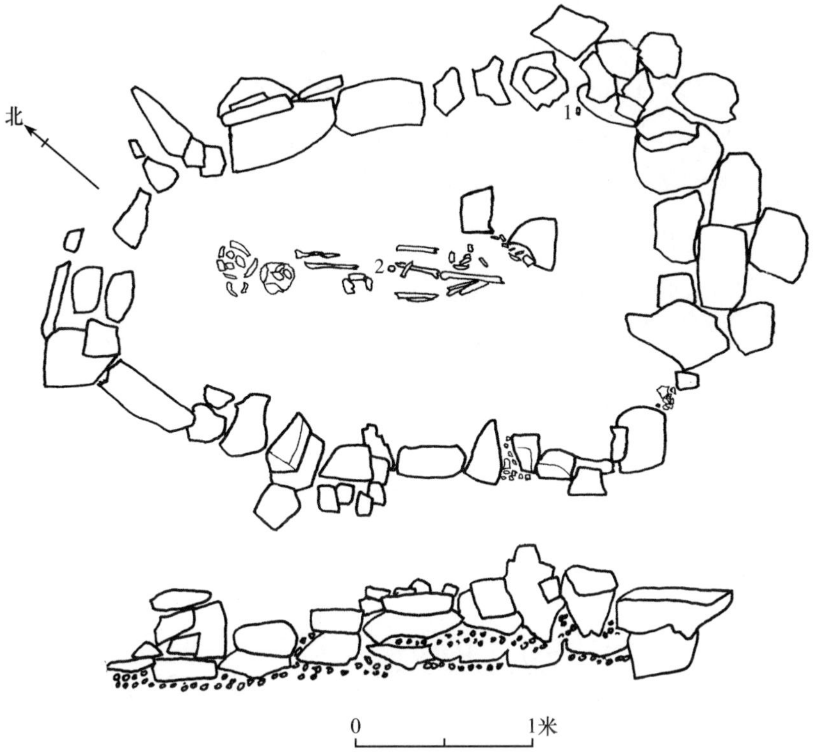

图四三　M26平面图与西壁立面图

1. 石锛　2. 石纺轮

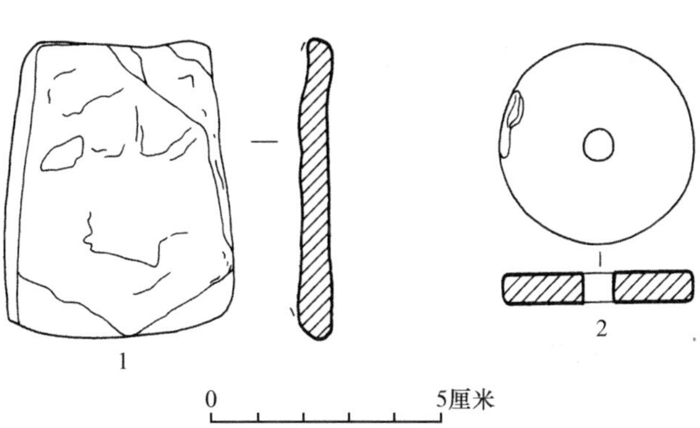

图四四　M26出土石器

1. 锛（M26∶1）2. 纺轮（M26∶2）

二六、M27

位于墓地西部。墓室不甚规则，西南角被现代墓打破。方向为北偏西 40°。墓室北高南低，平面呈近长方形，长 2.2、宽 1.1 ~ 1.2、残深 0.15 ~ 0.45 厘米。墓顶用大石块封顶，发掘时墓壁残存 1 ~ 3 层，墓室填遗址黑灰土和海卵石，墓壁石块缝隙之间可见海卵石。墓底铺不规整大石块，用小海卵石垫平，上置人骨架 4 具，叠压在一起，每层之间有海卵石相隔，其中 1 具为儿童。人骨架自上而下顺序为：第一具偏西北，成年人，保存头骨、肢骨等；第二具偏西北，成年人，保存头骨、锁骨、胫骨、腓骨、跖骨、跟骨、脚趾骨等，似男性个体；第三具偏西北，儿童，仅存头骨残片，被压在第一具头骨下面；第四具偏东南，成年人，保存头骨和牙齿、肢骨、脚趾骨残段。人骨架上填海卵石，均为仰身直肢葬。随葬陶器座 1 件，墓室填土中出土大量陶片（图四五）。

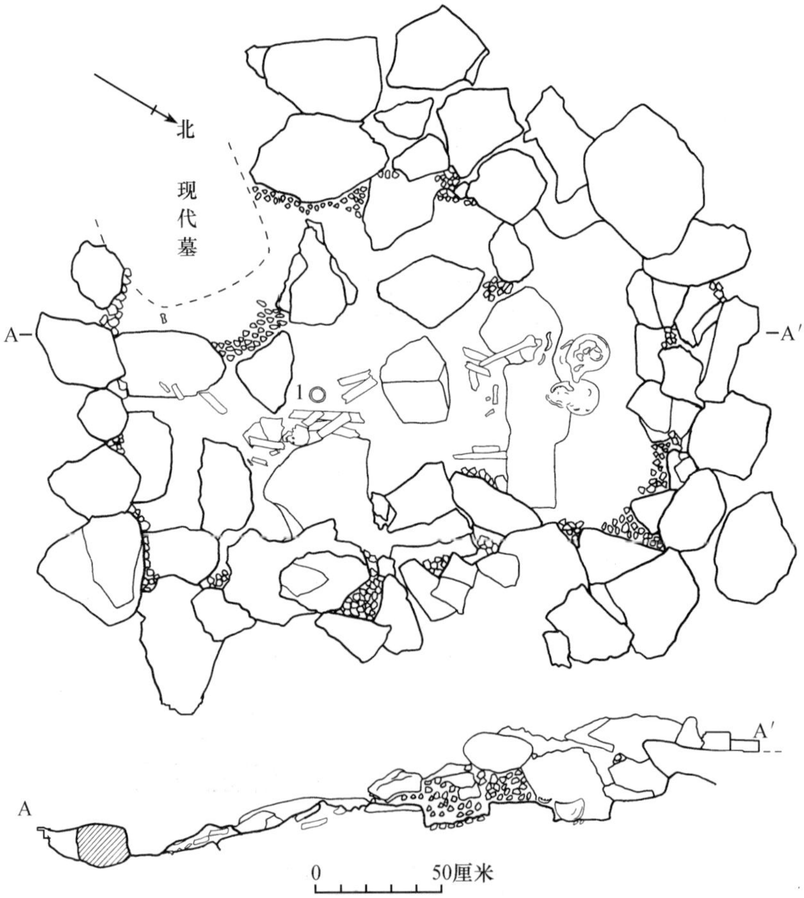

图四五　M27 平、剖面图
1. 陶器座

陶器座 1件。M27∶1，夹砂黑褐陶。器体大。侈口，深腹，高圈足。口沿上斜穿一周圆孔，间距1厘米左右；颈部饰一周圆孔，间距1.5厘米；上腹有四个对称的近椭圆形大孔，长8.5、宽4.5厘米；圈足镂空，两孔之间饰压划痕；腹部与圈足相接处中心有圆形大孔，孔径3.5厘米。口径33、足径10.8、通高32厘米（图四六；彩版一二，1）。

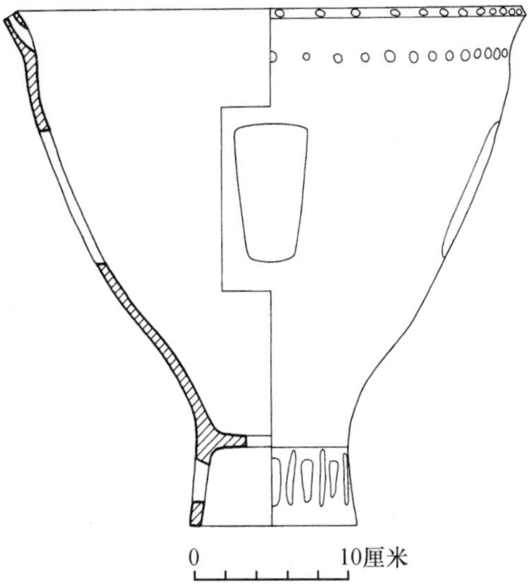

图四六 M27出土陶器座（M27∶1）

二七、M28

位于墓地西部，方向为北偏西60°。墓室不规整，平面呈不规则形，长2、宽1.2～1.4、残深0.4米。墓底用石块铺成石台，仅发现一段股骨残片，人骨架数量不清。墓室填土为遗址黑灰土，其中发现大量陶片，位于墓室南侧，复原3件陶器，包括钵1件、盆2件（图一八；图版五，3）。

陶钵 1件。M28∶1，夹砂黑褐陶。直口，深腹，矮圈足，口沿外另贴泥条压抹形成凹痕。口径9.4、足径4、通高6.9厘米（图四七，1）。

陶盆 2件。器体较大，仅存口沿残片。M28∶2，夹砂褐陶。敞口，浅盘，平底。口沿外贴泥条压抹形成凹痕，口沿下有对钻孔数个，饰三角复线刻划纹。口径34厘米（图四七，3）。M28∶3，夹砂黑褐陶。敛口，深腹，圜底。口沿外贴泥条形成凹痕，口沿下饰多重短线纹间竖向、斜向凸泥条纹。口径32厘米（图四七，2；彩版一二，3）。

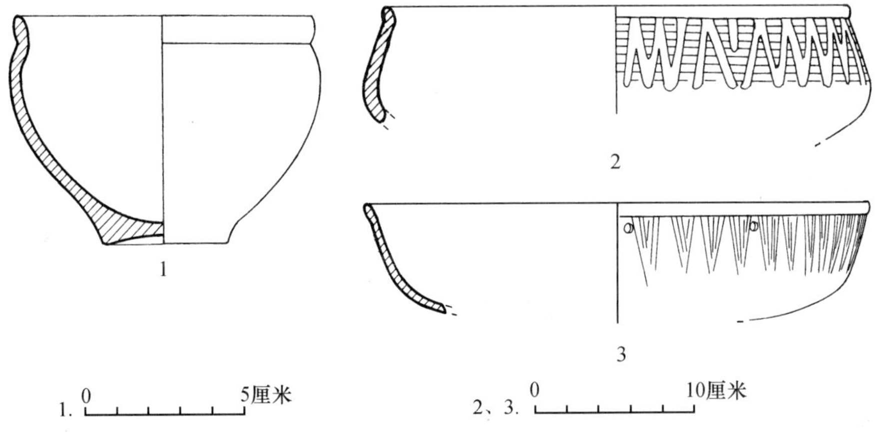

图四七 M28出土陶器
1. 钵（M28∶1） 2、3. 盆（M28∶3、M28∶2）

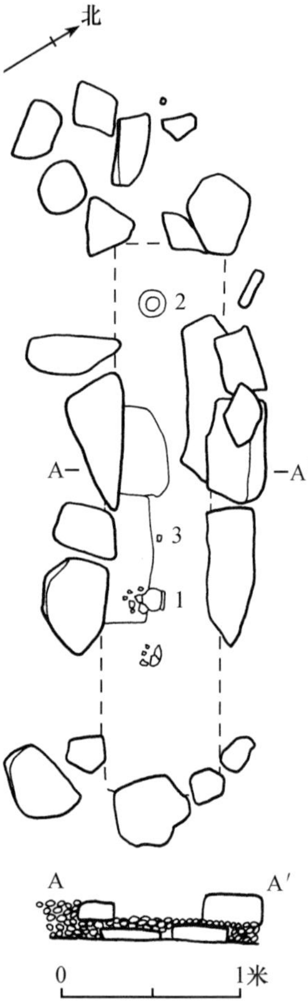

图四八　M30平、剖面图
1. 陶圈足罐　2. 陶弦纹壶　3. 天河石坠

二八、M29

位于墓地西部，被现代墓打破。平面呈近长方形，长1.6、宽0.8、残深0.4米。人骨和随葬品不详（图一八）。

二九、M30

位于墓地西端，方向为北偏西60°。平面呈近长方形，墓室较窄，墓口距墓顶0.1米，长2.8、宽0.55、残深0.2~0.3米，四壁用大石块和少量红烧土堆砌，已不完整，部分残缺。该墓建在岩石上，墓底铺大石块，石块上铺厚5厘米的小海卵石，人骨置于海卵石上。墓室只填海卵石，发现2具人骨架，头向偏东南，人骨保存不好，葬式不清。随葬品3件，包括陶圈足罐、陶弦纹壶、天河石坠各1件（图四八；图版五，4）。

陶圈足罐　1件。M30：1，夹砂黑褐陶。整体不对称。侈口，折腹，圈足。颈部中间有一周凹弦纹，上腹饰四周凹弦纹和两周刺点纹，上贴竖、斜向凸泥条。圈足饰刺点。口径8.4、足径5.1、通高8.5厘米（图四九，2；彩版一二，4）。

陶弦纹壶　1件。M30：2，夹砂黑褐陶。侈口，长颈，溜肩，鼓腹，底略凹。上腹饰四组每组三至四周凹弦纹。口径7.1、底径6、高17厘米（图四九，1；彩版一二，2）。

天河石坠　1件。M30：3，呈蓝白色。管状，横剖面呈圆角方形，中间管钻孔，两端有磨损痕迹。孔道可见螺旋纹。长1.9、宽1.2、厚0.9厘米（彩版一二，5）。

三〇、M31

位于墓地东部边缘。墓壁多已破坏，利用M21的东壁作为西壁。方向为北偏东20°。墓室平面呈长方形，墓口距地表0.1米，长2.9、宽1.3、残深0.85米（图版六，1）。墓西壁仅存3层石块，墓底铺海卵石，厚0.2米，人骨架上填海卵石，其上再填

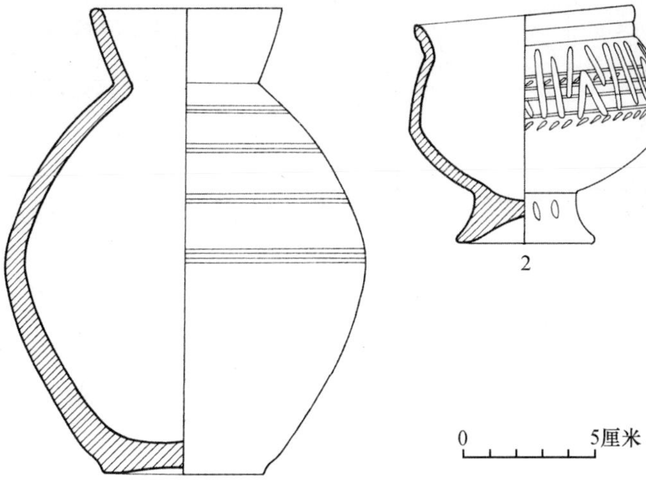

图四九　M30出土陶器
1. 弦纹壶（M30：2）　2. 圈足罐（M30：1）

遗址黑灰土，厚约0.1米。发现人骨7具，层层叠压，自上而下人骨叠压顺序为：第一、二、四、六具人骨头向为偏东北，第三、五、七具人骨头向为偏西南，第七具似儿童个体。均为仰身直肢葬。保存的人骨部位有头骨、牙齿、股骨、肱骨、跟骨等（彩版二六）。随葬品有陶罐2件，陶弦纹壶、陶碗、铜环、石斧各1件，陶串珠5枚，黑滑石串珠1枚，出自人骨两端或一侧，其中，铜环出自头骨附近，为佩戴之物（图三三）。

陶罐　1件。M31：1，夹砂黑褐陶，不可修复。

陶圈足罐　1件。M31：2，夹砂黑褐陶。侈口，鼓腹，高圈足。口沿外贴泥条，颈部饰两周凹弦纹，上腹自上而下饰凹弦纹和刺点、凹弦纹间网格划纹带、凹弦纹和刺点，圈足饰一周凹弦纹和竖线纹。口径9.9、足径6.8、通高12.9厘米（图五〇,3；彩版一三，3）。

陶弦纹壶　1件。M31：3，夹砂黑褐陶。钵形。侈口，球状腹，最大腹径在中部略偏下，矮圈足。上腹饰凹弦纹间复线波折刻划纹带及凹弦纹间三角内填斜线刻划纹带，圈足饰交叉刻划纹。口径7.1、足径4.4、高9.7厘米（图五〇，2；彩版一三，1）。

陶碗　1件。M31：4，夹砂红褐陶。敞口，深腹，矮圈足，圈足饰锯齿纹。口径8.7、足径4.2、高6.3厘米（图五〇，1；彩版一三，2）。

陶串珠　存5枚。M31：6，夹砂黑褐陶，管状。

石斧　1件。M31：5，辉绿岩。近长方形，弧顶，顶略窄于刃。长11.5、刃宽7.4、厚2厘米（图五〇，4；彩版一三，6）。

黑滑石串珠　仅1枚。M31：8，管状。直径0.4、厚0.35厘米。

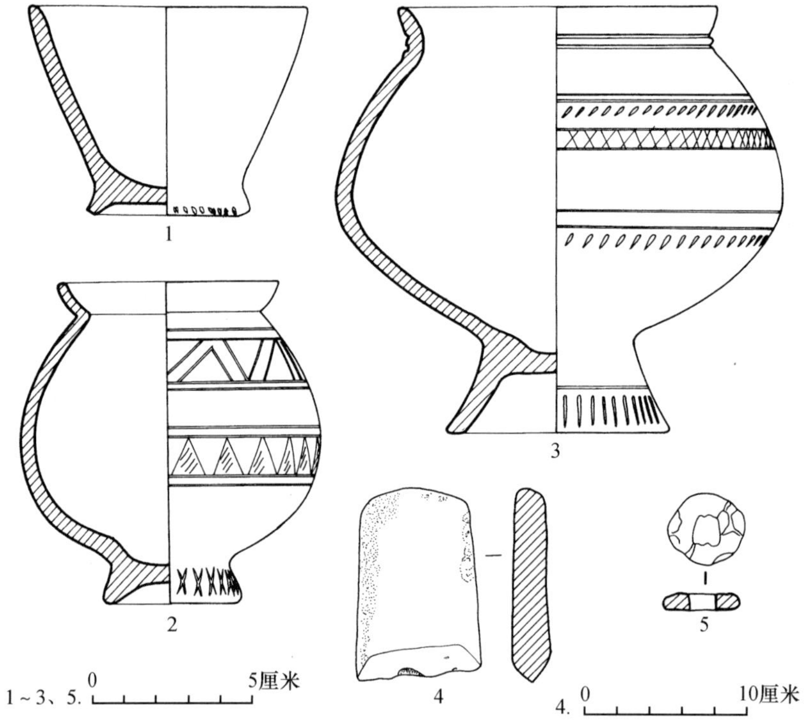

图五〇　M31出土器物

1. 陶碗（M31∶4）2. 陶弦纹壶（M31∶3）3. 陶圈足罐（M31∶2）4. 石斧（M31∶5）5. 铜环（M31∶7）

铜环　1件。M31∶7，方孔圆形，断为两截，表面迸裂。直径2.1、孔径1厘米（图五〇，5；彩版一三，5）。

三一、M32

位于墓地东部，墓室上部分被现代墓扰乱。方向为北偏西30°。平面呈长方形，墓室上宽下窄，墓口距地表0.2米，墓口长2.3、宽1.7米，墓底长1.7、宽1.4米，残深0.6米。墓顶用大石块封顶，墓底为淤土，人骨位于其上，人骨上填很薄一层海卵石，其上又填遗址黑灰土，发掘时墓顶已塌陷。人骨全部朽烂，看不出痕迹（图三五）。从填土里发现遗址陶片若干，均不能复原。

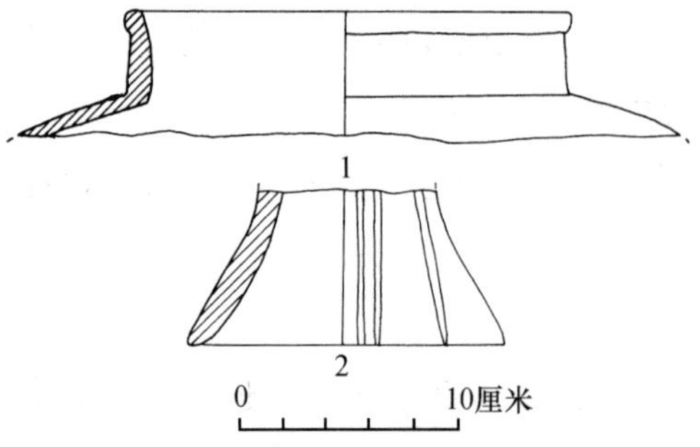

图五一　M32填土出土陶器

1. 壶口（M32∶1）2. 圈足（M32∶2）

陶壶口　M32∶1，夹砂黄褐陶。直口，口沿外另贴泥条压抹，短颈，广肩。口径20厘米（图五一，1）。

陶圈足　M32：2，夹砂褐陶。喇叭形。饰竖向划纹。足径 14.6 厘米（图五一，2）。

三二、M33

位于墓地东部，与 M32 共用一壁。方向为北偏西 28°。墓室平面呈近长方形，墓室上宽下窄，墓口长 2.55、宽 1.4 米，墓底长 2、宽 1.1 米，残深 0.43 米，墓口距地表 0.2 米。墓底铺小海卵石，人骨架置于其上，人骨上填海卵石，其上再填遗址黑灰土。发现人骨 5 具，其中，偏东南的有 2 具，偏西北的有 3 具，层层叠压，人骨朽烂严重，仅能看出少量头骨残片、牙齿和部分零散肢骨，头骨和牙齿分布在人骨两端，肢骨位于中部，随葬品位于人骨北端。除了最上层为少年个体外，其他均为成年人，从上向下第四具可辨别为成年男性个体。人骨主要保存部位有股骨、胫骨、肩胛骨、下颌和牙齿。均为仰身直肢葬。随葬品有陶钵、石刀各 1 件（图五二）。

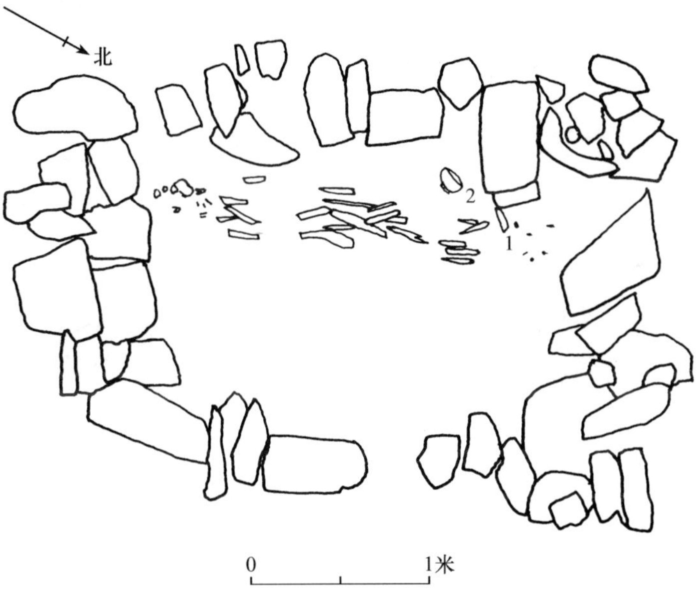

图五二　M33 平面图
1. 石刀　2. 陶钵

陶钵　1 件。M33：2，夹砂褐陶。敛口，弧壁，矮圈足。圈足饰竖向刻划纹。口径 16.8、足径 7.8、通高 7.3 厘米（图五三；彩版一三，4）。

石刀　1 件。M33：1，情况不详。

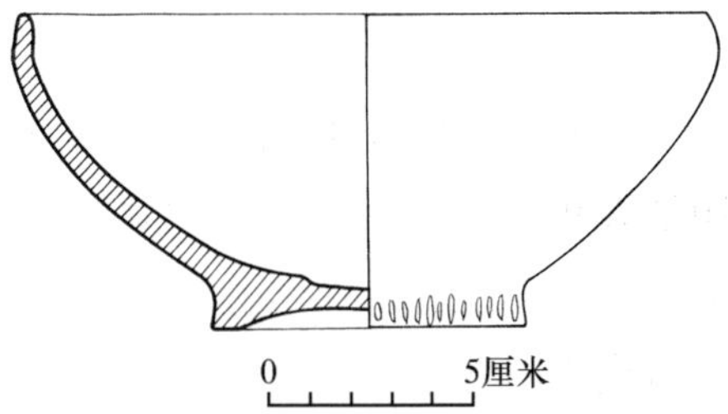

图五三　M33 出土陶钵（M33：2）

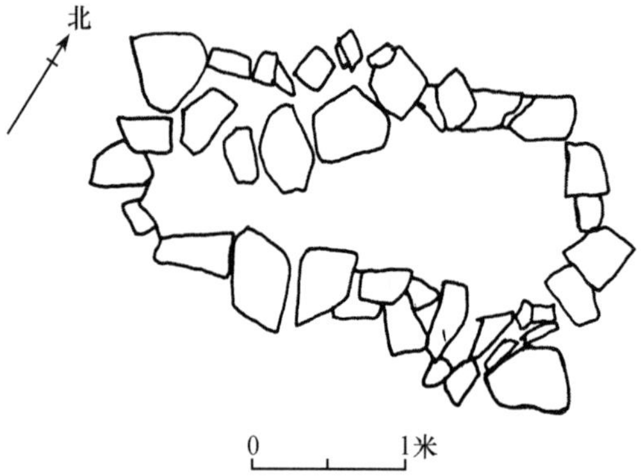

图五四　M34 平面图

三三、M34

位于墓地南部、M26 南侧。方向为北偏东 65°。墓室平面呈长方形，墓口距地表 0.1 米，长 2.7、宽 0.95、残深 0.15 米。未发现人骨。随葬品均残损严重，可辨别有陶罐、圈足等，不可复原（图五四）。

三四、M35

位于墓地西南部，被现代墓打破，破坏严重。墓室平面呈不规则长方形，方向为北偏东 60°。人骨和随葬品不详（图五五）。

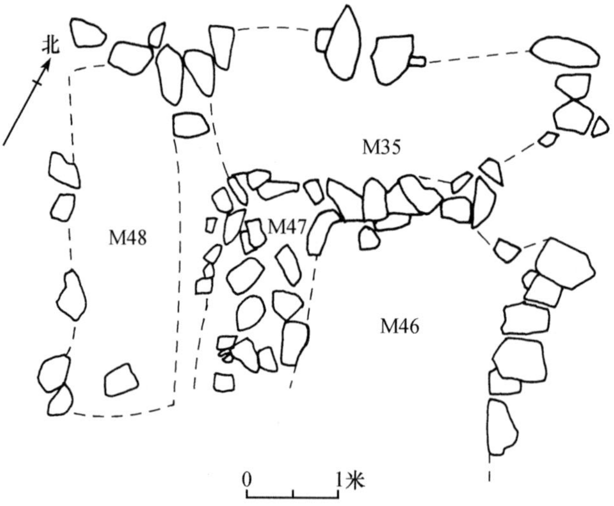

图五五　M35、M46、M48 平面图

三五、M36

位于墓地东部边缘，东壁遭破坏。方向为北偏东 80°。墓室平面呈刀把形，墓口距地表 0.1 米，墓室长 4.5、宽 0.5～1.25、残深 0.75 米，形成一大一小两室，两者相通，小墓室利用 M31、M32、M40、M39 墓壁形成的狭小空间。发掘时墓壁残存 3～4 层石块，石块缝隙中有海卵石和遗址黑灰土（图版六，2）。出土大量碎陶片，墓底铺小海卵石，厚 10 厘米。在其下边为遗址黑灰土，厚约 0.3 米。出土夹砂红陶和磨光黑陶片，为于家村遗址下层壶和豆。这是该墓地唯一一座明确出土于家村遗址下层陶片的墓室。最下边就是基岩，墓室内填小海卵石和遗址黑灰土。大墓室未发现人骨，仅墓室东端出土石纺轮1件，还有许多碎陶片。小墓室发现3具人骨，其中，东向的有2具，西向的有1具，均为仰身直肢葬，人骨层层叠压在一起，保存下来的人骨部位自上而下有：第一具保存头骨、牙齿、肱骨等，头骨在第二具头骨右侧，侧置，紧紧贴压在第二具头骨，肱骨叠压在第二具人骨之上，从牙齿磨损程度看，应为中年人；第二具保存有头骨、肱骨、尺骨、股骨、胫骨、骶骨、距骨、跟骨等，基本保持原位，其中头骨壁较厚，表面粗糙，乳突发达，牙齿磨损一般，似中年男性个体；第三具位于最下层，人骨保存较差，仅保存有肱骨、肋骨残段及两枚牙齿等，牙齿磨损一般，似中年人（彩版二七）。随葬品有陶弦纹壶1件、石纺轮1件（图五六）。

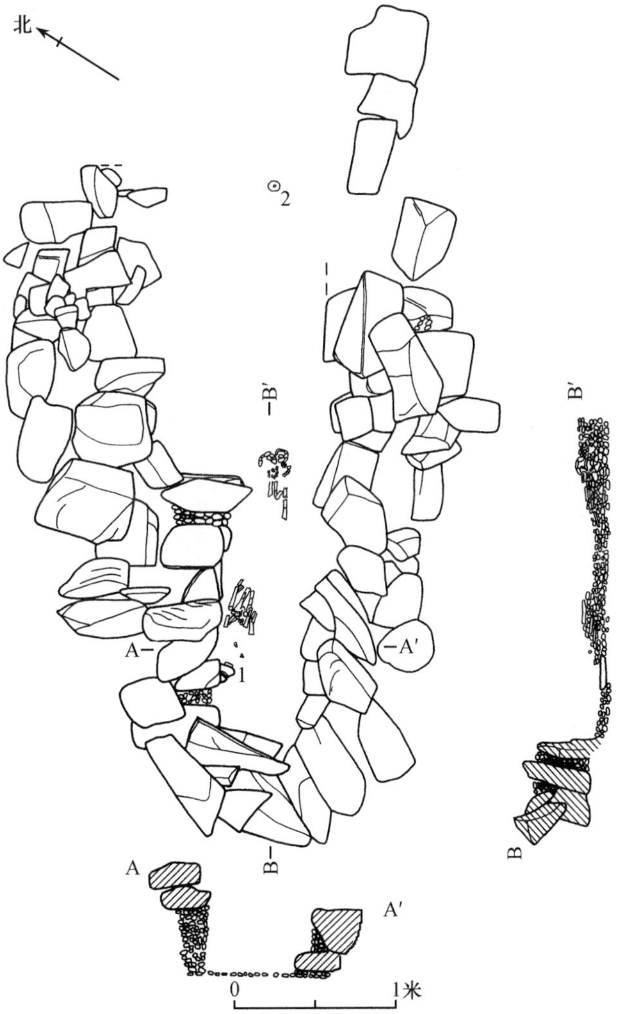

图五六　M36平、剖面图
1. 陶弦纹壶　2. 石纺轮

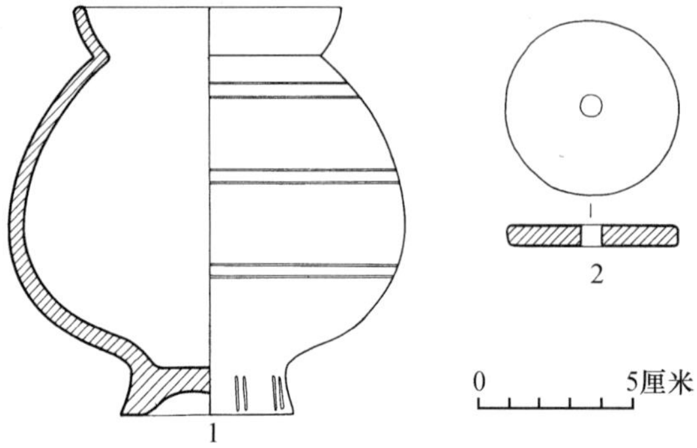

图五七　M36 出土器物
1. 陶弦纹壶（M36：1） 2. 石纺轮（M36：2）

陶弦纹壶　1件。M36：1，夹砂黑褐陶。钵形。侈口内弧，球状腹，最大腹径在中部偏下，矮圈足。腹部饰三周双重凹弦纹，圈足饰竖向双线刻划纹。口径8.7、足径5.8、通高12.8厘米（图五七，1；彩版一四，4）。

石纺轮　1件。M36：2，泥质板岩。圆形，中间管钻孔。直径5.4、孔径0.7、厚0.4～0.5厘米（图五七，2；彩版一四，7）。

三六、M37

位于墓地东南部边缘。北壁被破坏。方向为北偏西6°。平面呈不规则形，长2.5、宽1.3、残深0.1～0.5米。发掘时墓壁仅残存一层石块。墓底铺大石块，上置人骨，人骨保存极差，仅存几颗牙齿和4段肢骨残段，人骨性别、头向及葬式均不详（图五八）。随葬品仅发现陶串珠220枚，还发现陶片若干，不可复原。

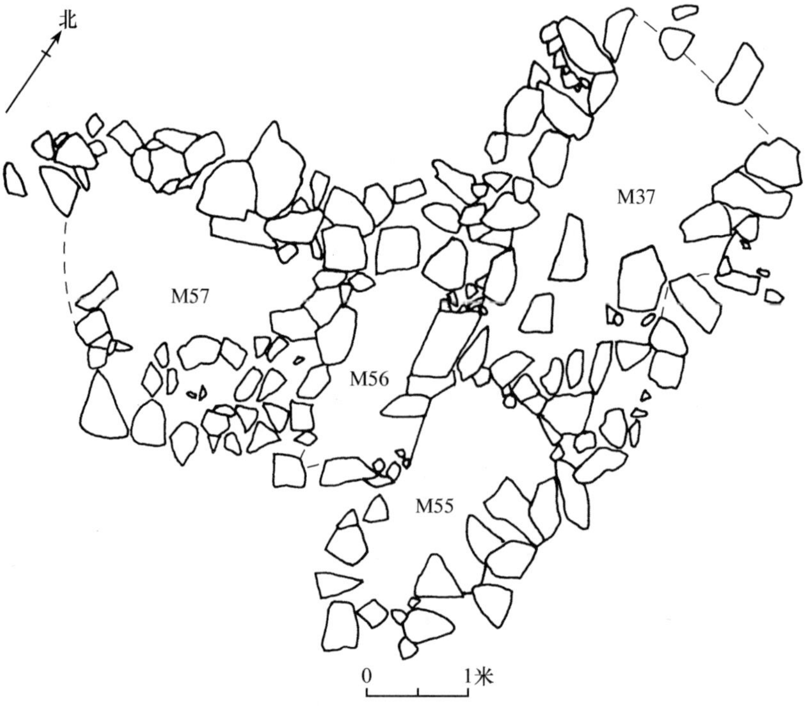

图五八　M37、M55～M57平面图

陶串珠　共220枚。M37：1，保存数量较多。直径0.3～0.5、厚0.2～0.5厘米（彩版一四，5）。

三七、M38

位于墓地东南部，与M37、M39相邻。方向为北偏西10°。墓室平面呈长方形，墓口距地表0.1米，墓室上宽下窄，墓口长2.9、宽1.4米，墓底长2.3、宽1.2米，残深0.75米。四壁用大石块堆砌，墓底铺小海卵石，墓室填遗址黑灰土和海卵石（图版六，3）。发现人骨架6具，按墓室长轴方向摆放，其中，南向的有2具，北向的有4具，其中儿童2具。人骨保存部位有上颌、下颌、颞骨、儿童牙齿、股骨、胫骨残段等。均为仰身直肢葬。随葬品除了1件陶钵位于南侧人骨之间外，其余的均分布于人骨北端，包括：陶舟形器、杯、钵各1件，陶串珠223枚，黑滑石串珠20枚，绿松石坠3件，铜泡2件，其中铜泡被压在下颌骨下面（图五九）。

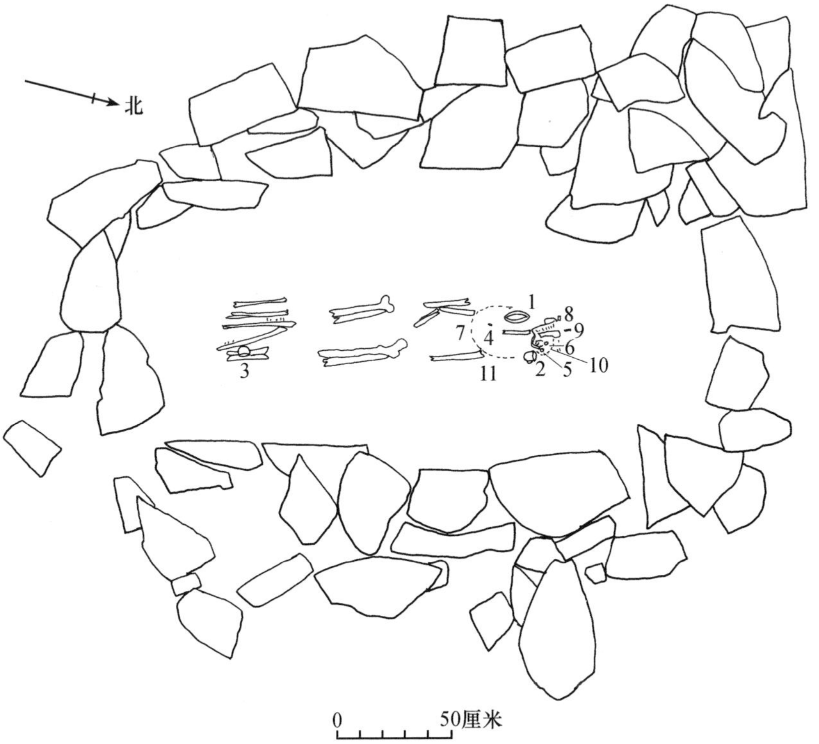

图五九　M38平面图

1. 陶舟形器　2. 陶杯　3. 陶钵　4、9、10. 绿松石坠　5、6. 铜泡　7、11. 陶串珠　8. 黑滑石串珠

陶舟形器　1件。M38：1，夹砂黑褐陶。器口平面呈橄榄形，中间高，两端低，凹底。口长径12.4、口短径5.2、底径4、高7厘米（图六〇，1；彩版一五，3）。

陶杯　1 件。M38∶2，夹砂黑褐陶。侈口，深腹，凹底，环状单把。口沿外另贴双重泥条形成凹痕，杯身饰四周双凹弦纹和斜向刺点纹带。口径 9.7、底径 5.6、高 7.8 厘米（图六〇，3；彩版一五，1）。

陶钵　1 件。M38∶3，夹砂黑褐陶。敛口，弧壁，凹底。口径 8.6、底径 4.4、高 4.9 厘米（图六〇，2；彩版一五，2）。

陶串珠　分成 2 串，共存 223 枚。M38∶7、M38∶11 大小不一，有的尚未切割开，中间穿孔。大的直径 0.4 ~ 0.45、厚 0.5 ~ 0.6 厘米，小的直径 0.25 ~ 0.3、厚 0.2 ~ 0.3 厘米（彩版一五，4、6）。

黑滑石串珠　存 20 枚。M38∶8，体纤小。直径 0.3、厚 0.1 ~ 0.3 厘米。

绿松石坠　3 件。M38∶10，绿色。原为管状坠，因残损仅存一角，被二次利用，一面钻孔。残长 0.7 厘米。M38∶4，平面呈菱形，一端呈弧形，中心穿孔（彩版一五，4）。M38∶9，管状，中间穿孔（彩版一五，4）。

铜泡　2 件。M38∶5、M38∶6，形状、大小相同，平面均为圆形，凸球面，背面内凹，有横梁。M38∶5 略残。直径 1.9 厘米（图六〇，4、5；彩版一五，5）。

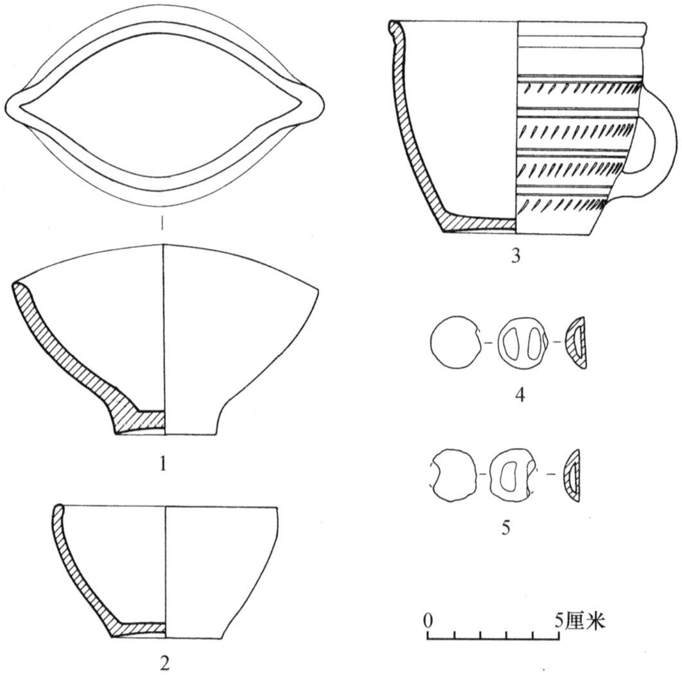

图六〇　M38 出土器物

1. 陶舟形器（M38∶1）　2. 陶钵（M38∶3）　3. 陶杯（M38∶2）　4、5. 铜泡（M38∶5、M38∶6）

三八、M39

位于墓地东南部、M38西侧。方向为北偏西10°。墓室平面呈长方形，墓室上宽下窄，墓口距地表0.1米，墓口长2.9、宽1米，墓底长2.7、宽0.87米，残深0.8米。墓室上口被现代墓打破，上层人骨架被扰乱。墓壁用大石块堆砌，人骨架按墓室长轴方向相向摆放，人骨下铺海卵石，墓室内填遗址黑灰土和海卵石（图版六，4）。发现人骨架9具，包括成年人7具、儿童2具。人骨层层叠压，其中可辨别男性1具、女性4具。南向的有2具，北向的有5具；2具头向不清。人骨保存较好，除了头骨、四肢骨比较全外，有的还保存肩胛骨、锁骨、脊椎骨、肋骨、骨盆等，甚至还保存指骨。人骨自上而下叠压顺序如下。第一具，男性，头北，保存有头骨、肱骨等。第二具，男性，头北，保存有头骨、肩胛骨、肱骨等。第三具，儿童，头北，保存股骨。第四具，女性，保存头骨、股骨等，头北。第五具，女性，头南保存牙齿、骨盆、股骨等头向不清。第六具，女性，头北，保存头骨、肩胛骨、上肢骨、脊椎骨、骨盆、股骨、腓骨、指骨等。第七具，头南，女性，保存头骨、股骨、胫骨、指骨等。第八具，只存头骨，头南，性别不详。第九具，儿童，存牙齿，性别不详，南向，人骨下出土黑滑石串珠67枚。人骨均为仰身直肢葬（图六一；彩版二八）。随葬品包括：陶圆腹壶1件，陶鼓腹罐1件，黑滑石串珠若干。

陶圆腹壶　1件。M39：1，夹砂红褐陶。下半部不存。直口，球状腹，推测应

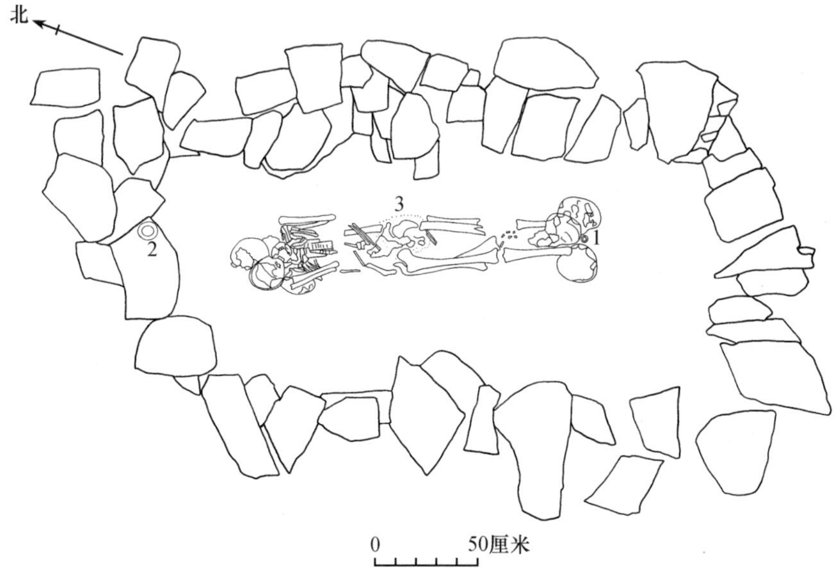

图六一　M39平面图

1. 陶圆腹壶　2. 陶鼓腹罐　3. 黑滑石串珠

为圈足。颈部、颈与肩相接处、中腹部分别饰一周刺点纹。口径 5.3 厘米（图六二，1；彩版一四，1）。

陶鼓腹罐　1 件。M39∶2，夹砂黑褐陶。侈口，长颈，溜肩，鼓腹，最大腹径偏下，矮圈足。颈部饰凹弦纹。口径 12.7、足径 6.6、高 18.5 厘米（图六二，2）。

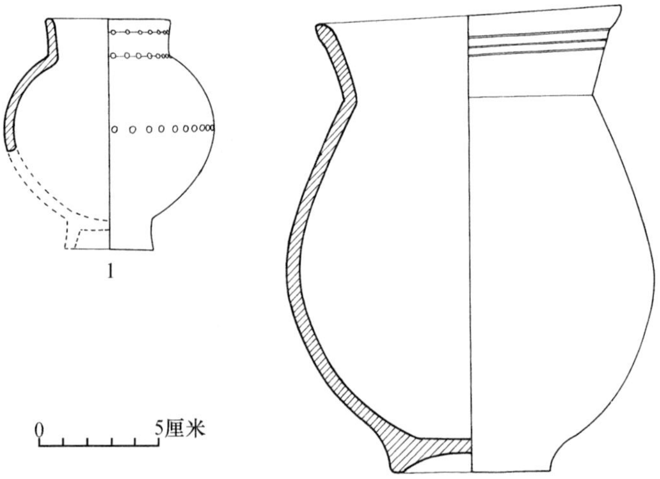

图六二　M39 出土陶器
1. 圆腹壶（M39∶1）2. 鼓腹罐（M39∶2）

黑滑石串珠　存 67 枚。M39∶3，珠子有大有小，大的珠子直径 0.3～0.45、厚 0.2～0.25 厘米，小的珠子直径 0.2、厚 0.15 厘米。

三九、M40

位于 M39、M41 之间，北与 M32 相邻。方向为北偏西 20°。墓室被现代墓破坏，墓壁仅存 1～2 层石块。墓室平面呈长方形，墓口距地表 0.2 米。墓室上宽下窄，墓口长 2.9、宽 1.1 米，墓底长 2.6、宽 1 米，残深 0.24～0.4 米。墓壁用大石块堆砌，墓底铺遗址黑灰土和海卵石，其上置人骨架，墓室填大量海卵石和少量遗址黑灰土（图六三）。发现人骨架 4 具，其中包括儿童、老年人各 1 具。人骨按墓室长轴方向摆放，方向偏东和偏西的各 2 具。人骨多为残段，除 1 具为侧身葬外，其他 3 具均为仰身直肢葬。人骨自上而下叠压顺序如下：第一具保存有股骨、胫骨、尺骨、腰椎骨等；第二具保存有枕骨、上肢骨、牙齿等，为儿童个体；第三具保存有头骨、股骨、胫骨、腓骨、髌骨、上肢骨残段等；第四具保存有牙齿、肢骨残段，为老年人

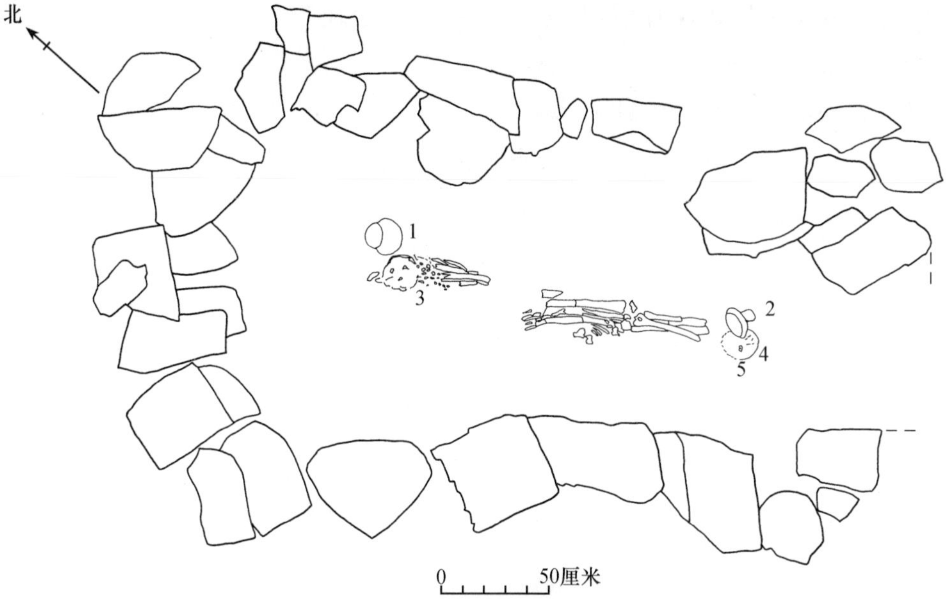

图六三 M40平面图

1. 陶弦纹壶 2. 陶豆 3. 骨贝 4. 黑滑石串珠 5. 绿松石坠

（彩版二九）。随葬品位于人骨架两端，有陶弦纹壶、陶豆、绿松石坠各1件；骨贝2件、黑滑石珠若干，出于儿童头、颈部之间位置，可断定为儿童佩戴。

陶弦纹壶 1件。M40∶1，夹砂黑褐陶。侈口内弧，形成钵形口，球状腹，矮圈足。腹部饰三周双凹弦纹，上下两周凹弦纹上另贴马鞍形假耳。口径9.2、足径5、高12.7厘米（图六四，1；彩版一四，3）。

陶豆 1件。M40∶2，夹砂黑褐陶。敛口，折腹盘，喇叭形圈足。口沿外另贴泥

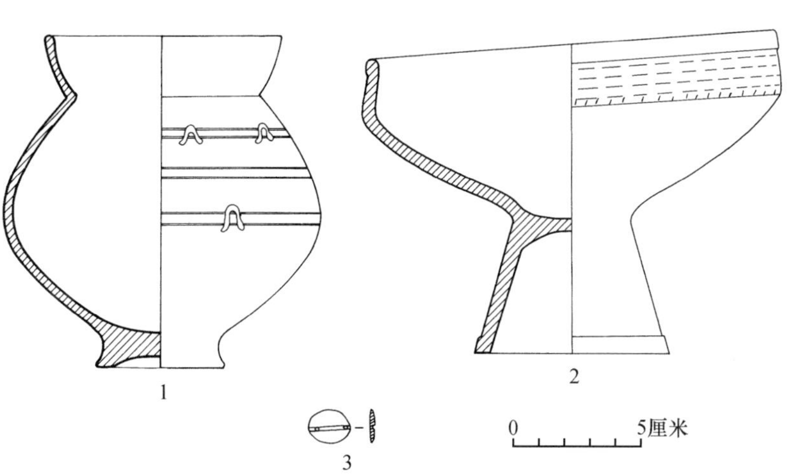

图六四 M40出土器物

1. 陶弦纹壶（M40∶1） 2. 陶豆（M40∶2） 3. 骨贝（M40∶3）

条。豆盘饰多重短线纹和斜向刺点纹。口径 16.4、足径 7.4、通高 11.4 厘米（图六四，2；彩版一四，2）。

黑滑石串珠　存 126 枚。M40∶4，直径 0.3 ~ 0.35、厚 0.2 ~ 0.3 厘米（彩版一四，6）。

绿松石坠　1 件。M40∶5，蓝绿色。体扁平，为残断后二次加工磨平，一面钻孔，孔道可见螺旋纹。残长 0.6、宽 0.65 厘米（彩版一四，6）。

骨贝　2 件。M40∶3，用骨头磨成海贝状，两端有小孔。长 1.5、厚 0.2 厘米（图六四，3）。

四〇、M41

位于墓地东南部边缘，M40、M42 之间，北与 M33 相邻，南部自然损坏。方向为北偏西 25°。墓室平面呈长方形，墓口距地表 0.2 米，长 2.17 ~ 2.47、宽 1.76、残深 0.7 米，发掘时南壁残存 3 层石块。墓壁用大石块堆砌，缝隙中可见海卵石，墓底铺海卵石，厚 5 ~ 15 厘米，墓室内只填海卵石。发现人骨架 8 具，按墓室长轴方向交错摆放，头骨位于两端，包括成年人 6 人、儿童 2 人。南向的有 3 具、北向的有 5 具。其中，只辨别出男性和女性各 1 具。除 1 具葬式不详外，其余皆为仰身直肢葬（图六五）。自上而下人骨摆放顺序为：第一具，向南，保存股骨残段；第二具，向北，保存头骨、

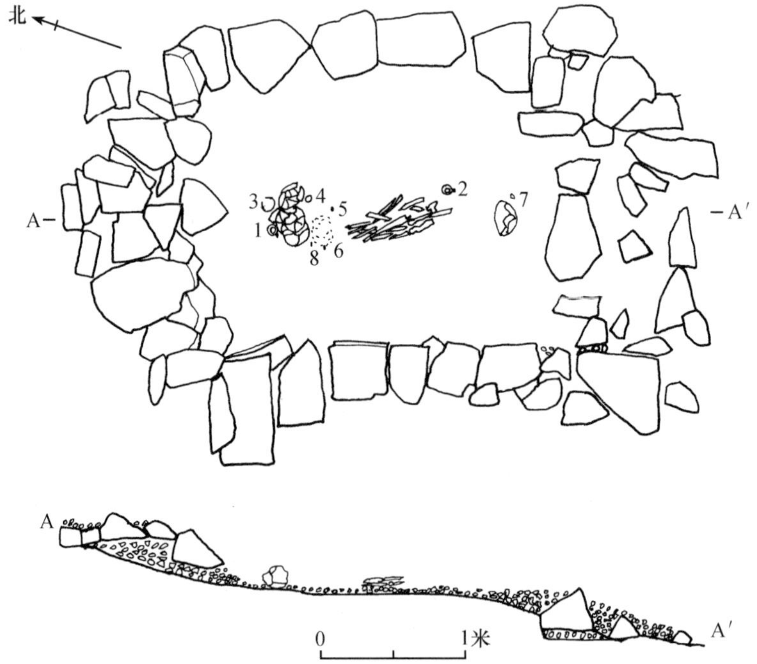

图六五　M41 平、剖面图

1、2. 陶杯　3. 陶弦纹壶　4. 石纺轮　5. 玛瑙珠　6. 陶串珠　7. 绿松石坠　8. 天河石坠

肱骨、桡骨残段，为成年男性个体；第三具，头北，保存头骨、胫骨、腓骨、跖骨残段；第四具，存儿童牙齿，南向；第五具，北向，保存牙齿、骨盆等，为女性个体，葬式不清；第六具，头北，保存骨盆、胫骨、掌骨、指骨残段；第七具，头南，保存头骨、骨盆、胫骨、股骨头残块；第八具，北向，保存牙齿等，为儿童个体（彩版三〇）。随葬品位于人骨附近，装饰品一般位于头骨附近，有陶杯 2 件、陶弦纹壶 1 件、石纺轮 1 件，玛瑙珠、天河石坠、绿松石坠各 1 件，陶串珠 51 枚。

陶杯　2 件。M41：1，夹砂褐陶。环状单把。侈口，弧壁，底微凹，环把偏下。口径 9.2、底径 4.5、高 6.7 厘米（图六六，1；彩版一六，1）。M41：2，夹砂褐陶。泥柄单把。口微敛，斜弧壁，平底。在口沿上另捏出一上翘的泥柄，泥柄上有凹窝。口径 7.6、底径 4.2、高 5.5 厘米。泥柄长 4、宽 1.1、厚 0.8 厘米（图六六，2；彩版一六，2）。

陶弦纹壶　1 件。M41：3，上口残缺。夹砂黑褐陶。球状腹，最大腹径略偏下，圈足。腹饰四周双凹弦纹，最下一周凹弦纹上另贴八个马鞍状泥条盲耳，圈足饰竖线刻划纹。圈足径 5.1、圈足高 1.5、残高 11.7 厘米（图六六，3；彩版一六，3）。

陶串珠　存 51 枚。如 M41：6。直径 0.3 ~ 0.4、厚 0.3 ~ 0.6 厘米（彩版一六，4）。

石纺轮　1 件。M41：4，透闪透辉角岩。圆形，中间对钻孔。直径 4.7、厚 0.6、孔径 1 ~ 1.1 厘米（图六六，4；彩版一六，5）。

天河石坠　1 件。M41：8，蓝白色。平面呈长方形，横剖面呈椭圆形，背面一端磨薄，另一端略有残损，中间管钻孔。孔道可见螺旋纹。长 1.5、宽 0.9、厚 0.65

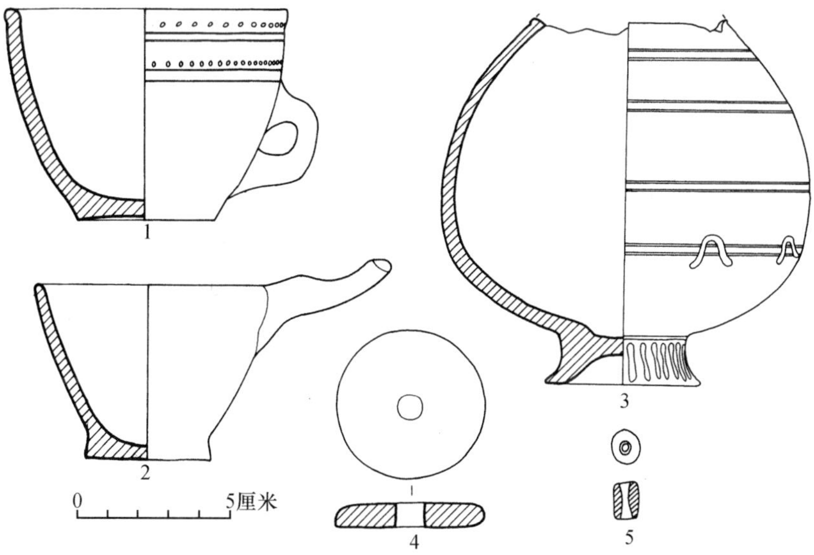

图六六　M41 出土器物

1、2. 陶杯（M41：1、M41：2）3. 陶弦纹壶（M41：3）4. 石纺轮（M41：4）5. 玛瑙珠（M41：5）

厘米（彩版一六，6左）。

绿松石坠　1件。M41：7，绿色。体小。管状，一端略粗，中间管钻孔。孔道可见螺旋纹。长0.7、宽0.4～0.5厘米（彩版一六，6右）。

玛瑙珠　1件。M41：5，算盘珠状，中间对钻孔。直径1.2、厚0.7厘米（图六六，5；彩版一六，6中）。

四一、M42

位于墓地南部边缘，M24南侧，与M41、M43相邻，被现代墓打破。方向为北偏西30°。墓室平面呈圆角长方形，墓口距地表0.1米，长3、宽1.9、残深0.85米。墓顶用大石块封顶，墓壁用大石块堆砌，墓底铺石块和海卵石，厚0.25米，距墓口0.6米处发现人骨。墓室填海卵石和遗址黑灰土（图版七，1、2）。共发现人骨架7具，其中包括1个儿童和1个老年人，按墓室长轴方向摆放，人骨层层叠压，厚度达0.25米，其中偏东南向的有3具，偏西北向的有4具，保存人骨有头骨（包括上下颌）、肋骨、骨盆、股骨、胫骨、腓骨、跟骨等残段和部分牙齿等。仅最上层保存头骨，方向为北偏西。最下层为老年人个体，保存下颌和臼齿（彩版三一）。均为仰身直肢葬。随葬品出自人骨架两端，陶豆、陶杯位于人骨架北端，陶折腹罐、陶弦纹壶、陶钵、陶圈足、绿松石坠、黑滑石串珠位于人骨架南端，其中黑滑石串珠在儿童头骨周围，可断定为儿童所佩戴。此外，墓壁填土中发现罐的残片（图六七）。

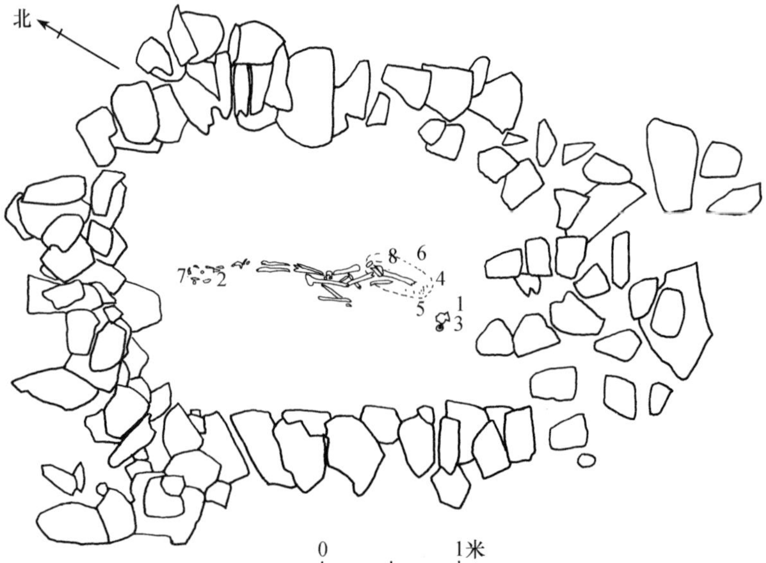

图六七　M42平面图

1. 陶壶　2. 陶豆　3. 陶圈足　4. 陶钵　5. 绿松石坠　6. 黑滑石串珠　7. 陶杯　8. 陶罐

陶弦纹壶　1件。M42：1，夹砂黑褐陶。侈口内弧，钵形口，长颈，球状腹，最大腹径在中部，喇叭形高圈足。上腹饰四周双凹弦纹，圈足饰竖线刻划纹。口径5.4、圈足径4.9、圈足高1.5、高8.8厘米（图六八，1；彩版一七，5）。

陶折腹罐　1件。M42：8，夹砂红褐陶。侈口，高领，折肩，矮圈足。领与肩共饰四周圆刺点间另贴竖、斜向凸棱纹。口径10.6、足径6.3、高13厘米（图六八，4；彩版一七，2）。

陶杯　1件。M42：7，夹砂黑褐陶。泥柄单把杯。直口，口沿外贴泥条，斜弧壁，凹底，中部偏下捏出上翘泥把。器身饰两周刺点纹间凹弦纹。口径11.2、底径4.5、高9.3厘米（图六八，2；彩版一七，1）。

陶钵　1件。M42：4，夹砂黑褐陶。敛口，弧壁，底残。口径10厘米（图六八，5；彩版一七，3）。

陶豆　1件。M42：2，无法复原。

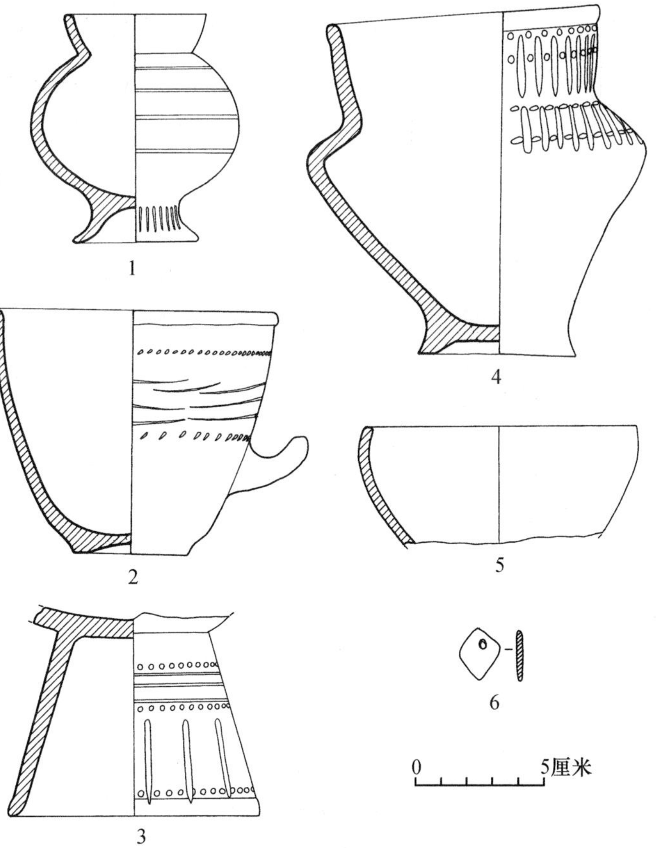

图六八　M42出土器物

1. 陶弦纹壶（M42：1）2. 陶杯（M42：7）3. 陶圈足（M42：3）4. 陶折腹罐（M42：8）
5. 陶钵（M42：4）6. 绿松石坠（M42：5）

陶圈足　1 件。M42：3，夹砂黄褐陶。喇叭形高圈足。饰刺点纹、凹弦纹和竖线划纹。推测器形当为圈足罐。足径 9.8、残高 8 厘米（图六八，3；彩版一七，4）。

绿松石坠　1 件。M42：5，呈蓝绿色。平面近菱形，表面有两道加工凹槽，对钻孔。孔道可见螺旋纹。长 1.9、宽 1.5、厚 0.26 厘米（图六八，6；彩版一七，7）。

黑滑石串珠　现存 358 枚。M42：6，数量较多，大小略有差异，可能不止一串。大的珠子直径 0.35 ~ 0.5、厚 0.25 ~ 0.4 厘米，小的珠子直径 0.2、厚 0.25 厘米（彩版一七，6）。

四二、M43

位于墓地南部边缘，东西分别与 M42 和 M44 相邻，北与 M25 相邻，其中南壁被自然破坏。方向为北偏西 30°。墓室平面呈长方形，墓口距地表 0.05 米，长 2.3 ~ 2.4、宽 1.3、残深 0.4 ~ 0.65 米。墓壁用大石块堆砌，墓底铺海卵石，厚 0.28 米。距墓口约 0.42 米处露出人骨架，墓室填遗址黑灰土和海卵石。人骨架 4 具，按墓室长轴方向摆放，层层叠压，厚约 0.23 米，其中，偏东南向的有 1 具，偏西北向的有 3 具。成年男性骨架 2 具，头向不一，分别位于最上层和最下层，中间为女性和儿童骨架，均偏西北（图版七，3）。自上而下人骨摆放顺序为：第一具，保存头骨、上肢骨残段、股骨、胫骨、腓骨、锁骨和足部骨骼；第二具，保存股骨、胫骨、肋骨残段，其中胫骨压在左侧股骨之上，下压头骨；第三具，保存股骨、腓骨残段；第四具，保存股骨、腓骨、尺骨、桡骨、骨盆、掌骨、指骨等，均为仰身直肢葬。随葬品位于人骨架两端，发现陶罐 3 件，人骨架中间发现玉坠 1 件、黑滑石串珠 99 枚（图六九）。

陶罐　3 件（M43：1、M43：4、M43：5），均为残片，不可复原。

玉坠　1 件。M43：2，岫玉。扁平长方形，中间穿孔（彩版一八，6）。

黑滑石串珠　存 99 枚。M43：3，直径 0.2 ~ 0.4、厚 0.1 ~ 0.4 厘米（彩版一八，6）。

四三、M44

位于墓地南部边缘，与 M43 和 M45 相邻，南部因靠近悬崖而残损。方向为北偏西 39°。平面呈圆角长方形，墓口距地表 0.1 米，长 2.75 ~ 3、宽 0.95、残深 0.35 ~ 0.55 米。墓室建造前先用遗址灰土平整墓底，四壁用大石块堆砌，缝隙中填塞海卵石。墓底铺海卵石，厚约 0.25 米，人骨架置于其上。墓室填海卵石和遗址黑灰土。发现人骨架 3 具，其中，偏东南向的有 2 具，偏西北向的有 1 具。人骨保存较差，葬式不明（图七〇）。随葬品：陶圈足罐 1 件，出自人骨架中部，偏西北向人头骨附近发现陶鼓腹罐和陶碗各 1

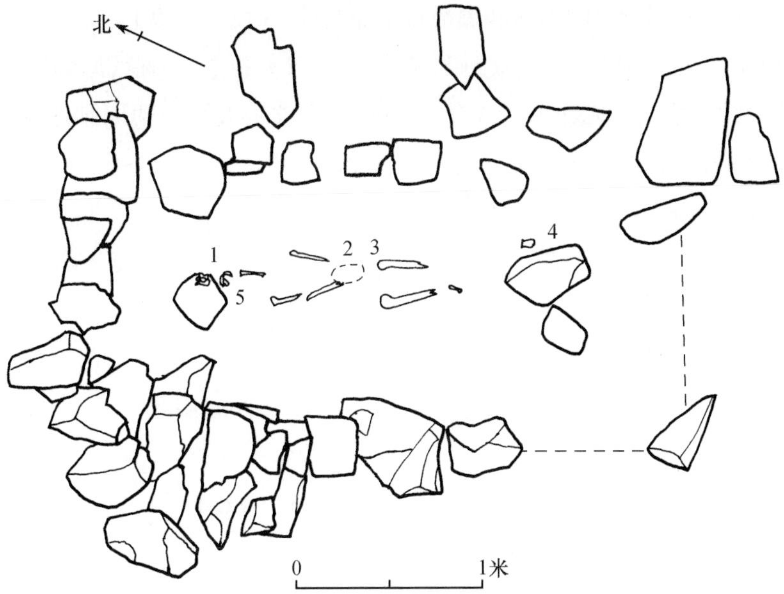

图六九 M43平面图

1、4、5. 陶罐 2. 玉坠 3. 黑滑石串珠

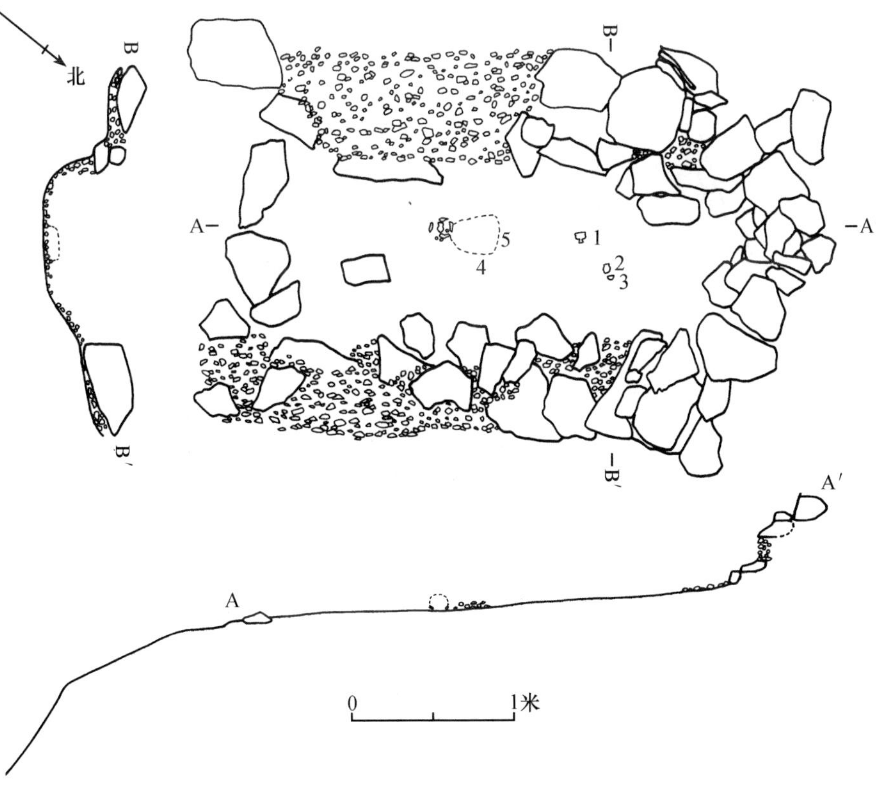

图七〇 M44平、剖面图

1. 陶圈足罐 2. 陶碗 3. 陶鼓腹罐 4. 陶串珠 5. 黑滑石串珠

件，偏东南向人头骨附近有陶串珠和黑滑石串珠共计 93 枚（图版七，4）。

陶圈足罐　1 件。M44：1，夹砂红褐陶。侈口，折腹，喇叭形高圈足。口沿外贴泥条压抹。颈饰两周凹弦纹和三个为一组的刺点纹，上腹饰两周刺点纹间多重横向短线上另贴竖向凸棱纹，圈足饰三周凹弦纹和三排竖线纹。口径 9.8、足径 6.3、高 10 厘米（图七一，1；彩版一八，1）。

陶鼓腹罐　1 件。M44：3，夹砂红褐陶。直口，长颈，鼓腹，凹底。口沿饰锯齿纹，颈饰刺点、凹弦纹和竖线划纹，近底部饰竖线划纹。口径 8.2、底径 4.7、高 12.5 厘米（图七一，3；彩版一八，3）。

陶碗　1 件。M44：2，夹砂红褐陶。敛口，弧壁，矮圈足。口径 10.4、足径 5、高 7 厘米（图七一，2；彩版一八，2）。

陶串珠　69 枚。M44：4，直径 0.3 ~ 0.35、厚 0.2 ~ 0.45 厘米（彩版一八，7）。

黑滑石串珠　24 枚。M44：5，直径 0.3、厚 0.1 ~ 0.25 厘米。

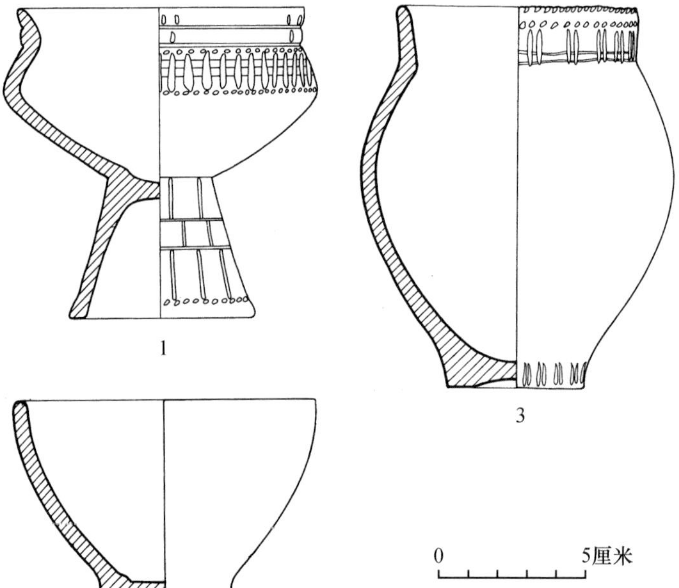

图七一　M44 出土陶器

1. 圈足罐（M44：1）　2. 碗（M44：2）　3. 鼓腹罐（M44：3）

四四、M45

位于墓地南部边缘，东与 M44 相邻。方向为北偏西 20°。墓室平面呈长方形，墓室上宽下窄，墓口距地表0.15米，墓口长2.3、宽1.45米，墓底长1.66、宽1.34、残深0.6米。墓壁用大石块堆砌，墓底用大石块铺成，不平处用海卵石填平，人骨架置于其上，墓室内只填海卵石。发现人骨架1具，为儿童，方向为北偏西，人骨保存不好，仅存臼齿等。随葬品包括：陶弦纹壶1件，头骨附近发现黑滑石串珠45枚，绿松石坠1件（图七二；图版八，1）。

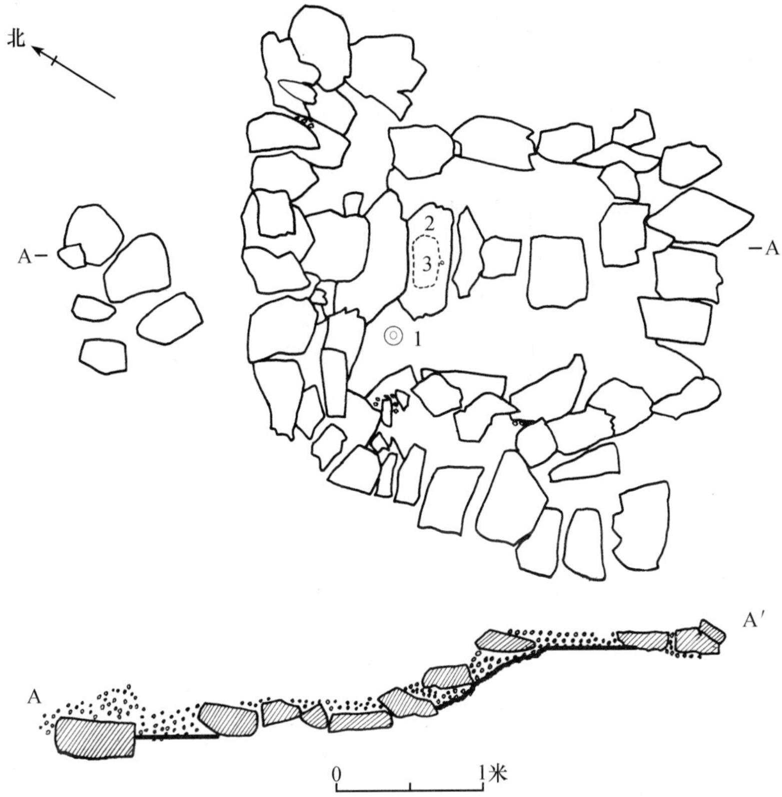

图七二　M45平、剖面图

1. 陶弦纹壶　2. 黑滑石串珠　3. 绿松石坠

陶弦纹壶　1件。M45∶1，夹砂黑褐陶。侈口内弧，形成钵口，长颈，球状腹，最大腹径略偏下，矮圈足。上腹饰三周双线凹弦纹。口径8.7、足径4.7、通高12.3厘米（图七三；彩版一八，4）。

黑滑石串珠　存45枚。M45∶2，大小不一。最大直径0.25～0.35、厚0.15～0.25厘米（彩版一八，5）。

绿松石坠　1件。M45∶3，呈蓝绿色。扁平鸡心形，表面有裂，中间管钻孔。长0.9、宽0.85厘米（彩版一八，5）。

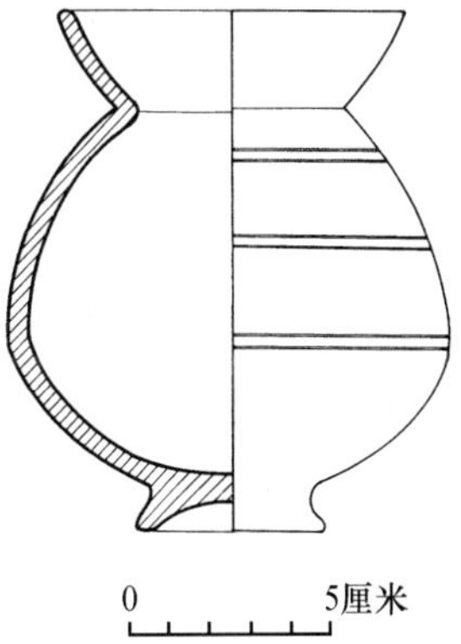

图七三　M45出土陶弦纹壶（M45∶1）

四五、M46

位于墓地西南部边缘，东西两侧分别与 M45、M47 相邻，北与 M35 相邻，因靠近悬崖，墓室南半部已完全破坏。方向为北偏西 30°。平面呈长方形，墓口距地表 0.1 米，长 2.3 ~ 2.4、宽 1.9、残深 0.3 米。该墓直接建在基岩上，四壁用大石块堆砌，墓底铺海卵石，墓室内填海卵石和遗址黑灰土。由于被破坏，未发现人骨架。随葬陶罐、陶碗、石纺轮各 1 件，另外墓室填土中夹带的陶片，可复原盆 1 件（图五五）。

陶鼓腹罐　1 件。M46：3，夹砂黑褐陶。整体不对称。直口，深腹，平底。口沿饰锯齿纹。口径 8.9、底径 5.8、高 15 厘米（图七四，2；彩版一九，1）。

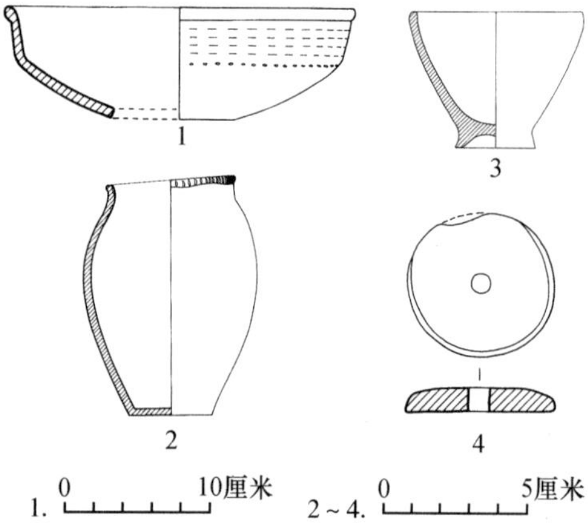

图七四　M46 出土器物

1. 陶盆（M46：2）　2. 陶鼓腹罐（M46：3）

3. 陶碗（M46：4）　4. 石纺轮（M46：1）

陶盆　1 件。M46：2，夹砂褐陶。敞口，口沿外另贴泥条，折腹，底部残缺。盆身上部分饰多重横向短线纹和一周刺点纹。口径 28 厘米（图七四，1；彩版一九，3）。

陶碗　1 件。M46：4，夹砂黑褐陶。口略敛，斜壁，圈足。口径 9.4、底径 4.3、高 7 厘米（图七四，3）。

石纺轮　1 件。M46：1，泥质板岩。残。圆形，正面略凸、略小于底面，底面较平，正面中间管钻孔，又从底面重新钻。直径 4.7 ~ 4.9、孔径 0.8 ~ 1、厚 0.87 厘米（图七四，4；彩版一九，5）。

四六、M47

位于墓地西南部，东西两侧分别与 M46、M48 相邻，北与 M35 相邻。方向为北偏西 39°。墓室平面呈长方形，长 2、宽 0.7、残深 0.25 米。墓壁用大石块堆砌，墓壁用小海卵石和遗址黑灰土找平。墓底铺大石块，人骨置于其上，也有在石块之间的（图七五）。发现人骨架 4 具，按墓室长轴方向摆放，自上而下人骨叠压顺序如下：第一具：头骨（包括下颌骨和牙齿）、两侧股骨、胫骨等；第二具：头骨（包括下颌骨和牙齿）、肱骨、桡骨、胸椎、骨盆、胫骨、腓骨等；第三具：头骨（包括下颌骨）、

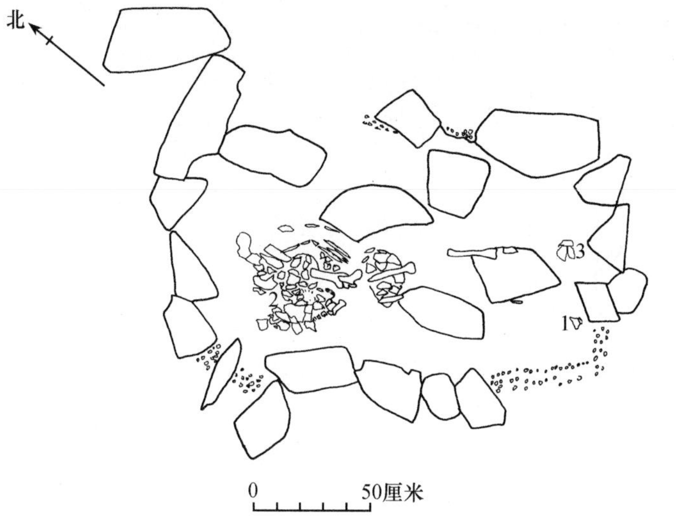

图七五 M47平面图

1. 陶碗 2. 玛瑙珠 3. 陶罐

尺骨、肋骨、股骨、胫骨、跖骨等；第四具：头骨碎片、肱骨、股骨、胫骨、腓骨等。人骨方向均为北偏西（彩版三二）。随葬品有陶罐1件（不可复原）、陶碗1件、玛瑙珠1件。

陶碗 1件。M47：1，夹砂黑褐陶。敛口，斜弧壁，圈足。口径11.7、足径5.5、高9.2厘米（图七六，1；彩版一九，2）。

玛瑙珠 1件。M47：2，略有残损、风化。红白相间。鼓形，中间对钻孔。孔道可见螺旋纹。直径1.45～1.48、厚1.1厘米（彩版一九，6）。

另外墓室填土中发现遗址陶片，可辨器形有壶、甗，还有圈足、器底等。

陶壶口 M47：4，夹砂灰褐陶。残片。直口，长颈。颈部饰圆刺点、凹弦纹和凸棱纹（图七六，2）。

陶甗口 M47：5，夹砂黑褐陶。直口，平沿，弧腹。口沿上斜穿一周圆孔，口沿外另贴泥条压抹，并饰斜向压划纹。口径28厘米（图七六，4）。

陶甗腰 M47：6，夹砂褐陶。腰下饰竖向划纹和几个圆孔（图七六，5）。

陶器底 M47：7，夹砂黑褐陶。圈足，弧腹（图七六，3）。

陶圈足 M47：8，夹砂黄褐陶。喇叭形，镂长方孔。饰竖向划纹，圈足底边饰一周锯齿纹。足径22厘米（图七六，6）。

四七、M48

位于墓地西南角，破坏严重，四壁几乎破坏殆尽。墓室平面呈长方形，长3.5、宽

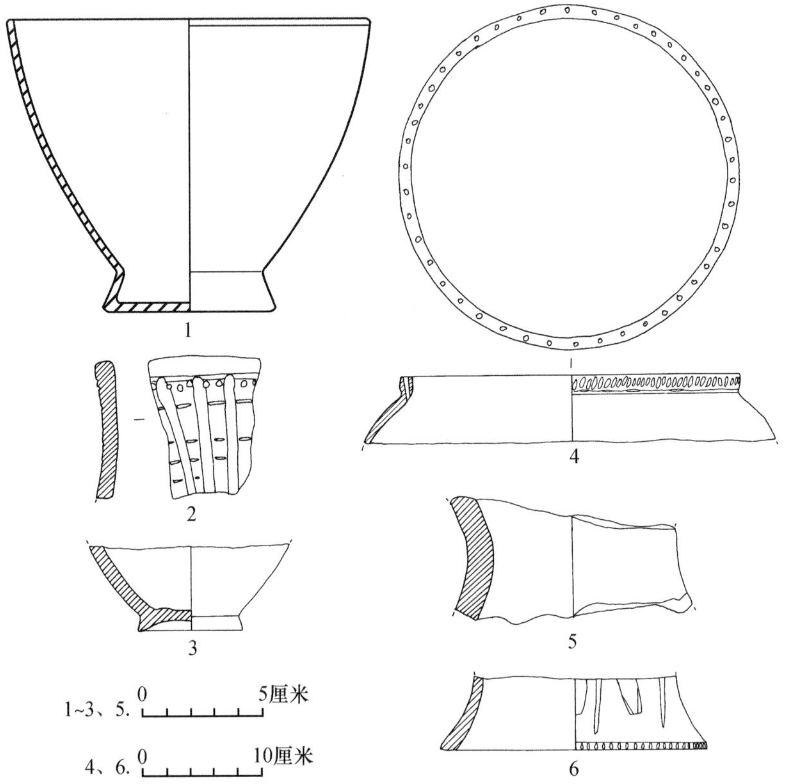

图七六　M47 墓室与填土出土陶器

1. 碗（M47：1）2. 壶口（M47：4）3. 器底（M47：7）4. 甗口（M47：5）5. 甗腰（M47：6）6. 圈足（M47：8）

2、残深 0.25 米，其他情况不详。随葬品仅发现 1 件陶大口罐和 1 件陶杯（图五五）。

陶折腹罐　1 件。M48：1，夹砂红褐陶。直口，有颈，折腹，圈足。口径 8、足径 5.4、高 7.8 厘米（图七七，1；彩版一九，4）。

陶杯　1 件。M48：2，夹砂黑褐陶。口部残缺，平底，杯下部有环状单把。底径 5.5、残高 6.5 厘米（图七七，2；彩版一九，7）。

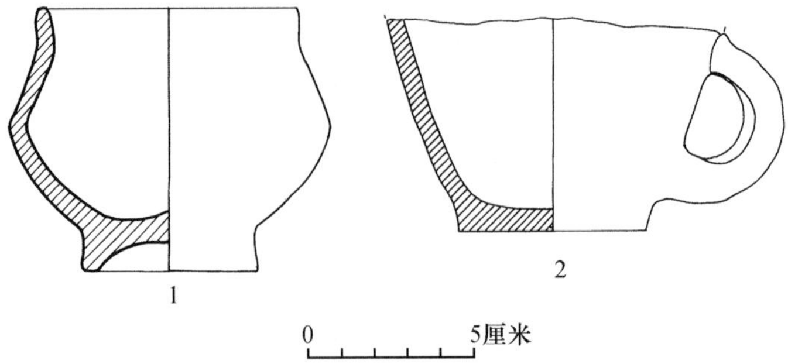

图七七　M48 出土陶器

1. 折腹罐（M48：1）2. 杯（M48：2）

四八、M49

位于墓地西南角，已被扰乱，西北角被近代沟打破。发掘时墓壁仅存一层石块。方向为北偏东50°。墓室平面呈长方形，墓口距地表0.05米，长2.6、宽1.3、残深0.2米。墓壁用不规则大石块堆砌，缝隙之间可见海卵石和遗址黑灰土。该墓建在基岩上，人骨下铺一层很薄的海卵石和灰土，墓室内填海卵石和遗址黑灰土。人骨情况不明。随葬品位于墓室东南角，有1件石纺轮、大量碎陶片，可辨别出圈足、罐等，均不能复原（图七八）。

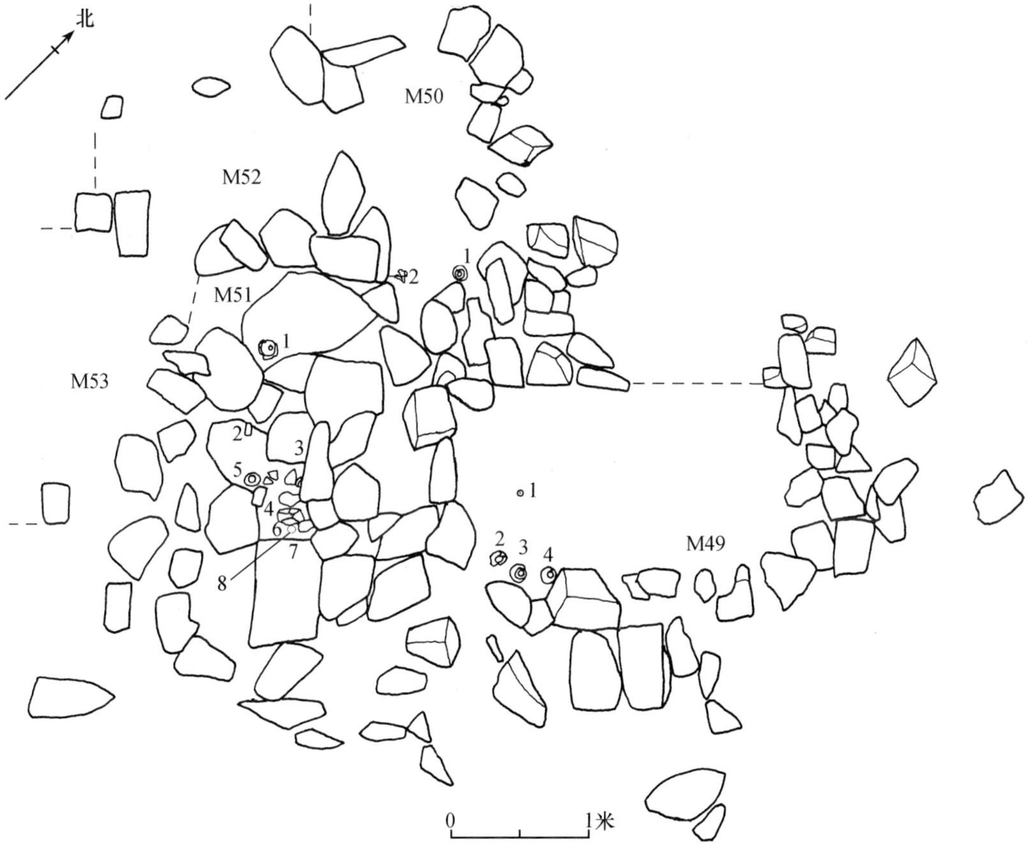

图七八 M49～M53平面图

M49：1.石纺轮 2.陶罐底 3、4.陶圈足

M50：1.陶鼓腹罐 2.陶碗

M51：1、3、4、9.陶罐 2.石锛 5、6.陶杯 7.陶碗 8.陶纺轮

石纺轮 1件。M49：1，泥质板岩。残。圆形，中间管钻孔。直径4.9、厚0.5、孔径0.8～0.9厘米（图七九；彩版二〇，4）。

四九、M50

位于墓地西南角。方向为北偏西 35°。平面呈近长方形，墓口距地表 0.25 米，长 1.7、宽 0.8、深 0.4 米。四壁用大石块堆砌，墓底铺海卵石，墓室内只填海卵石。人骨情况不详。随葬品 2 件，包括陶鼓腹罐、陶碗各 1 件（图七八）。

陶鼓腹罐　1 件。M50：1，夹砂黑褐陶。直口，鼓腹，矮圈足。直径 8.8、足径 5.7、通高 14.4 厘米（图八〇，1；彩版二〇，1）。

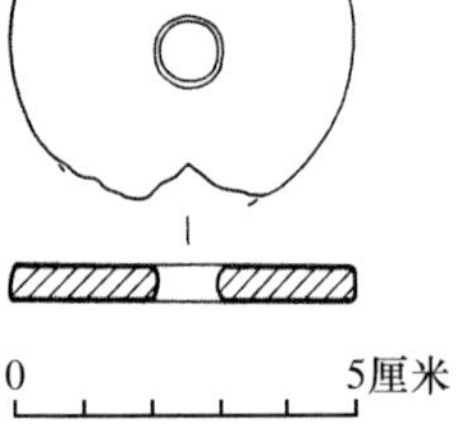

图七九　M49 出土石纺轮（M49：1）

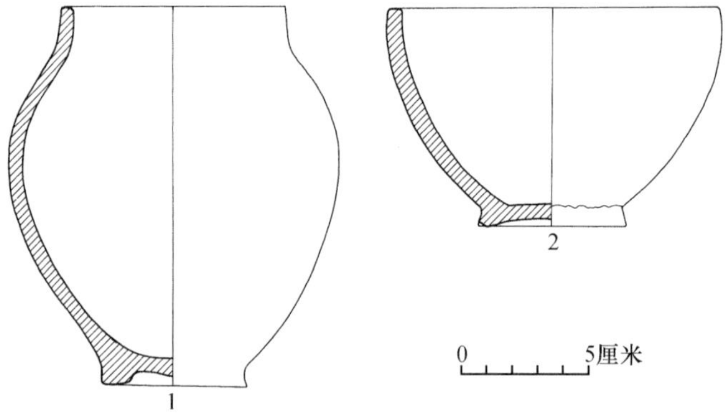

图八〇　M50 出土陶器
1. 鼓腹罐（M50：1）　2. 碗（M50：2）

陶碗　1 件。M50：2，夹砂褐陶。直口，弧壁，下腹急收，凹底。底部边缘另贴泥条压抹，并刻有锯齿纹。直径 13.2、底径 5.5 ~ 5.8、通高 8.9 厘米（图八〇，2；彩版二〇，2）。

五〇、M51

位于墓地西南角，已被扰乱，墓壁仅存一层。方向为北偏西 30°。墓室平面呈长方形，墓口距地表 0.05 米，长 1.9、宽 0.77、残深 0.14 米。四壁用大石块堆砌，墓底铺平整的石块，墓室内填海卵石和遗址黑灰土。人骨情况不详，仅在墓室南端发现牙齿 1 枚，从牙齿磨损程度分析，当为中年个体。随葬品较为丰富，主要位于东壁下，靠近中部，只有 1 件陶罐位于北壁下，共有陶罐 4 件、陶杯 2 件、陶圈足 1 件、石锛 1 件、陶纺轮 1 件（图七八）。

陶鼓腹罐　2 件。M51：3，夹砂黑褐陶。微侈口，有颈，鼓腹，最大腹径偏上，凹底。颈饰刺点纹和两周凹弦纹。直径 8.8、底径 5.3、高 12.4 厘米（图八一，4；彩

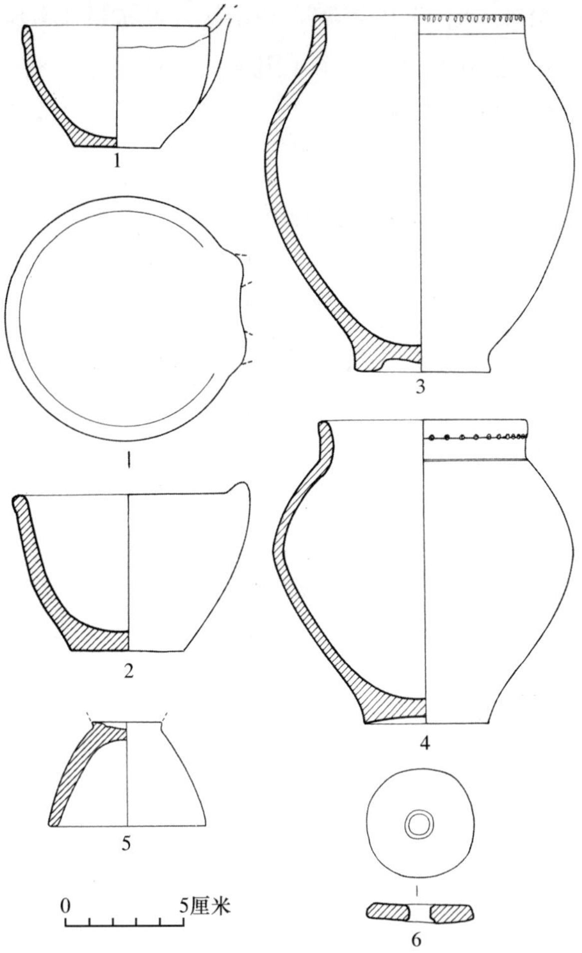

图八一　M51出土陶器

1、2. 杯（M51：5、M51：6）　3、4. 鼓腹罐（M51：4、M51：3）　5. 圈足（M51：7）　6. 纺轮（M51：8）

版二一，1）。M51：4，夹砂黑褐陶。火候不匀，上部分呈灰色，下部分呈黄褐色。直口，鼓腹，圈足，最大腹径略偏上。口沿饰浅锯齿纹，颈饰若隐若现的凹弦纹。口径8.9、足径5.7、通高14.5厘米（图八一，3；彩版二一，3）。

陶罐　2件。M51：1、M51：9，不可修复。

陶杯　2件。均为夹砂黑褐陶。直口，弧壁，平底，杯身一侧中部开始另贴双排泥条捏出泥柄。M51：5，口沿外另贴泥条压抹，形成凹痕，下腹斜收。但泥柄的上部分已残损，形状不明。口径7.8、底径3.7、高5厘米（图八一，1；彩版二一，2）。M51：6，双把自口沿处残损，泥柄形状不明。口径10、底径4.8、高6.4厘米（图八一，2；彩版二一，4）。

陶圈足　1件。M51：7，夹砂褐陶。喇叭形小圈足，断碴处手捏痕迹明显、不规整。足径6.6、残高4.4厘米（图八一，5；彩版二一，5）。

陶纺轮　1件。M51：8，夹砂褐陶。利用陶片磨成圆形纺轮，中间对钻孔。直径4.4~4.5、厚孔0.6、径0.7~1.2厘米（图八一，6；彩版二一，6）。

石锛　1件。M51：2，已残损。

五一、M52、M53

位于墓地西南角，因靠近悬崖而被破坏殆尽，墓室内情况不详。M52墓室平面呈长方形，长0.9、宽0.8、深0.2厘米。M53墓室平面呈方形，边长2.2、残深0.2厘米（图七八）。

五二、M54

位于墓地东南角边缘，与M58相邻，并共用一壁。方向为北偏西75°。墓室平面呈椭圆形，长径3.1、短径2.3、残深1米。墓葬建在基岩上，北高南低，墓底用遗址黑灰土铺垫，厚约0.14米，其上铺海卵石，厚5厘米（图版八，2、3），然后在其上开始修建墓室，发掘时墓壁残存3层石块，墓室铺海卵石，墓壁缝隙中可见海卵石。发现人骨架21具，按墓室长轴方向交错摆放，层层叠压，包括成年人15具、儿童6具。人骨架方向：偏东向的最多，有15具，偏西向的有6具。自上而下人骨叠压顺序为如下。第一具，保存头骨和左右两侧股骨，但左右两侧股骨以相反方向摆放，头朝东。第二具，保存头骨残片和左右两侧股骨残段，头朝东。第三具，保存左右两侧股骨和胫骨残段，朝东。第四具，保存儿童髋骨、牙齿等，朝东。第五具，保存头骨残片、肱骨、尺骨、桡骨、股骨和骨盆等残段，头朝西。第六具，保存肱骨、股骨残段，朝东。第七具，保存儿童牙齿、肱骨和左右两侧股骨残段，朝西。第八具，保存头骨残片和左侧肱骨、尺骨、左右两侧股骨和跖骨残段，其中股骨和肱骨均反向放置，为俯身葬，头西向。第九具，保存头骨残片和左右两侧股骨残段，头朝东。第十具，保存头骨残片和左右两侧股骨残段，头向东。第十一具，保存头骨残片、股骨残段，头向西。第十二具，保存头骨残片和左右两侧股骨残段，头向东，为儿童个体。第十三具，保存头骨残片、左右两侧股骨和胫骨残段，比较粗壮，头向东。第十四具，保存胫骨残段，朝东，为儿童个体。第十五具，保存头骨残片和左右两侧股骨，头向西。第十六具，保存股骨、胫骨残段，朝西，为儿童个体。第十七具，保存头骨残片和左右两侧股骨、胫骨、骨盆残段等，头向东。第十八具，保存头骨、股骨、胫骨残段，头向东。第十九具，保存头骨和左右两侧股骨、胫骨、腓骨残段，而且互相贴在一起，头向东。第二十具，保存牙齿和肱骨残段，为儿童个体，朝东。最下面一具，保存股骨，朝东。除1具俯身葬外，其余皆为仰身直肢葬（图八二；彩版三三～彩版三五）。随葬品只有黑滑石串珠若干。

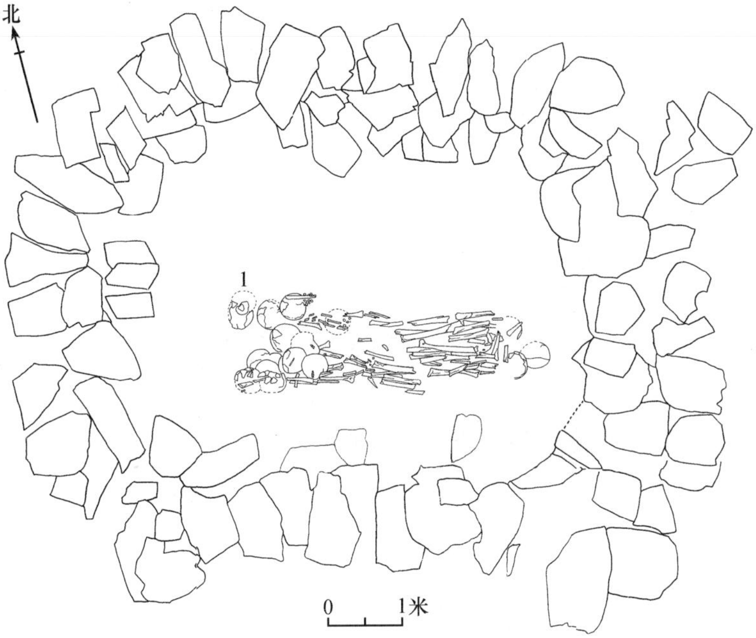

图八二 M54平面图
1.黑滑石串珠

五三、M55

位于墓地东南部边缘。墓室平面呈长方形，方向为北偏东8°。长2.4、宽0.8、残深0.5厘米。墓室内情况不详。随葬品只有1件陶杯（图五八）。

陶杯 1件。M55：1，夹砂黑褐陶。敛口，弧壁，平底，杯身中部有一圆孔。口径7.4、底径4.8、高6.4、孔径1.3厘米（图八三；彩版二〇，3）。

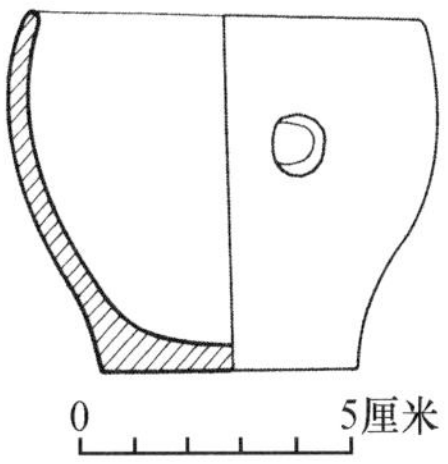

图八三 M55出土陶杯（M55：1）

五四、M56

位于墓地东南部边缘。墓室平面呈长方形，方向为北偏西10°。长1.7、宽0.76、残深0.4厘米。墓室内情况不详（图五八）。

五五、M57

位于墓地东南部边缘，靠近悬崖的一端已破坏。墓室平面呈长方形，方向为北偏东 62°。长 2.4、宽 1.2、残深 0.4 厘米。墓室内情况不详（图五八）。

五六、M58

位于墓地东南角，也是墓地最南端，北与 M54 共用一壁。由于该墓处于斜坡上，北高南低，发掘时表层腐殖土厚 0.15 ~ 0.2 米，北壁残高 0.9 米，南壁残高 0.3 米。墓室平面呈椭圆形，方向为北偏西 72°，长径 3.4、短径 2.2、残深 0.9 米（图版八，4）。墓葬建在基岩上，最底层用遗址黑灰土铺垫，厚约 0.14 米，然后在其上开始修建墓室。墓底四角铺 4 块对称平整的石块，其他地方铺厚 0.15 米的海卵石，人骨架置于其上。墓室内填遗址黑灰土和海卵石（图八四）。发现人骨架 5 具，按墓室长轴方向交错

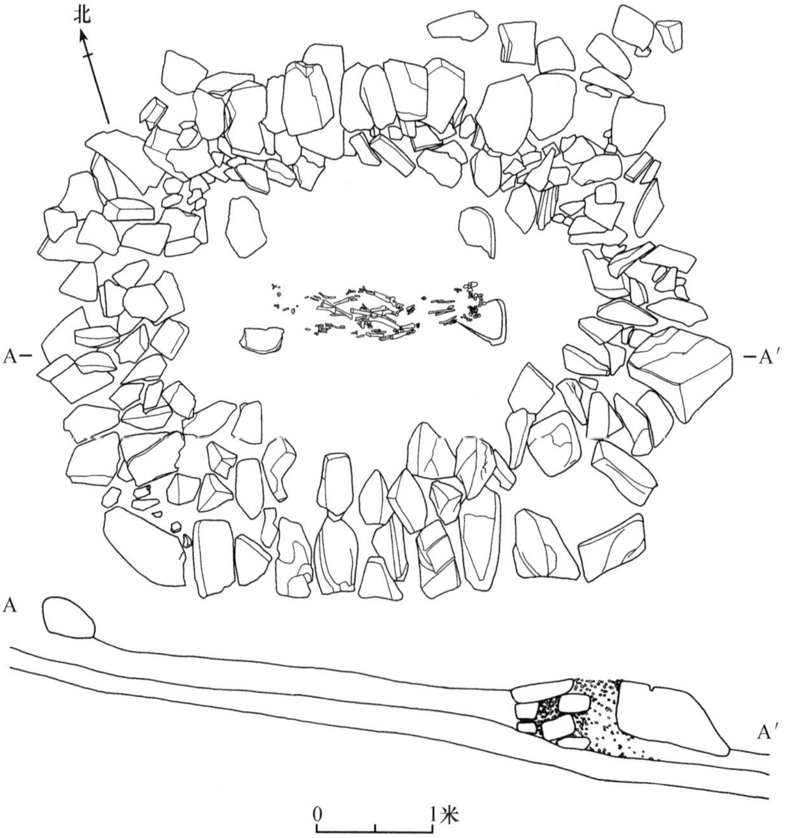

图八四　M58 平、剖面图

摆放，层层叠压。人骨架方向：偏东向的有2具，偏西向的有3具。人骨保存状况和葬式自上而下介绍如下：最上层为一老年男性，头向西，保存部分牙齿、股骨、上肢骨和髋骨残段等，仰身直肢葬；第二层人骨头向东，保存部分头骨、牙齿、股骨、上肢骨、指骨等残段，左手被压在骨盆下，似老年女性，仰身直肢葬；第三层人骨头向西，保存肱骨，仰身直肢葬；第四层人骨架为老年，头向东，双手交叉放于腹下，俯身葬；最下边一具为少年个体，仅存下颌、牙齿和跟骨，头向西（彩版三六）。无随葬品。

第三章　墓室出土遗址陶片

于家砣头墓地有些墓室填土和垫土中发现的于家村遗址陶片，均为修建墓地过程中将遗址破坏、陶片随填土和垫土夹带入墓室。器形有壶、罐、甗、钵、杯等，已无法分清具体墓室。现选取部分陶片，统一编号，分别叙述如下。

壶口

采：1，夹砂红褐陶。敛口，圆唇，弧颈。复原口径 21.4 厘米（图八五，2）。

采：2，夹砂黄褐陶。直口，圆唇凸起，广肩。颈部饰米粒状戳点纹和复线内填平行线刻划纹。复原口径 16.4 厘米（图八五，1）。

采：8，夹砂黄褐陶。内壁呈黑褐色。直口，圆唇外凸，高领（图八五，3）。

采：3，夹砂黄褐陶。内壁呈黑褐色。侈口，圆唇，高领，颈部向内斜收。颈部饰三周凹弦纹和戳点纹（图八五，4）。

采：4，夹砂黑褐陶。侈口，圆唇，短颈。饰凹弦纹和戳点纹（图八五，5）。

采：5，夹砂黑褐陶。直口，圆唇。饰凹弦纹、戳点纹和凸棱纹（图八五，6）。

采：7，夹砂黄褐陶。直口，圆唇。饰三周凹弦纹（图八五，7）。

采：9，夹砂黄褐陶。内壁呈黑褐色。口略侈，圆唇。饰凹弦纹和米粒状戳点纹（图八五，8）。

罐口

采：10，夹砂黑褐陶。侈口，圆唇，鼓腹。口沿饰刻划纹（图八五，9）。

采：11，夹砂黑褐陶。侈口，圆唇，微折沿。口部饰刻划纹，其下饰凹弦纹（图八五，10）。

钵口

采：17，夹砂黑褐陶。敛口，圆唇，弧腹（图八五，11）。

采：18，夹砂黑褐陶。内壁呈黄褐色。敛口，尖唇，沿内斜，弧腹（图八五，12）。

甗口

采：12，夹砂红褐陶。内壁呈红褐色。侈口，折沿，弧腹。沿面戳孔，有的在内壁出现两个孔。复原口径 36 厘米（图八六，3）。

采：13，夹砂红褐陶。敛口，平沿，弧腹。沿面戳等距离圆孔，口内壁另贴泥条

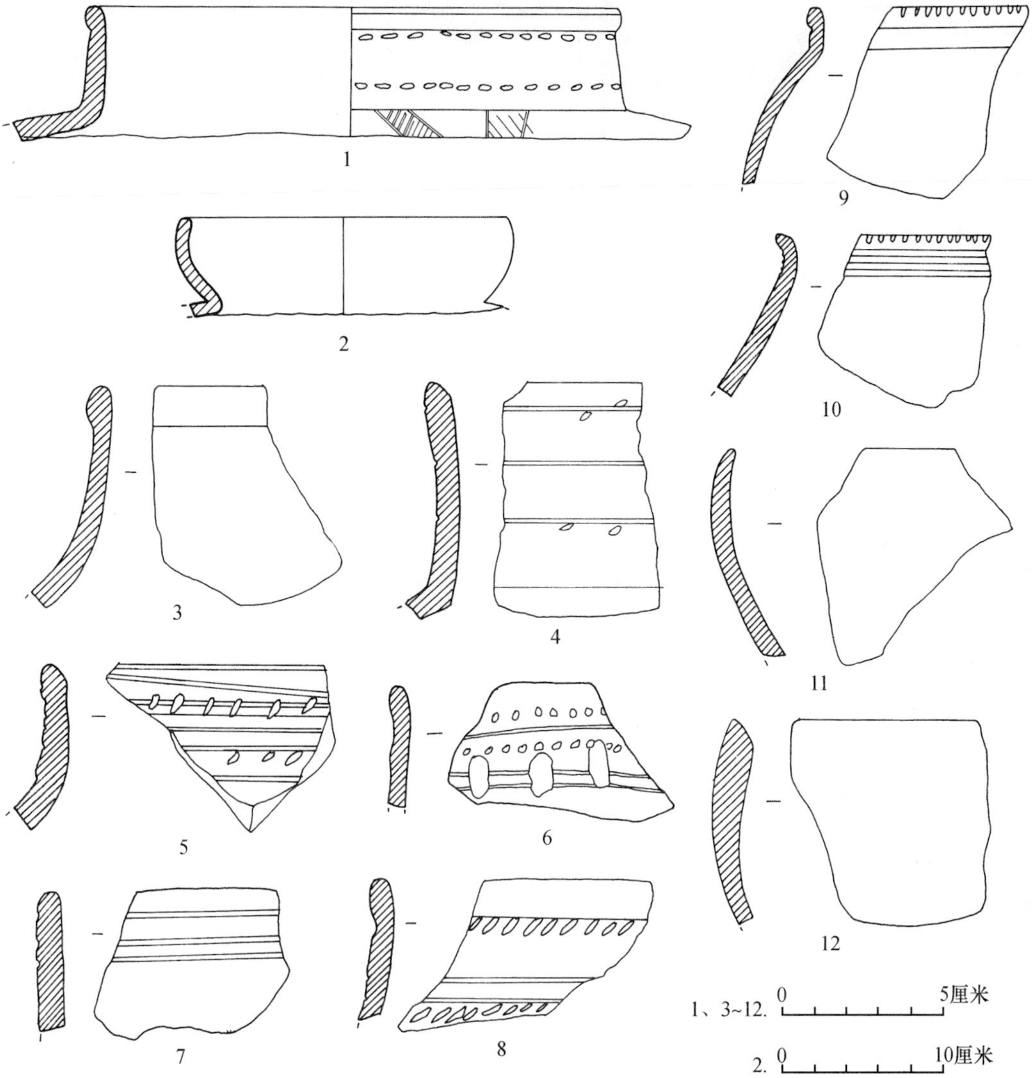

图八五　墓室填土采集陶片

1～8. 壶口（采：2、采：1、采：8、采：3、采：4、采：5、采：7、采：9）9、10. 罐口（采：10、采：11）11、12. 钵口（采：17、采：18）

加厚，口沿下穿透等距离圆孔。复原口径 36.8 厘米（图八六，1）。

采：14，夹砂黑褐陶。内壁呈黄褐色。微敛口。沿面戳圆孔，沿下起凸棱和凹弦纹，凸棱上戳圆孔。复原口径 32.8 厘米（图八六，2）。

采：15，夹砂黑褐陶。直口，斜壁。口下饰凹弦纹，沿面戳圆孔。复原口径 33.2 厘米（图八六，4）。

采：26，夹砂黄褐陶。敞口，斜沿。沿面戳等距离圆孔。复原口径 48 厘米（图八六，5）。

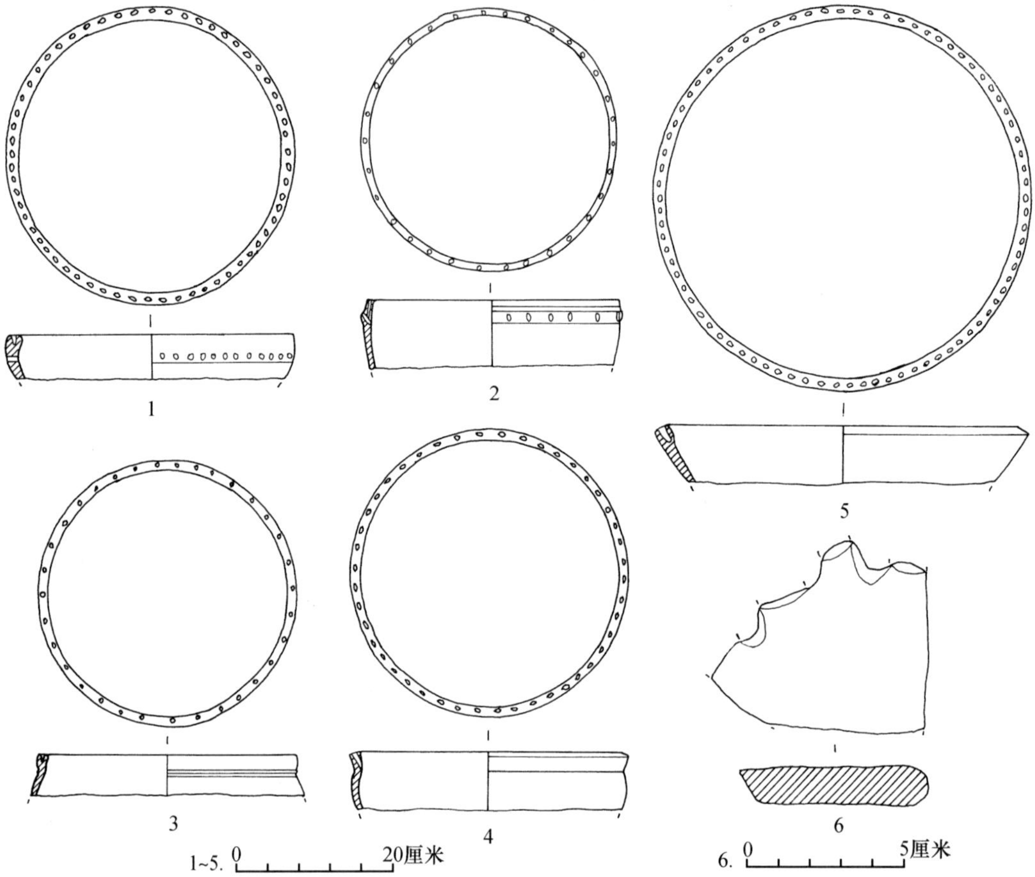

图八六　墓室填土采集陶片

1～5. 甗口（采：13、采：14、采：12、采：15、采：26）6. 箅（采：25）

箅

采：25，夹砂黑褐陶。两端残缺。一面呈黄褐色，手掌状，一端呈四指状，残断，一面略内凹。残长 6、宽 6.8、厚 1～1.3 厘米（图八六，6）。

杯口

采：16，夹砂黑褐陶。器体小。敛口，圆唇，弧腹。复原口径 8.8 厘米（图八七，1）。

圈足

采：19，夹砂黑褐陶。喇叭形高圈足。足径 7.6、残高 3.8 厘米（图八七，2）。

采：20，夹砂黑褐陶。矮圈足，底缘部分脱落，可见二次制作痕迹。足径 5.8、残高 3.6 厘米（图八七，3）。

采：21，夹砂黑褐陶。矮圈足。足径 10.6、残高 5.8 厘米（图八七，4）。

采：22，夹砂红褐陶。喇叭状高圈足。圈足上饰竖向两条一组刻划纹。足径 10.8、残高 3.5 厘米（图八七，5）。

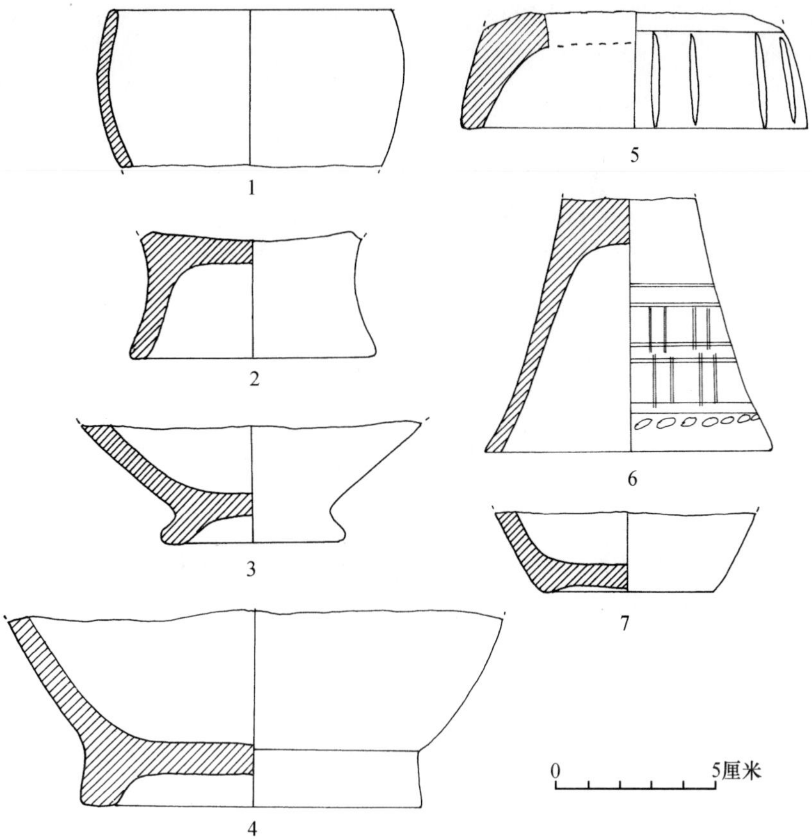

图八七　墓室填土采集陶片

1. 杯口（采：16）2～6. 圈足（采：19、采：20、采：21、采：22、采：23）7. 器底（采：24）

采：23，夹砂黑褐陶。内壁呈黄褐色。喇叭形高圈足，器形当为圈足罐。足上饰凹弦纹和竖向双线刻划纹，形成网格状，底缘饰戳点纹。足径 9、残高 7.6 厘米（图八七，6）。

器底

采：24，夹砂红褐陶。凹底。底径 5.4 厘米（图八七，7）。

第四章 初步研究

第一节 墓室结构

整个墓地所有墓室的墓壁和封顶石，均为从海边取来的不规则大石块。这些大石块未经加工，材质有长石砂岩、片麻岩、辉绿岩等。个别墓室是用大石块和于家村遗址中房址红烧土块垒砌四壁。多数墓室墓底铺有海卵石，部分墓葬由于顶部被破坏，人骨上的海卵石已直接露出。

墓地所有大小海卵石均取自海边，海卵石除铺墓底外，还用来填封墓室，人骨上面也有用小海卵石加以铺垫和填封的做法。多数铺底和填封墓室的海卵石比较小，少数铺底海卵石较大。有些墓室仅填小海卵石，有些墓室填黑灰土和小海卵石（表一）。部分墓室底部用遗址黑灰土垫平，墓室上面还有渗漏下来的黑灰土，有的墓壁缝隙里也可看到小海卵石和黑灰土。可知该墓地有墓底铺小海卵石的习俗。

表一 于家砣头墓地墓室填土、填海卵石一览表

海卵石和遗址黑灰土	海卵石	遗址黑灰土	不详
M1、M2、M6、M12 ~ M14、M20、M22、M23、M25 ~ M27、M31 ~ M33、M36、M38 ~ M40、M42 ~ M44、M46、M47、M49、M51、M58	M3、M5、M7 ~ M11、M15、M18、M19、M21、M24、M30、M41、M45、M50、M54	M28	M4、M16、M17、M29、M34、M35、M37、M48、M52、M53、M55 ~ M57

墓室以长方形为主，也有椭圆形、不规则形，还有的近于刀把形，相邻墓室一般都使用共同墓壁，部分墓室有独立的墓壁、形成双排墓壁的情况，如 M3、M21 等。少数墓有独立的墓室，如 M6、M24、M54、M58 等。

个别墓室有边箱，有的形成双室。多数墓室长轴方向为北偏西，少数为北偏东，个别接近东西向。

墓底情况。58 座墓的墓底情况略有不同，可细分为多种铺底形式，以铺海卵石、石块加海卵石、遗址黑灰土上铺海卵石最多。其中铺海卵石的有：仅铺海卵石，数量最多，有 16 座；墓室直接建在基岩上，墓底用遗址堆积的土垫平，或者还垫有沙土，然后铺海卵石，再在其上修建墓室，人骨架置于海卵石上，这类墓葬共有10座；墓底用石块铺，中间用海卵石垫平，或者在遗址黑灰土上铺石块和海卵石，这类墓葬有11座；墓底仅铺石块，有4座；墓底铺红烧土块、石块和海卵石，仅有1座；墓底为淤土，仅1座（表二）。另有16座墓室因破坏严重，墓底情况不详。

表二　于家砣头墓地墓底铺设情况一览表

海卵石	石块和海卵石	遗址黑灰土上铺海卵石	沙土、遗址黑灰土上铺海卵石	遗址黑灰土上铺石块和海卵石	石块	遗址黑灰土上铺红烧土、石块	沙土、遗址黑灰土上铺石块和海卵石	淤土	不详
M2、M6、M18、M21～M23、M31、M33、M38、M39、M41、M43、M46、M50	M13、M14、M26、M27、M30、M42、M45	M24、M36、M40、M44、M49、M54	M3、M7、M8、M15	M1、M12、M58	M28、M37、M47、M51	M25	M9	M32	M4、M5、M10、M11、M16、M17、M19、M20、M29、M34、M35、M48、M52、M53、M55～M57

墓葬填土。有些墓室只填小海卵石，有些墓室填遗址灰土和海卵石，或者遗址黑灰土，墓顶全部用大石块封顶，只是有些墓顶部被破坏后直接露出上面的小海卵石，部分墓室中心部位放大石块作为标记。其中有27座墓填海卵石和遗址黑灰土，有的是在海卵石之上填黑灰土；有17座墓只填海卵石；仅有1座墓只填遗址黑灰土（表一）。其余13座墓室情况不详。

整个墓地的方向是以正北方向为基准。墓室方向有两种测量方法：有人骨的根据人骨的头向或肢骨摆放方向测量，人骨架多与墓壁长轴方向平行。由于人骨架是相向摆放，所以以人骨北端为准；没有人骨的墓室则以墓壁长轴北端为准。该墓地墓室方向都有些偏，极少有正南北向或东西向，方向以北偏西居多。

于家砣头墓地为已发现的双砣子三期文化积石冢中一个规模较大的积石冢，内呈网格状分布的墓室和丛葬，在该文化墓葬中是较为独特的。

第二节　葬俗特征

该墓地葬俗为多人多次葬，即丛葬。据发掘现场统计，有32座墓室保存人骨个体数量可统计：共埋葬191人。但实际埋葬人数要远超这个数量（彩版四）。葬式多为仰身直肢葬，个别为俯身葬。人骨架一般沿墓室长轴方向相向摆放，均位于墓室中部。人骨一般层层叠压，相向交错放置。每个墓室人骨架数量不一，少者1具，多者

表三　于家砣头墓地出土主要陶器一览表

墓号	鼓腹罐	弦纹壶	圈足罐	杯（环把）	杯	钵	豆	折腹罐	碗	盆	其他器物
M1				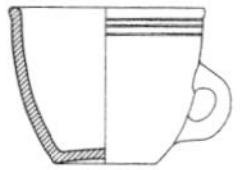							
M3	 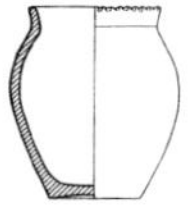		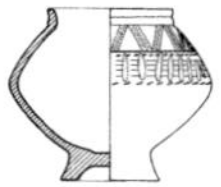	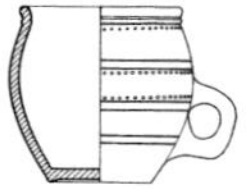	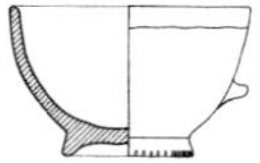		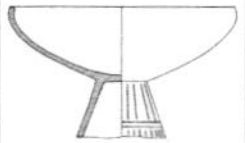				
M8			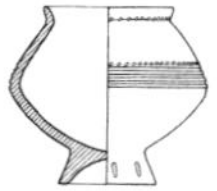	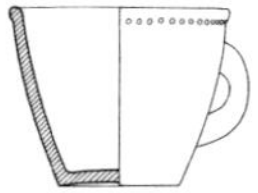 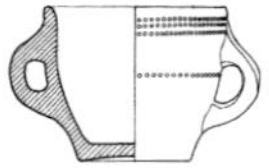	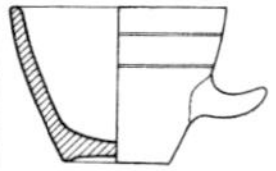			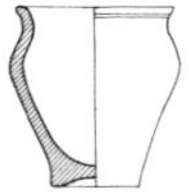			
M9			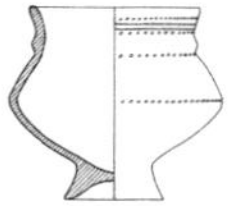								
M11					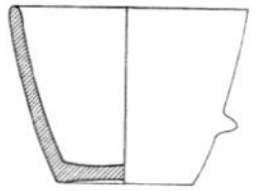	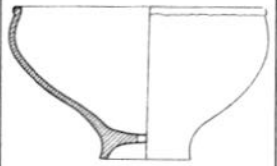					
M13											

续表

墓号	鼓腹罐	弦纹壶	圈足罐	杯（环把）	杯	钵	豆	折腹罐	碗	盆	其他器物
M15			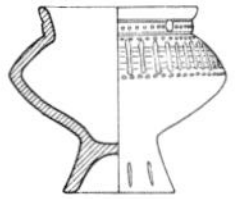		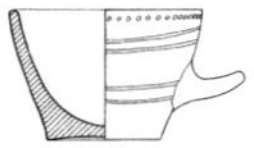						
M20									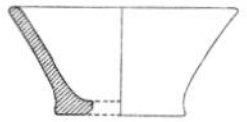		
M21		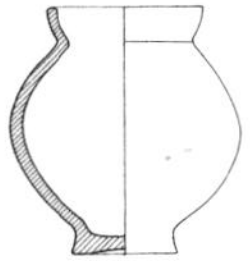 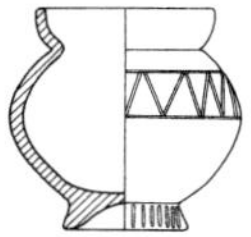	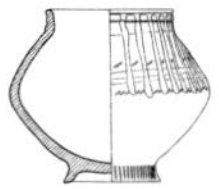		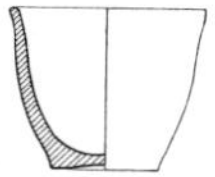						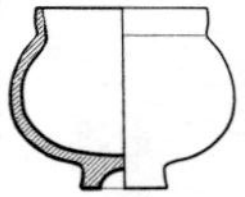 大口壶
M24			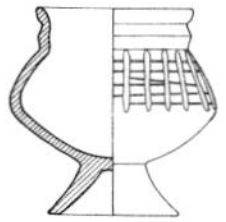					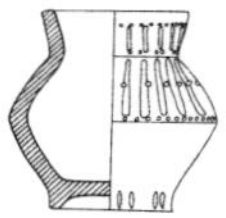 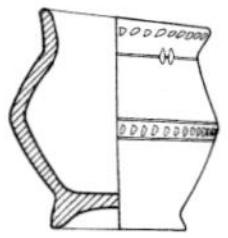			

续表

墓号	鼓腹罐	弦纹壶	圈足罐	杯（环把）	杯	钵	豆	折腹罐	碗	盆	其他器物
M25	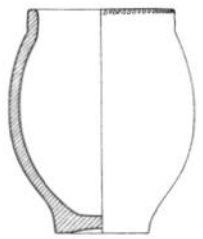					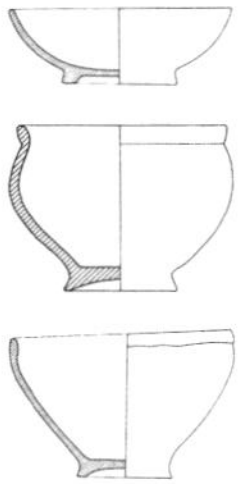					
M27											 器座
M28						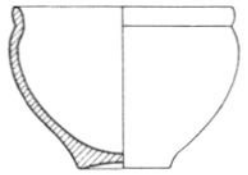				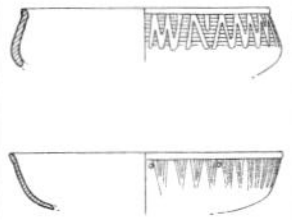	
M30		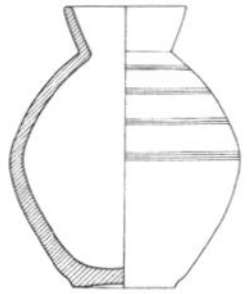	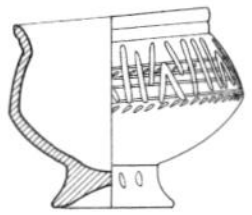								
M31			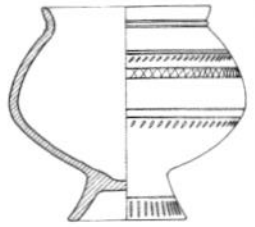						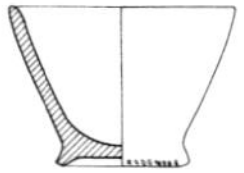		

续表

墓号	鼓腹罐	弦纹壶	圈足罐	杯（环把）	杯	钵	豆	折腹罐	碗	盆	其他器物
M33											
M36		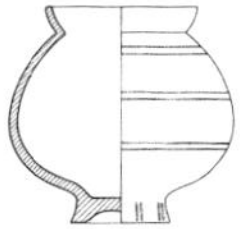									
M38				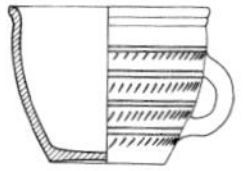		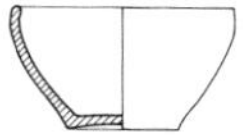					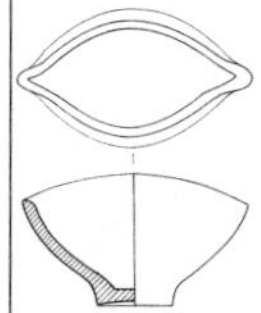 舟形器
M39	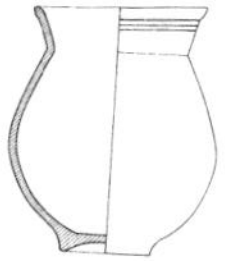										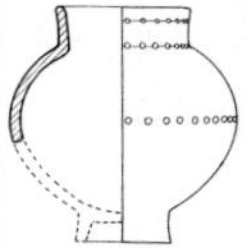 圆腹壶
M40		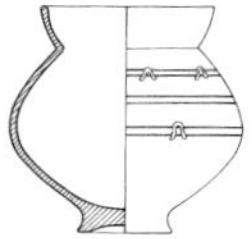					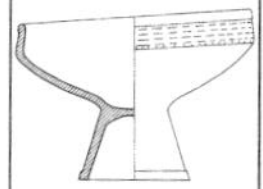				
M41		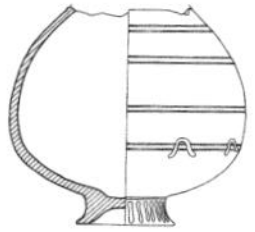		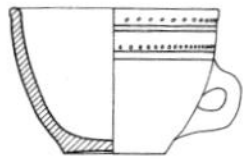	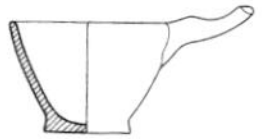						

续表

墓号	鼓腹罐	弦纹壶	圈足罐	杯（环把）	杯	钵	豆	折腹罐	碗	盆	其他器物
M42		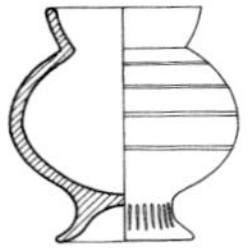			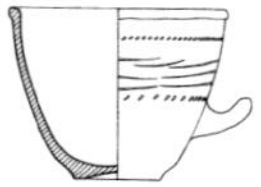			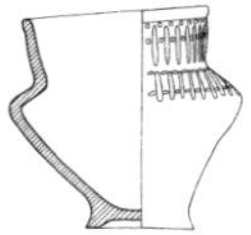			
M44	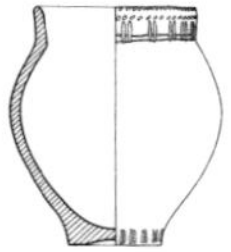		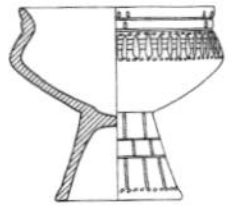						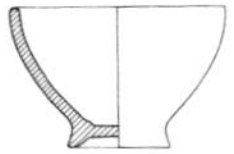		
M45		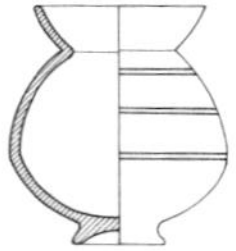									
M46	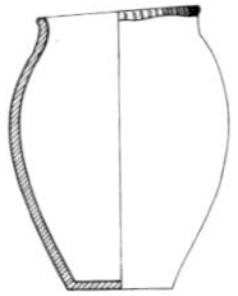										
M47									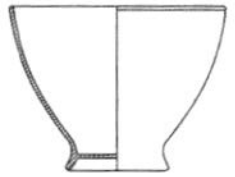		

续表

墓号	鼓腹罐	弦纹壶	圈足罐	杯（环把）	杯	钵	豆	折腹罐	碗	盆	其他器物
M48				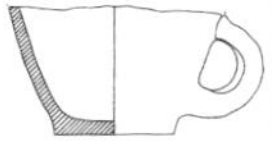				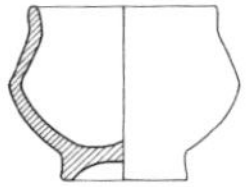			
M50	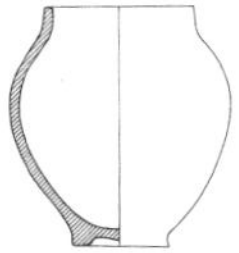								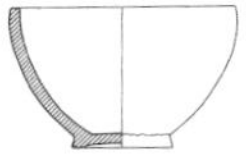		
M51	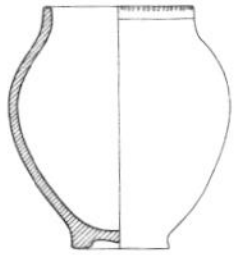 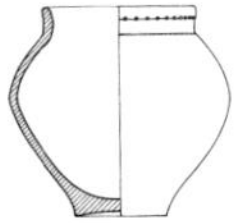				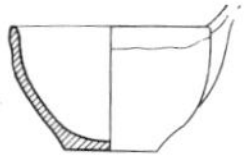 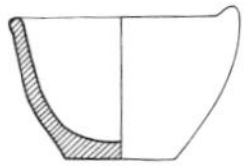						
M55					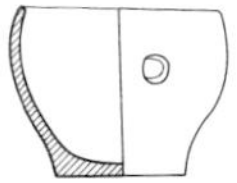						

21具，男女老少均有。先去世者葬在最下面，后去世者依次置于其上，凡是有新去世者，必然将原墓室中最上层人骨上面的小海卵石清理掉，然后将死者叠压于其上。如果墓室葬多人，就得反复打开墓室，反复清理海卵石，反复填封，从而造成人骨架之间有海卵石相隔的现象。

墓室内人骨架一般都是按墓室长轴方向相向交错摆放，按照死亡顺序依次向上摆放，人骨架多位于墓室中部，头骨朝向两端，人骨层层叠压，中间有海卵石相隔。最上层的人骨架上填海卵石或者黑灰土，其上再用大石块封顶。保存下来的人骨架以仰身直肢葬占绝大多数，个别的有侧身葬、俯身葬。人骨架保存状况均不好，有的墓室人骨架已完全腐烂，看不出任何痕迹，保存较好的一些，既有头骨也有肢骨，甚至还有肋骨、指骨和跖骨、跟骨等，可知当时是整个尸体埋进去的，而不是二次捡骨葬。墓室内未发现任何葬具。人骨架的摆放顺序、方向与性别、年龄没有规律可循。最底层的人死亡时间最早，最上层人的死亡时间最晚。同一座墓室中丛葬的人骨经过鉴定既有男性也有女性，既有儿童、少年，也有壮年、中年、老年人。尸体的埋葬过程：最先去世者，埋在最底层，上面填海卵石；其后去世者要埋入该墓室，就得将前一具尸体上的海卵石清理掉，然后将尸体叠压其上，再用海卵石或者灰土等填埋。以后依次类推，最后去世者用海卵石填封后，墓顶再用大石块封顶，之所以发掘时发现墓室人骨架之间有海卵石相间的情况，是因为每次打开墓室清理人骨架上的海卵石没有清理干净留下的，而不是有意识地留下来的。

2018年，于家砣头墓地采集的人骨由山东大学历史文化学院张晓雯博士重新进行鉴定。由于人骨标本标签记录信息多遗失，除M42尚能认清字迹外，其他均无法辨别人骨采自哪个墓室，所以无法再作鉴定，报告依发掘现场对人骨性别鉴定的结果。

于家砣头积石墓地葬俗除多人多次葬即丛葬外，所有墓葬都未发现葬具，未发现火葬，这也是该墓地与同时期其他墓地最大的区别。每个墓室丛葬的人数不一，少则1具，多则21具，其中丛葬21人的仅有1座（M54），丛葬18人的有1座（M8），丛葬17人的有1座（M24），丛葬12人的有1座（M15），丛葬9人的有1座（M39），丛葬8人的有2座（M12、M41），丛葬7人的有2座（M31、M42），丛葬6人的有3座（M18、M26、M38），丛葬5人的有3座（M9、M33、M58），丛葬4人的有7座（M3、M6、M13、M27、M40、M43、M47），丛葬3人的有4座（M2、M21、M36、M44），丛葬2人的有5座（M1、M7、M14、M25、M30），葬1人的仅1座（M45），上述墓葬共葬191人（彩版四）。以上包括靠近墓地边缘被损坏的墓葬和被现代墓扰乱的墓葬，其中墓地边缘被破坏的墓室实际人数已无法统计清楚。1977年该墓地发掘时，孙守道先生对每个墓室的人骨都做了详细鉴定[1]，据统计，除了人骨不详、残存少量人骨或者人骨朽烂的墓室（有26座）外，其余32座墓保存人骨。发掘现场鉴定，32座墓的人骨共有191个个体（包括能鉴别的儿童30例、少年4例，含幼儿2例），但实际埋葬人数要远远超出191人，其中可鉴别性别的男性18例，女性17例。发掘结束后，将墓地18座墓的人骨进行采集，有的墓室仅采集牙齿。

重新鉴定的人骨数量共有78个个体，可鉴别年龄的仅有68个个体。死亡年龄段统计如下：婴儿期1个（0～2岁），幼儿期4个（3～6岁），少年期8个（7～14岁），青年期13个（15～23岁），壮年期26个（24～35岁），中年期16个（36～55岁）。其中，壮年期和中年期死亡个体最多，其次为少年期和青年期，最少的是婴儿期和幼儿期。所鉴定的人骨均未发现非正常死亡的迹象，也未发现有重大疾病，多为正常死亡。当然，骨骼保存不好，在一定程度上会影响对个体疾病的判断。病理现象包括龋病、牙周病、根尖周病、牙釉质发育不全、颌骨骨质隆起及下肢长骨上的骨膜炎等（见附录一）。

于家砣头墓地68例人骨个体具有较明确的年龄数值，平均死亡年龄约为27.4岁，死亡年龄段主要集中于青年期、壮年期和中年期。其中壮年期所占比例最大，达到38.24%，其次为中年期、青年期和少年期，所占比例分别为23.53%、19.12%和11.76%，幼儿期和婴儿期所占比例均较小。该墓地内居民的死亡率最高值在40～45岁，比例高达42.86%。在5～10岁，该群体内的死亡率出现了急剧增长现象，由1.47%上涨到17.91%。在35～40岁，则出现了一次死亡率短暂下降现象。由于该墓地现场发掘鉴定人数有191人，其中包括老年死亡个例，此次重新鉴定没有发现老年个体可能有多种因素。虽然此次鉴定没有发掘现场鉴定人数多，但经过科学鉴定，也具有一定代表性。

从墓葬的形制和埋葬情况分析，该墓地应为家族墓地，同一个墓室丛葬的人可能为同一家族成员，成员之间应该有一定的血缘关系。那么是否存在将遗体于别处暂放或掩埋，待皮肉腐尽，再进行安葬呢？《三国志·魏书·东夷传》“其葬，作大木椁，长十余丈，开一头作户，新死者皆假埋之，才使覆形，皮肉尽，乃取骨置椁中，举家共一椁。”这种葬俗中的捡骨葬为二次葬或多次葬，人骨可能拾捡不全，而且人骨部位肯定凌乱。这显然不是于家砣头墓地的葬俗。因为该墓地的人骨虽然保存不好，但有些人骨保存部位比较全，特别是容易腐烂或缺失的肋骨、指骨、跟骨等，在一定数量的墓葬中都存在，并且排列有序，不凌乱，同时也可以肯定的是，一个家族成员未必同时死亡，总有先后，最下边的死亡时间最早，最上边的死亡时间最晚。即使多次打开墓室埋葬尸体，也未扰乱人骨顺序，因此可以证明该墓地不存在《三国志》记载的情况。但双砣子三期文化其他积石冢却存在二次捡骨葬、火葬、一次葬并用情况，其中二次葬可能与《三国志》记载的东夷葬俗有关。

墓室埋葬的死者，既有男性也有女性，既有成年人、老年人也有儿童。人骨架一般是交错摆放，数量不一，最多达21具，最少仅1具，说明每个墓室的死者应该有一定的血缘关系，即比较亲近的、具有一定血缘关系的家族成员应该葬于同一个墓室。如 M24 共安葬 17 具人骨，多数为成年人个体，有 2 具为儿童个体，有 1 具为青少年个体。儿童分别葬于第九层和第十三层，青少年葬于第十一层，这说明死者是按照死亡的时间先后被安葬的，而且儿童与成年人共葬于同一墓室。至于性别、年龄与人骨摆放方向是否有一定关系，还需要深入研究。

随葬品多出于人骨架两端，少数出于中间，串珠和饰品多出于颈部位置，有些串珠位于儿童头骨周围，应为儿童佩戴。墓室埋葬人数多少与随葬品数量不成正比，有的墓室埋葬人数多，但随葬品很少，而有的墓室人数少但随葬品略多。比如 M54 葬 21 人，随葬品仅有少量黑滑石串珠。M24 葬 17 人，随葬品 8 件，有陶罐、石锛、玛瑙珠、铜镞。M6 葬 4 人，仅发现 1 件铜鱼钩。M25 葬 2 人，随葬品 5 件，有陶钵、陶罐、陶壶、石斧。该墓地尚未发现随葬品高度集中的现象，或者控制在某些人手中。从随葬品分析，该墓地尚未出现贫富分化。

第三节　器物特征

该墓地出土了一大批具有典型特征的随葬品，随葬品以小型陶明器为大宗，石器、铜器、玉器等数量略少。除了墓室填土和垫土夹带的遗址陶片外，大多数随葬陶器为明器，而非实用器。器体普遍较小，制作粗糙，造型不甚规整，有的变形严重。烧制火候较低，火候不匀。以夹砂红褐陶和黑褐陶为主，有些陶器含有细小的云母。器形主要有鼓腹罐、圈足罐、弦纹壶、圆腹壶、钵、碗、杯、豆、盆、舟形器、器座等。以圈足器居多，其次为凹底器，平底器较少。

鼓腹罐多为夹砂黑褐陶，有直口、侈口两种，腹部鼓起幅度不大，多以凹底为主。多为素面，有的仅在口沿饰锯齿纹或刺点纹。圈足罐是该墓地具有显著地方特征的器物，一般有夹砂红褐陶和黑褐陶，可分两种，一是直口或侈口，短颈，圆鼓腹，圈足略矮一些，显得敦厚、圆润，除了个别的素面外，器身多饰各种组合划纹和刺点纹、凹弦纹；另一种是圈足较高，一般为夹砂红褐陶，侈口，有颈，折腹，喇叭形圈足急收，显得瘦削、高挑，颈与腹多饰刺点纹、横向短线纹和凸棱纹，有的圈足上饰竖条纹。

壶。弦纹壶数量较多，至少有 8 件，其实这种壶不是只饰弦纹，有的还有其他纹饰，组合使用，个别的虽然没有纹饰，但形制与弦纹壶相近。弦纹壶的特征显著，均为夹砂黑褐陶，钵形口，球状腹，矮圈足，腹部饰多重凹弦纹或间饰几何形划纹，有的还贴有马鞍状贴耳，纹饰主要饰于上腹部，圈足多饰竖线纹。圆腹壶和大口壶较少。

杯的特点很明显，分带把杯和无把杯两种，以夹砂红褐陶为主，器形有钵形、碗形、筒形。带把杯又分为环状单把杯、环状双把杯和泥柄单把杯。环状单把杯器体稍大，以侈口为主，弧壁，平底或凹底，个别的为圈足。杯身多有纹饰，以弦纹和刺点纹居多。环状双把杯仅发现1件。泥柄单把杯除了个别的器体稍大一些外，一般器体较小，在杯身的一侧或口沿部位上翘捏出泥柄，多为素面。无把杯也多为素面，平底或凹底。带把杯多数口沿外另贴泥条压抹，有的明显形成“两层皮”。

钵具有一定特征，有的器体很大。有敛口、直口和敞口，圈足和平底或凹底。一般为夹砂褐陶。多数口沿外另贴泥条压抹，形成一周凹痕，似叠唇。

碗的数量不多，但形制与钵有所区别，一般为敞口或直口，弧壁或斜壁，圈足或平底、凹底。有夹砂红褐陶和黑褐陶。

豆的数量较少，有钵形盘和折腹盘两种，喇叭形高圈足，圈足多饰凹弦纹和竖线纹，有的口沿另贴泥条，似叠唇。

器座特征比较特殊，器身有大孔，矮圈足。这类器座在大连地区首次发现，其口沿残片经常会与甗的口沿残片混淆，不易判断。

舟形器仅发现1件，应是模仿舟船制作的，反映了海上交通状况。

在随葬器物纹饰特征方面，除了钵、碗、杯多素面外，其他多数陶器有纹饰，以弦纹和凸泥条纹最具有特点，以刺点、凹弦纹、凸泥条、刻划竖线纹和几何纹及一些组合纹饰占主流，特征明显。与于家村遗址中出土器物的纹饰特征一致。纹饰一般饰于器物的唇部、颈部、上腹部和圈足上。存在一定数量的叠唇。

于家砣头墓地的陶器有以下特点：一是器物成系列，有固定的器物组合；二是陶器以小型明器为主，陶胎较薄，火候较低，专门作为随葬器物；三是器物特征显著，包括器物的种类、器型、纹饰等；四是与于家村遗址上层陶器区别较大，除了陶质、纹饰相近外，于家村遗址上层常见的器体高大的壶、罐、刀削三瓣圈足在墓地中不见，甗和簋在墓地中不见。相反，于家砣头墓地中出土的具有典型特征的圈足罐和弦纹壶在于家村遗址中少见。据调查，于家村遗址上层的陶器比较多，大型陶器如壶、罐、甗等经常可以看到，刀削三瓣足也存在，陶器多为二次火烧的夹砂红褐陶，有火候不匀等现象，器物和纹饰特征与大连地区双砣子三期文化总体风格一致，但也有其个性特点。比如大连地区同时期的代表性遗址有双砣子和大嘴子，就缺少于家村遗址常见的杯类。于家砣头墓地中最具特殊性的弦纹壶和圈足罐，在双砣子三期其他墓地或遗址中少见。

在墓室填土和垫土中发现了大量于家村上层陶片，多以大型器物为主，器形有壶、盆、甗、器座、杯、圈足等，壶、盆、甗等器体特别大，与于家村上层出土陶器一致，极少发现于家村下层陶器。特别是墓室填土中发现一件钵形口的壶，只存口部，腹部情况不详，但从折颈部分可以看出，腹部应该是鼓腹或球状腹。这件器物非常重要，它的形制与墓地随葬的弦纹壶口部特征近乎一致，只是它的器体较大，口径达 21.4 厘米。这种口沿还见于属于双房类型的上马石遗址上层[2]。

由于于家村遗址上层发掘面积有限，仅 100 余平方米，发表材料比较少，于家砣头墓地中发现的遗址陶片可以作为于家村遗址的补充。除 M36 发掘记录曾提到发现于家村下层黑陶片但整理时未见外，现存墓地发现遗址陶片均属于于家村遗址上层，与双砣子三期文化风格完全相同，以大型壶、罐、甗、盆、器座、簋、钵类为大宗，杯、碗、豆有一定数量，大型器物头重脚轻、大头小底的作风同样存在，普遍流行圈足，也存在镂空作风。甗的口沿一般都穿孔，形制多样；器座镂空、高圈足、口沿穿孔极富有特征；而且二者在器型和口沿穿孔方面几乎一致。纹饰主要有凸泥条和刻划纹、刺点纹等。可以看出于家村遗址与于家砣头墓地的陶器区别之大。于家砣头墓地随葬品中根本不见大型陶器，而遗址中也极少见墓地出土的弦纹壶和圈足罐。器底穿孔的作风在墓地中也有发现，共发现 2 件，其中钵（M11：2）为烧好后凿洞，而采集的另一件应该为墓室填土中的陶片，为烧制前做好，圈足中心留一圆孔，器形可能为器座或壶，也可能为钵，这是有意识所为。

于家砣头墓地陶器如钵、豆、杯等具有的叠唇作风在上马石遗址上层有所发现，与双房六号墓出土的叠唇罐[3]特征也一致。于家村上层多甗，与上马石遗址上层相似，二者应该有一定的继承发展关系。叠唇作风在大连地区最早见于三堂一期[4]，与偏堡文化[5]相当，叠唇罐发达。叠唇特征在辽南地区乃至辽东地区存在时间较长，一直到战国，成为辽南地区土著文化典型特征之一。

于家砣头墓地出土少量石器和玉器，还有少量小型铜器，但陶串珠和黑滑石串珠等装饰品发现较多。多个墓室中发现较多的陶串珠和黑滑石串珠，大小略有差异，数量不等。陶串珠一般略大，均为夹细砂灰陶，细管状，均为做好切割后再烧制，大小不一，有的地方尚未切割开。黑滑石串珠一般略小，均磨成细管状，然后再切割。除少数墓室可以确定为某个个体佩戴外，多数墓室无法分辨珠串数量、为哪个个体所佩戴的。有些玉石类装饰品也无法判断是否与陶、滑石串珠为同一件，或者是否单独佩戴。随葬品多位于人骨架两端，装饰品置于中间和头部位置。儿童头骨周围多分布有串珠。石器较少，主要有斧、锛、纺轮、刀、矛，特征与于家村遗址上层同类器特征一致。铜器不发达，有镞、鱼钩、方孔环、泡，都是小型青铜工具类，不见铜容器。铜器在于家村遗址中尚未发现。铜镞与同时期的大嘴子遗址出土的铜镞[6]相比有明显的不同。铜方孔环和鱼钩为首次发现，其中方孔环与后来的方孔钱币在形制上非常相近，只是方孔较大。铜泡则与楼上墓地出土的Ⅰ式同类器[7]形状几乎完全相同，与我国北方草原少数民族使用的青铜器具有共同的特征，甚至与欧亚大陆草原早期文化的相同器物形态完全一致。墓葬中出土大量的装饰品，有黑滑石串珠、陶串珠、玛瑙珠、岫玉、绿松石等组成的串饰或坠饰，与岗上墓地出土的装饰品形状和材质如出一辙。黑滑石串珠数量多，细管状，切割成大小基本一致的串珠。陶串珠形制与其相似，为陶管烧制前分段切割而成。这些滑石和陶串珠有的呈圆圈状分布在人骨颈部和头部附近，可知当时是串在一起佩戴，但多数串珠散落，或出土较少，已无法辨别珠串数量，也无法辨别为哪个个体所佩戴。墓地还发现玉器装饰品，部分装饰品经西北大学文化遗产学院通过体视显微镜、X 射线粉晶衍射、便携式 X 荧光仪等仪器检测分析（见附录六），有天河石、绿松石、玛瑙、岫玉等，均为不同形状的坠饰，其中，天河石和绿松石数量略多。岫玉可能来自岫岩，玛瑙可能与阜新地区有关，天河石和绿松石产地目前尚不能判断。经过检测，于家砣头墓地发现的滑石串珠主要为黑滑石，少量为灰滑石。“我国工业滑石按颜色划分有粉红滑石、白滑石、绿滑石、灰滑石和黑滑石五种。滑石之所以有各种不同的颜色，主要取决于与滑石共生矿物的颜色。当含有一定量的有机质时，滑石为黑色。”“辽宁海城以白滑石（肉色）为主，也存在着大量的黑滑石，黑滑石的分子结构和白滑石相似，CaO 的含量为 3%，片状结构明显。其主要成分：SiO_2 57%，MgO 27%。”[8]“辽宁省黑滑石资源主要分布在鞍山市、本溪市和营口市，有 57 处矿区。海城市范家堡子滑石矿保有量约占全省总量的 68%”[9]。庄河市仙人洞乡转湘湖和荷花山乡吉顺沟等曾发现小型滑石矿[10]，但为白滑石矿。推测于家砣头墓地黑滑石串珠应来自辽宁海城一带。

第四节　墓地时代与文化属性

因于家砣头墓地随葬品与于家村遗址上层出土器物相似，因而判断该墓地为于家村遗址上层人们的公共墓地。

墓地的形成过程。这 58 座墓的建造过程和相互关系大致如下。

M24 规模较大，位于墓地中心，是用石块和红烧土块垒砌墓壁，墓底是用遗址黑灰土垫平，然后在其上铺设海卵石，人骨架置于海卵石之上。为中心大墓，时代较早，可明显看出其周围其他墓室是依托该墓壁依次接筑，向外辐射，形成相对整齐的网格状多排墓室。具体接筑情况是，从中心大墓 M24 开始，向东西两侧和南北两端分别营建，形成排列有序的网格状，仅西南部墓室排列则略显凌乱，也不规则。因此，墓地边缘的墓室应略晚于中心墓室。其中，M54 ~ M58 应为一次性筑砌，M2 ~ M4、M20、M31 明显可看出是在其他墓室旁增筑而成。

墓地的形成和时代还可以从墓地打破遗址来加以说明。墓地打破遗址的具体情况是，15 座墓底用遗址灰土铺垫的墓室，有些位于墓地的中心位置，如 M24 为墓地的中心墓室，建造时间最早，说明墓地在刚开始修建时就破坏了部分遗址。也说明修建墓地时于家村遗址的范围比今天所见的要大，遗址由砣子东北一直分布到临海的砣头边缘。是于家村遗址上层人们生活一段时间后，将遗址临海的边缘地带废弃，用于修建公共墓地。因此修建墓地时占用并扰动了部分遗址。推测是由于砣头临海风大等原因，生活不便，逐渐改为墓地的。由于平整墓底时用遗址土垫平墓底，又以遗址堆积的黑灰土作为墓中填土，所以在墓室中发现有较多的遗址陶片，也由此推测墓地的建造时间应略晚于于家村遗址上层。在墓葬发现的遗址陶片，普遍具于家村遗址上层陶器特点，因此，墓地年代当略晚于于家村遗址上层，或者墓地始建年代与于家村遗址上层某一阶段同时，也就是说，于家村遗址上层的人们生活一段时间后才将遗址边缘部分废弃，并用于修建墓地。

于家砣头墓地建在于家村遗址边缘，破坏了部分于家村遗址以建造墓地，所以墓室中除了随葬品外，还见到许多于家村遗址上层陶片，但几乎不见于家村遗址下层陶片。墓地中部部分墓室填遗址黑灰土或烧土块垫平墓底，用红烧土块砌墓壁，说明刚开始修建墓地时就将于家村遗址房址（包括上下层）破坏，厚厚的红烧土块直接用来砌墓壁和铺底，那么墓地建造时代应晚于于家村遗址上层。据现场调查，于家村遗址分布范围与砣头墓地相连，不排除墓地位置原为遗址，由于环境所限，后来废弃，作为墓地。

墓地出土一批特征鲜明的陶器，与于家村上层陶器特征相近。于家村上层陶器以夹砂黑褐陶为主，器形有豆、簋、杯、壶、罐、甗、钵等，圈足器发达，圈足存在刀削三瓣足作风。纹饰有刻划纹、划纹刺点、凸棱纹和弦纹等。单把杯、甗、马鞍形贴耳、凸泥条纹等与砣头墓地同类器风格一致。墓地出土铜镞与约西周初年铜镞形制近似，陶器、石器风格与双砣子三期文化一致，因此墓地应属于双砣子三期文化。由于墓地破坏了部分遗址，所以墓地的时代应略晚于于家村遗址上层，但相去不远，于家村遗址上层人们生产、生活一段时间后，他们的墓地也开始修建了。

于家砣头墓地与于家村遗址上层在时代上相近，可以从 ^{14}C 测定的年代数据得到证明。参考中国社会科学院考古研究所实验室公布的放射性碳素测定年代，报告公布了于家村遗址木炭测年数据，上层标本采自 77T1F1，距今 3655±80 年，距今 3550±80 年；另一标本采自遗址上层文化层中，距今 3230±90 年，3135±90 年[11]；北京大学历史系考古专业 ^{14}C 实验室公布的 ^{14}C 年代测定报告公布了另一组测年数据，标本采自 77T1F1，距今 3280±85 年[12]。这几组测年数据，有两个偏早，另外三个比较接近，结合大连地区其他同时期的遗址测年数据，一般距今 3300～3100 年，说明于家村遗址上层的年代应在此范围内。

中国社会科学院考古研究所实验室公布的放射性碳素测定年代报告，公布了

1980年检测的于家砣头积石墓地M25人骨测年两组数据，距今2275±110年（公元前325±110年），树轮校正年代距今2280±115年，距今2210±110年，树轮校正2215±115年[13]（附录四）。这两组数据与墓葬的实际年代有较大的误差，所以一直未被采用。造成这样的误差有多方面的原因，如样品存放环境、是否被污染等。因此判断于家砣头墓地的年代，都是参照于家村遗址上层年代。

为了进一步探明于家砣头墓地的年代，2018年由山东大学历史文化学院对该墓地人骨骨胶原进行了提取，共提取10个样品。中国科学院广州地球化学研究所对其中6个样品骨胶原进行了^{14}C测年。测年结果（距今）：2925±40年，树轮校正3044±42年；2860±35年，树轮校正2967±41年（附录五）。6个样品测年结果基本相近，差距很小。与于家村遗址上层测年最小值接近（3135±90年），与我们认为墓地略晚于遗址或者与遗址年代相近的判断基本相符，这个测年数据正好都落在西周初年，而没有到商末。需要说明的是，测年选取的人骨虽然不能确定是哪个墓室、位于哪一层，也无法判断死者埋葬时间早晚，无法确定墓地开始时间和结束时间，但这6个样品取自不同墓室，测试结果基本能反映墓地的大致时间。

《双砣子与岗上——辽东史前文化的发现与研究》报告中提到："尽管双砣子二期文化与于家村上层没有任何铜器的痕迹，但羊头洼出过青铜残片，与于家村上层相当的砣头墓地也曾出土镞、泡饰、鱼钩和环等小件铜器，都是比较明显的证据，可能与双砣子三期文化的年代相当或稍晚。"[14]这一判断与我们对于家砣头墓地人骨测年结果及年代的判断比较吻合，从而为于家砣头墓地略晚于于家村遗址上层提供了佐证。

墓地的文化属性。于家村遗址分上下两层，下层属于双砣子下层文化（一期），遗迹遗物非常丰富，属于龙山文化晚期，陶器具有龙山文化晚期特征。于家村遗址上层测年属于双砣子三期文化范畴。于家砣头墓地出土器物与于家村遗址上层存在明显对应关系，均为双砣子三期文化。该墓地文化性质比较单纯，为于家村遗址上层人们的公共墓地。距于家砣头墓地约1千米的牧羊城遗址也发现了双砣子三期文化遗址，不排除其与于家砣头墓地共用墓地的可能。

双砣子三期是大连地区青铜文化的繁荣期，土著文化特征相当明显。"如果说双砣子一、二期文化尚有龙山文化和岳石文化影响，那么双砣子三期文化的地域传统就更加强烈。"[15]这个时期遗址相当丰富，遍布整个大连地区，据不完全统计，这时期的遗址多达数百处。遗址有的分布于沿海，有的分布于山的阳坡，有的分布于高山顶端，有的分布于平地。大的聚落数万平方米，小的聚落仅有数百平方米。比如大嘴子和双砣子位于沿海地带，而大王山遗址[16]却分布在高山顶部，生活极不方便，许多小聚落也分布在山顶。这可能与部落之间的战争频繁有很大关系。遗迹、遗物非常丰富，而且极具有土著文化特征，与双砣子一期和二期面貌绝然不同，一改与山东半岛紧密联系的特征，完全是土著文化特征。这时人们过着定居生活，农业生产占很大比重，大嘴子发现了炭化稻米——粳稻[17]，属于栽培稻，同时渔猎和采集也占有一定比重。除发达的陶器外，双砣子三期出现了大量加工精细的石兵器，包括剑、戈、钺、矛、镞、球等，石兵器功能已相当齐备，像钺之类的兵器可能成为礼器，但青铜器却不发达，与中原地区发达的青铜器形成鲜明对比，体现了土著文化特征。这些发达的石兵器对双房类型曲刃青铜短剑起源产生了重要影响。

双砣子三期文化墓葬基本上是以积石冢的形式存在，目前极少见其他形式的墓葬。墓地与遗址成对应关系，而且距离较近。如土龙子积石冢[18]是庙山上层[19]人们的墓地，于家砣头墓地是于家村遗址上层人们的墓地，墓地分布在遗址周围的山上或土岗上，比之新石器时代积石冢分布在高山山脊的状况，分布高度大幅降低，而且墓地性质比较单纯，时代单一，几乎没有打破关系，没有发现与新石器时代积石冢共存现象。

第五节　社会结构与生业模式

于家砣头墓地作为于家村遗址上层人们的公共墓地，显然受地理环境限制，因为于家村遗址和砣头墓地所在的深入海中的小半岛面积有限，所以墓地修建是因地制宜。于家村遗址下层明显受龙山文化影响，与龙山文化晚期阶段陶器风格一致，但其墓地却不在遗址周围。大连地区新石器时代晚期墓地都以积石冢形式存在，分布在高山山脊，那么于家村遗址下层人们的墓地应该也是积石冢的形式，老铁山—将军山积石冢群是其最合理的选择。

于家砣头墓地，墓室内丛葬人数不等，男女老幼皆有，按照死亡顺序依次埋葬，每个墓室所葬人员很可能属有一定血缘关系的家族。从砣头墓地各墓室的随葬品分析，尚未表现出明显的贫富分化，随葬品最多的是陶器，青铜器具比较少，均为小型的工具或武器类。随葬品的多少与墓室大小、死者多少没有直接的关系，不成正比，并非墓葬规模大或者死者多则随葬品就多。有些墓葬较大，埋葬人骨个体也多，但随葬品却极少。如M54葬21人，随葬品仅有少量黑滑石串珠。M15葬12人，随葬品仅有2件陶器。M8葬18人，随葬品8件。M24葬17人，随葬品8件。M6葬4人，随葬品仅发现一件残铜鱼钩。而M21葬3人，随葬品则有8件。M45葬1个儿童，随葬品3件。M58葬5人，却没有随葬品。因此，并不是每个死者都有随葬品。该墓地的另一个特征，就是作为随葬品的生产工具相对较少，而各类装饰品相对较多，装饰品如串珠和坠饰多分布在儿童和妇女头部周围，尤其是儿童头骨周围，可断定为其佩戴。这些数量较多的陶串珠和黑滑石串珠，当为珠串项链的组成部分。多个墓室发现陶串珠或滑石串珠与其他玉石装饰品在一起的现象，有可能是穿在一起佩戴。比如M45葬1个儿童，随葬品有黑滑石串珠和绿松石坠。这些装饰品反映了当时人们对美的追求。

根据西北大学文化遗产学院对这批宝玉石器的测试分析结果，于家砣头墓地出土的玉石器多为小型饰件，材质有黑滑石、玛瑙、绿松石、天河石和岫玉等（附录六），初步判断该批宝玉石器的原材料均非本地所产。玛瑙、岫玉和黑滑石来自与大连地区邻近的宝玉石产地，主要有辽宁阜新的红玛瑙矿、辽宁海城的黑滑石矿及岫岩地区的蛇纹岩玉矿，天河石的矿料很有可能来自内蒙古锡林浩特天河石古代矿业遗址（附录七）。

我国绿松石矿业遗址发现于陕西的洛南县和河南的卢氏县及新疆哈密，开采年代从新石器时代晚期一直延续到青铜时代晚期，东北地区至今没有发现绿松石矿，绿松石原料的来源与中原早期绿松石采矿遗址存在着交流的可能，但也不排除来自其他地点的可能。于家砣头墓地发现绿松石装饰品的来源仍值得研究。天河石和绿松石原料产地离于家砣头墓地非常远，玛瑙、岫玉、黑滑石原料矿相对较近一些，但也不在墓地周边。这些珍贵的宝玉石装饰品可能作为成品通过贸易交换获得，也有可能通过其他方式被部族有权势的人所控制。

绿松石坠存在二次利用的现象，残存的边角有二次钻孔现象。多数玉石器装饰品的孔道发现了螺旋纹，当为钻孔时留下的，为我们研究当时的钻孔技术提供了资料。于家村遗址上层尚未发现在本地加工玉器的现象，也未发现制作玉器的边角余料或半成品。这批天河石、绿松石珠饰在孔洞边缘有长时间使用的痕迹，反映出此批装饰品的墓主生前长时间佩戴，可以部分地反映出墓主生前的生活习俗。

双砣子三期文化遗址数量众多，分布面积较大，聚落数量大量增加，遗址内涵丰富，说明这时期人口也大量增加。陶器和石兵器非常发达，石兵器种类和数量较多，这种现象说明了双砣子三期文化的繁荣，同时也反映了部落之间战争逐渐频繁。大嘴子遗址上层出土了数量较多的石兵器，还有石墙，而且石兵器的功能比较齐备。大王山遗址分布在高山顶部，生活极不方便。这时期的小型聚落在山顶分布的例子不在少数。为什么古人会选择这种艰苦环境生活，其背后可能有更深层的原因。佟柱臣先生对大嘴子遗址做出这样的推断："战争已经很频繁了，人们已越过原始社会解体阶段，进入了军事民主主义时期。"[20]这可能是对双砣子三期社会状况最合理的解释。

尽管从随葬品尚未看出贫富分化，但随葬品并不是唯一的判断标准。双砣子三期文化这个大背景下，战争相当频繁，部落之间争斗、掠夺普遍存在，财富集中现象应该出现了。于家村遗址上层人们也无法脱离这种社会大环境。

于家砣头墓地人骨鉴定结果：死者年龄多数在壮年期和中年期，其次为少年期和青年期，婴儿期和幼儿期较少。从死者牙齿磨耗鉴定，动物性食物在于家砣头墓地内古代居民的饮食结构中可能占有较大比重，近海有壳类生物采集等也有一定数量。推测当时渔猎、近海采集及家畜饲养在经济生活中占有较大比重（附录一）。

于家砣头墓地人骨 10 个样品骨胶原稳定同位素检测及分析结果："于家砣头墓地 10 例人骨样品的碳氮稳定同位素数值均较高。其中 $\delta^{13}C$ 平均值为 −8.0 ± 0.5‰，分布范围为 −7.4‰ ~ −9.3‰，反映出明显的 C_4 类食物特征；$\delta^{15}N$ 平均值则为 9.1 ± 0.6‰，分布在 8.6‰ ~ 10.0‰，体现出先民对肉类资源或对施肥作物的大量摄取。""从碳同位素数据来看，砣头墓地 10 例人骨样品的 $\delta^{13}C$ 值分布范围介于 C_4 植物及海生资源之间，更靠近 C_4 植物一侧，表明先民的食物来源更可能以 C_4 类农作物（如粟、黍）为主，同时摄入大量海洋生物（如海洋贝类、鱼类、哺乳动物）。"（附录三）这说明，于家村遗址上层人们可能以农业为主，海洋捕捞和近海采集及狩猎也是重要的生业模式。

第六节　与有关文化遗存的比较

1. 墓葬结构比较

与当地及邻区墓葬比较。于家砣头墓地积石冢的形制和建造方法、墓底铺海卵石和石块的作风与当地新石器时代积石冢相似，石块封顶也基本相同，虽葬俗有所不同，但仍可认为，二者应有继承关系，该积石冢的源头应追溯到广泛分布于辽南地区的新石器时代积石冢，具辽南土著文化典型特征。该墓地在其后的发展演变轨迹也较为清晰，在辽南地区青铜时代晚期积石冢可以找到其延续的轨迹，如岗上墓地和楼上墓地[21]、卧龙泉墓地[22]、双砣子积石冢[23]等，都是独立的积石冢，内有多个墓室。岗上墓地放射状墓室、石板壁墓、石板底墓、砾石底墓、烧土块底墓、土坑墓等，与于家砣头积石墓地墓葬形式关联更为密切，而且出土器物也有继承关系。于家砣头墓地出土的 8 件弦纹壶（表三）在目前是辽东地区同类器中最早的，弦纹壶上只有盲耳和贴耳装饰，还未出现实用双耳。而双房类型弦纹壶在形制上与于家砣头墓地同类器近似，只是双耳变成实用，钵口、弦纹、圈足都没有变化，二者的演变轨迹非常清晰。双房类型[24]分布于辽东地区，从辽南到辽北，从辽河平原到辽东山地，都可见到以曲刃青铜短剑、弦纹壶及石筑墓为特征的遗存，包括积石冢、石棺墓、大石盖墓及石盖石棺墓等，尽管有地方类型差异，但总体面貌呈现出一致性。不仅如此，于家砣头墓地其他陶器也可在双房类型陶器中找到演变轨迹，墓葬形制也有很大相似性。双砣子三期文化积石冢大多数存在火葬习俗，另外还有一次葬和二次葬，双房类型积石冢和石棺墓、大石盖墓等都与双砣子三期文化积石冢有密切继承关系。金州土龙子积石冢属于双砣子三期文化，最大的四号冢的各墓室非常规矩，用扁平石块垒砌成长方形墓室，南北向排成一列，与石棺墓无异，因此辽南地区双砣子三期积石冢当为双房类型石筑墓的源头。于家砣头墓地为独立的积石冢，这种墓葬形式可追溯到新石器时代晚期，比如大连金州新区的张家岚积石冢[25]，相当于龙山文化时期，可在岗上、楼上、卧龙泉墓地找到其演变轨迹。近年来，在辽宁桓仁的小北旺[26]、冯家堡子[27]等地发掘的高句丽早期积石冢，其形制和火葬葬俗与岗上、楼上墓地非常相似，之间有明显的渊源关系。墓室铺卵石的习俗从新石器时代晚期到双砣子三期、春秋时期乃至高句丽早期积石冢普遍存在，演变轨迹清晰可见，可谓一脉相承。墓底铺海卵石的作风在新石器时代的金州王宝山积石冢[28]就有发现，在小北旺等高句丽早期墓葬中普遍发现，说明这种葬俗流行了相当长时间。因此，大连地区新石器时代晚期积石冢是双砣子三期文化、双房类型和高句丽早期积石冢共同的源头。

2. 葬俗比较

于家砣头墓地葬俗与大连地区同时期的积石墓相比有很大的不同。首先，于家砣头积石墓地未发现火葬习俗，仅为丛葬；而大连地区其他地方积石墓却流行火葬，甚至二次捡骨葬与火葬并行，如金州土龙子积石冢，每个积石冢内既有火葬又有捡骨葬，还有一次葬。火葬人骨的火化程度很高，保存的人骨数量极少，往往都是小块的骨片，捡骨葬也同样，极个别的保存头骨，绝大多数仅保存部分零碎的肢骨片或牙齿，没有一定秩序，随葬陶器极少，发现少量珠类的装饰品。岗上墓地和楼上墓地等以曲刃青铜短剑为特征的双房类型积石冢都流行多人火葬，而且火化程度相当高，甚至随葬的青铜短剑都被烧变形。其次，于家砣头墓地为一个大积石冢，所有的死者都埋在同一个冢的各墓室内；而其他积石墓地都分若干个积石冢，每个积石冢内又分多个墓室，而像于家砣头墓地这样多的墓室在同一座冢内在大连地区少见。

3. 弦纹壶和圈足罐相关问题

（1）弦纹壶

弦纹壶是于家砣头积石墓地中最具有典型特征的器物之一，与辽东地区双房类型同类器风格相近，因此成为许多学者关注和研究的课题。于家砣头积石墓地共出土 8 件弦纹壶，还有 1 件素面壶与弦纹壶形制一致，只是没有弦纹，除了 M30：2 为凹底，口部特征略有区别外，其余 8 件均为圈足，形制大体一致，均为钵形口，球状腹或圆鼓腹，器身饰多组弦纹，或者有的还增加马鞍形贴耳（M41：3、M40：1），或者弦纹之间饰几何形刻划纹（M21：3、M31：3），颈与肩内部连接处有明显的折棱。M21：2 虽然通体素面，但器型与弦纹壶是一致的。所以，弦纹壶不仅仅包括只饰弦纹的壶。M21 出土陶器中，3 件陶壶中有 1 件弦纹壶。弦纹壶 M21：2 和 M21：3 形状相近，但不同的是前者素面，后者饰弦纹和几何形划纹、圈足上也有划纹，这两种壶在同一墓室中同时出现，说明二者为同一时期，没有早晚关系。另外 2 件饰马鞍形贴耳的弦纹壶只出现在 M40、M41，在时间上应略晚于不饰贴耳的弦纹壶。于家砣头墓地出土的 8 件弦纹壶分别出自 M21、M30、M31、M36、M40 ~ M42、M45，从墓室结构和建造顺序分析，这些墓葬位于墓地边缘，非中心地带，因此不是该墓地最早墓葬。M21 在建造时间上要早于其邻近的 M31，两墓都出土弦纹壶，而且饰纹的风格相同，因此二者在时间上非常接近。

从以上弦纹壶形制和制作特点分析，其当为成熟时期的器型，而且数量在该墓地占一定的比重，这说明弦纹壶出现不是偶然的，在它出现之前应该有一定阶段的发展变化，也就是说，它应该有自己的源头和发展轨迹。大连地区的壶最早见于大连庄河北吴屯下层[29]，属于小珠山下层文化，对于筒形罐广泛流行的东北地区，壶的出现属于新生事物。随着大汶口、龙山、岳石文化的北渐，越来越多的来自山东半岛的新器形进入辽东半岛，而且影响深远。前面提到，于家村遗址上层存在这种形制的弦纹壶，但仅见壶口。大连地区同时期的遗址和墓地也少见这种弦纹壶，而与于家村遗址上层有明显叠压关系的于家村遗址下层文化和与之相当的双砣子一期文化也未发现弦纹壶的痕迹，双砣子二期（相当于岳石文化）也未发现，从而印证了弦纹壶和双砣子三期文化应是辽东土著文化特征。有学者著文将本溪市张家堡 A 洞 Ⅰ 2 式鼓颈壶（M34：12）[30]作为弦纹壶的雏形，尽管该壶是素面，无弦纹，也无器耳和贴耳，将本溪山城子 C 洞出土的鼓颈壶（M2：2）[31]归到张家堡 A 洞鼓颈壶系列，都属于弦纹壶早期的形式，但后者应略晚于前者，是在前者的基础上发展起来的。该文将于家砣头墓地出土的弦纹壶也归为早期形式，因此得出这样的结论，辽东地区石构墓从早到晚的发展序列为：洞穴墓→积石墓→石棚→大石盖墓→石棺墓[32]。据 ^{14}C 年代测定，这三处墓葬年代大致相若，仅从时间上很难判断孰早孰晚，但前两者弦纹壶各有 1 件，而于家砣头墓地的弦纹壶突然成批出现，而且形式上也有区别，所以这提示我们寻找弦纹壶的源头并不是一件简单的事。毫无疑问，于家砣头墓地弦纹壶是目前发现的最完整、数量最多、年代最早的实例。

于家砣头墓地的弦纹壶的发展演变轨迹则是相当明显的，双房类型普遍存在弦纹壶，其形制可见于家砣头墓地弦纹壶遗风，二者的继承发展关系相当清晰。双砣子三期文化积石冢与双房类型石筑墓有密切关系，双房类型分布于辽东地区，其墓葬多以积石冢、石棺墓、大石盖墓、石棚等为主要形式，个别有土坑墓，而且陶器特征一脉相承，墓葬形制也有明显继承关系，双砣子三期积石冢当为双房类型积石冢的源头，而双砣子三期文化、双房类型积石冢的共同源头是辽南地区广为分布的新石器时代晚期积石冢。辽东地区积石冢传承有序，延续时间长，特征突出，存在独立起源的可能。尽管早在距今5000多年的红山文化出现大量积石冢，但二者的区别是相当大的，当然不排除辽东地区积石冢受红山文化影响。双砣子三期积石冢对双房类型的积石冢、石棺墓和大石盖墓等都产生了重要影响。

双房类型的弦纹壶、叠唇罐、曲刃青铜短剑是最有代表性的器物，弦纹壶一般与曲刃青铜短剑相伴出土，因此与曲刃青铜短剑遗存关系密切，此时已到了西周晚期和春秋时期。在大连地区以双房类型为代表的曲刃青铜短剑遗存具有普遍性，一般以墓葬形式出现，遗址少见。双房六号石盖石棺墓共出土6件器物，包括2件弦纹陶壶、2件陶叠唇罐、1件曲刃青铜短剑、1套滑石斧范，其中曲刃青铜短剑形制比较原始，不少学者认为其是曲刃青铜短剑的早期形式。而出土的2件弦纹壶无论在形制上还是纹饰、陶质上，或者在贴耳的饰法上，都与于家砣头积石墓地的弦纹陶壶风格一致，只是增加了桥状横耳。双房类型的墓葬形制和出土器物也存在地域差异，分布不平衡。比如积石冢一般分布在辽南地区，石棺墓和大石盖墓主要分布于辽南北部和辽东山地及辽北地区。出土器物也有差异，本溪新城子墓地[33]出弦纹陶壶但不见青铜短剑，碧流河石盖墓[34]和王屯石棺墓[35]等出土叠唇陶罐但少见弦纹陶壶。毋庸置疑，双房的弦纹壶就是从于家砣头墓地发展过来的。对此，陈光先生有详细的论述[36]。我们还注意到，从于家砣头墓地到双房类型墓地，弦纹壶主要出现在墓葬中，可见其具有特殊意义，因此弦纹壶有可能是特殊的礼器或者必备的随葬品。

然而，尽管于家砣头墓地和后来的石棺墓、大石盖墓等在弦纹壶上存在一定的共性，但有一个非常值得关注的问题是二者的葬俗存在巨大差别，于家砣头墓地为丛葬，没有火葬，而双房类型葬俗主要为火葬。于家砣头墓地丛葬习俗在双砣子三期文化也属于特例，因为双砣子三期文化葬俗多样，包括火葬、一次葬、二次葬等习俗，因此丛葬也是双砣子三期文化丧葬形式之一。双砣子三期文化石兵器非常发达，但铜器很不发达，对于中原地区商周时期高度发达的青铜器来说，土著文化特征尤为突出。这些石兵器已有不同种类和功能区分，与双房类型曲刃青铜短剑起源可能存在密切关系。“由于家砣头墓地所出多件弦纹壶，与曲刃青铜短剑墓共出的弦纹壶，前后演变序列清晰，可明确双砣子三期文化即为曲刃青铜短剑文化的前身，从而可以确认，曲刃青铜短剑文化的起源地在辽东，而不在辽西，具体地区即为辽东半岛南端、黄渤海沿岸的大连地区。”（见本报告序）

（2）圈足罐

圈足罐是于家砣头墓地具有典型特征的器物，在墓地出土器物中占一定的比重，共出土10件，以特殊的造型和纹饰特点而别具一格。在形制上大体可分为两大类，Ⅰ类：短颈，球状腹，圈足略矮，整体显得敦实稳重，如M13：1、M31：2、M21：5、M3：6、M8：2；Ⅱ类：颈略长，有的中间出凸棱，折腹，圈足略高，整体显得高挑轻盈，如M24：2、M15：2、M9：1、M30：1、M44：1。在纹饰特征方面，除了个别的只在颈部饰少量纹饰外，大多数在上腹和颈部都饰有各种组合纹饰，如弦纹、刺点，弦纹、刺点、凸棱纹，弦纹、刺点、刻划纹或弦纹、刺点、短横线和几何形刻划纹的组合等，纹饰特征鲜明，而且富有变化。M24为中心大墓，建造时间应是最早的，该墓首先出现Ⅱ类圈足罐，稍晚一些的墓葬也有这种类型器物出土，其中M15：2在形制上与M24：2最为接近，M44：1则又出现了变化，时间上后者应该晚于前两者。M21、M30、M31这三座墓葬都有弦纹壶和圈足罐共存现象，说明弦纹壶和圈足罐出现时间是相同和相近的。

这些富有特征的圈足罐在大连地区同时期的遗址和墓葬中比较少见，但单砣子发现的彩绘陶壶[37]与其近似，与Ⅰ类相近的器型在大嘴子和双砣子遗址中有所发现，大嘴子B型圈足罐（F4：8）[38]、F17：2，双砣子Ⅺ式罐（T6：6）[39]都是相近类型，而Ⅱ类圈足罐在其他遗址几乎不见。圈足罐以外贴凸泥条附加堆纹为特征，这种纹饰在大嘴子遗址上层、于家村遗址上层、双砣子三期都有发现，而以于家砣头墓地最为丰富、最具代表性。这说明于家砣头积石墓地随葬的器物具有鲜明的个性特征。与弦纹壶一样，圈足罐也是成熟时期的造型，同样应该有其自己的发展变化规律。

4. 与双房类型的比较

有学者认为双房类型的起源，仍以当地羊头洼文化[40]（即双砣子三期文化）为主，并认为于家砣头墓地弦纹壶与双房类型弦纹壶存在承继关系。双砣子三期文化与双房类型存在密切关系，器物特征存在许多一致性，尤其是于家砣头墓地的弦纹壶，与双房类型同类器一脉相承。双砣子三期文化积石冢对双房类型的积石冢、石棺墓、大石盖墓、石棚等墓葬形式，均产生了重要影响，火葬习俗也同样影响了双房类型葬俗，二者的传承关系十分清晰，因此，双砣子三期文化应是双房类型的源头。

尽管双房类型墓葬还存在少量的土坑墓，比如上马石青铜短剑墓[41]，郭大顺先生认为："包括于家砣头墓地在内的双砣子三期文化，既为大连地区地域特色最为浓厚从而最具代表性的古文化，又是曲刃青铜短剑的源头，从而将文化影响扩及整个中国东北到东北亚地区，可以说，这是名副其实的大连古文化之根"（见本报告序）。

《双砣子与岗上——辽东史前文化的发现与研究》提到：“以青铜短剑墓为代表的遗存，如青铜短剑、陶罐、环状石器和纺轮等，均同附近的岗上、楼上墓地相一致，但火葬痕迹不明显，或许其葬俗稍有不同，年代应与岗上相当，即公元前8～前7世纪”“于家村砣头的少量铜器，无疑是青铜短剑及其有关遗存的先驱”[42]。

注　释

[1] 见大连市文物考古研究所藏于家砣头墓地发掘现场人骨鉴定分析图。

[2] 辽宁省博物馆等：《长海县广鹿岛大长山岛贝丘遗址》，《考古学报》1981年第1期，图三二，13。

[3] 许玉林、许明纲：《新金双房石棚和石盖石棺墓》，《文物资料丛刊》(7)，文物出版社，1983年。

[4] 辽宁省文物考古研究所等：《辽宁省瓦房店市长兴岛三堂村新石器时代遗址》，《考古》1992年第2期。

[5] 东北博物馆文物工作队：《辽宁新民县偏堡沙岗新石器时代遗址调查记》，《考古通讯》1958年第1期。

[6] 大连市文物考古研究所：《大嘴子——青铜时代遗址1987年发掘报告》，大连出版社，2000年。

[7] 中国社会科学院考古研究所：《双砣子与岗上——辽东史前文化的发现和研究》，科学出版社，1996年，第106页，图六四，7；图版八二，8、9。

[8] 《我国黑滑石产业现状及发展趋势》，中国选矿技术网、粉体技术网，2017年10月18日。

[9] 《辽宁矿产资源》，辽宁省国土资源厅，中华人民共和国自然资源部官网，2013年6月21日。

[10] 大连市计划委员会：《大连国土资源》，大连出版社，1992年。

[11] 中国社会科学院考古研究所实验室：《放射性碳素测定年代报告》(九)，《考古》1982年第6期。

[12] 北京大学历史系考古专业碳十四实验室：《碳十四年代测定报告》(三)，《文物》1979年第12期。

[13] 中国社会科学院考古研究所：《放射性碳素测定年代报告》(七)，《考古》1980年第4期。

[14] 中国社会科学院考古研究所：《双砣子与岗上——辽东史前文化的发现和研究》，科学出版社，1996年，第55页。

[15] 中国社会科学院考古研究所：《双砣子与岗上——辽东史前文化的发现和研究》，科学出版社，1996年，第55页。

[16] 辽宁省文物考古研究所、大连市文物考古研究所：《辽宁大连市大王山青铜时代遗址发掘简报》，《东北史地》2014年第2期。

[17] 大连市文物考古研究所：《大嘴子——青铜时代遗址1987年发掘报告》，大连出版社，2000年。

[18] A. 吴青云：《辽宁大连市土龙子青铜时代积石冢群的发掘》，《考古》2008 年第 9 期。
B. 华玉冰等：《辽宁大连市土龙积石墓地 1 号积石冢》，《考古》1996 年第 3 期。
[19] 吉林大学考古系等：《金州庙山青铜时代遗址》，《辽海文物学刊》1992 年第 1 期。
[20] 佟柱臣：《大嘴子青铜时代遗址的学术价值》，《大连文物》1987 年第 2 期。
[21] 中国社会科学院考古研究所：《双砣子与岗上——辽东史前文化的发现和研究》，科学出版社，1996 年。
[22] 中国社会科学院考古研究所：《双砣子与岗上——辽东史前文化的发现和研究》，科学出版社，1996 年。
[23] 中国社会科学院考古研究所：《双砣子与岗上——辽东史前文化的发现和研究》，科学出版社，1996 年。
[24] A. 王巍：《双房遗存研究》，《庆祝张忠培先生七十岁生日论文集》，科学出版社，2004 年。
B. 赵宾福：《中国东北地区夏至战国时期的考古学文化研究》，科学出版社，2009 年。
C. 关于双房类型的命名问题，目前学界尚未统一，有双房类型、双房遗存、曲刃青铜短剑遗存、双房文化等称谓，本文暂称双房类型。
[25] 大连市文物考古研究所等：《大连张家岚后山积石冢发掘简报》，《北方文物》2015 年第 4 期。
[26] 见辽宁省文物考古研究所 2017 年发掘材料。
[27] 辽宁省文物考古研究所等：《辽宁桓仁县冯家堡子积石墓群的发掘》，《考古》2016 年第 9 期。
[28] 见辽宁省文物考古研究所、大连市文物考古研究所 2013 年王宝山发掘资料。
[29] 辽宁省文物考古研究所等：《大连市北吴屯新石器时代遗址》，《考古学报》1994 年第 3 期。
[30] 辽宁省文物考古研究所：《马城子——太子河上游洞穴遗存》，文物出版社，1994 年，第 190 页，图一五三，1。
[31] 辽宁省文物考古研究所：《马城子——太子河上游洞穴遗存》，文物出版社，1994 年，第 263 页，图二一二，4。
[32] 李恭笃等：《辽东地区石筑墓与弦纹壶有关问题研究》，《辽海文物学刊》1995 年第 1 期。
[33] 辽宁省文物考古研究所等：《辽宁本溪县新城子青铜时代墓地》，《考古》2010 年第 9 期。
[34] 旅顺博物馆：《辽宁大连新金县碧流河大石盖墓》，《考古》1984 年第 8 期。
[35] 刘俊勇等：《辽宁省新金县王屯石棺墓》，《北方文物》1988 年第 3 期。
[36] 陈光：《羊头洼类型研究》，《考古学文化论集》（第 2 辑），文物出版社，1989 年。
[37] 〔日〕东亚考古学会：《貔子窝——南满洲碧流河畔的史前时代遗址》，《东方考古学丛刊》第一册，1929 年。
[38] 大连市文物考古研究所：《大嘴子——青铜时代遗址 1987 年发掘报告》，大连出版社，2000 年。
[39] 中国社会科学院考古研究所：《双砣子与岗上——辽东史前文化的发现和研究》，科学出版社，1996 年。

[40]　郭大顺:《辽东半岛青铜文化的原生性——以双房六号墓为实例之一》,《旅顺博物馆馆刊》2006年创刊号。

[41]　旅顺博物馆等:《辽宁长海县上马石青铜时代墓葬》,《考古》1982年第6期。

[42]　中国社会科学院考古研究所:《双砣子与岗上——辽东史前文化的发现和研究》,科学出版社,1996年。

第五章 结　语

于家砣头墓地是于家村遗址上层人们的墓地，属于双砣子三期文化，距今 3000 年左右，约为西周初期。该墓地为独立的积石冢。这个庞大的积石冢内至少有 58 个墓室，形成排列有序的网格状。中心墓室时代较早，然后有序地向周边扩建和接筑，边缘部分最晚。除了 26 座墓人骨不详或无法统计外，其他 32 座墓葬至少埋葬 191 人，以壮年和中年人死亡率最高。葬俗采取了多人多次葬——丛葬形式，人骨相向摆放，以仰身直肢葬为主，未发现火葬或二次捡骨葬。墓底铺海卵石、墓葬填海卵石的做法普遍流行。于家砣头墓地源于小珠山三期文化积石冢，延续时间很长，一直到高句丽早期积石冢。各墓室丛葬死者应是有一定血缘关系的家族成员。从随葬品多寡分析，该墓地尚未体现贫富分化。墓地各墓室营建略有早晚，但间隔时间相差不远。

随葬品以陶器为大宗，其次为石器，铜器较少，装饰品有一定数量。器形有深腹罐、圈足罐、弦纹壶、素面壶、钵、碗、杯、豆、盆、舟形器、器座等，其中弦纹壶和圈足罐最具有特色，弦纹壶是双房类型同类器的源头，于家砣头墓地积石冢对双房类型石筑墓产生了较大影响。从生业模式看，当时人们以农业为主，兼营渔猎、采集。

附　　表

附表一　于家砣头墓地统计表

墓号	形制	尺寸（米）	墓口距地表（米）	性别	人数	头向	墓壁方向	墓底	葬式	随葬品	备注
M1	长方形	1.9×1.4–（0.8～0.96）	0.2～0.3	不详	2	东南 2	北偏西 40°	遗址黑灰土上铺石块和海卵石	不详	杯 2 件	西北部损毁
M2	长方形	1.3×1.4–（0.9～1）	0.2～0.3	女 1、不详 2（幼儿 1）	3	东南 2、西北 1	北偏西 40°	海卵石	仰身直肢葬	罐 1 件、黑滑石珠 4 枚	西北部损毁
M3	长方形	3×1.7–0.6	不详	不详	4	东南 3、西北 1	北偏西 45°	沙土、遗址黑灰土上铺海卵石	仰身直肢葬	杯 2 件、鼓腹罐 2 件、圈足罐 1 件、豆 1 件、石纺轮 1 件	西北部损毁且被现代墓破坏
M4	近长方形	1.8×0.98	不详	不详	不详	不详	不详	不详	不详	不详	被现代墓破坏
M5	长方形	2.1×1–（0.35～0.85）	0.15	不详	不详	不详	北偏西 45°	不详	不详	罐 2 件、豆 1 件	墓北壁残损严重
M6	近圆角长方形	3.85×2–1.1	0.1～0.2	不详	4	东北 1、西南 2、不详 1	北偏东 45°	海卵石	不详	铜鱼钩 1 件	无

续表

墓号	形制	尺寸（米）	墓口距地表（米）	性别	人数	头向	墓壁方向	墓底	葬式	随葬品	备注
M7	近圆形	2.9×2.5−0.45	不详	不详	2	东南 2	北偏西 45°	沙土、遗址黑灰土上铺海卵石	不详	杯 1 件	西北部损毁
M8	近长方形	2.4×1.5−（0.4～1.1）	0.1～0.25	男 5、女 3、不详 10（儿童 2、少年 1）	18	东南 10、西北 5、不详 3	北偏西 35°	沙土、遗址黑灰土上铺海卵石	仰身直肢葬 16、不详 2	折腹罐 1 件、圈足罐 1 件、杯 3 件、环状石器 1 件、天河石坠 1 件	西北部损毁，南部被现代墓破坏
M9	近长方形	（1.9～2.6）×1.7−1	0.15～0.25	男 2、女 1、不详 2（儿童 2，其中含幼儿 1）	5	东南 3、西北 2	北偏西 35°	沙土、遗址黑灰土上铺石块和海卵石	仰身直肢葬、俯身葬	圈足罐 1 件、石斧 1 件	西北端被扰乱
M10	不详	不详	不详	不详	不详	不详	不详	不详	不详	不详	被现代墓打破
M11	不详	不详	不详	不详	不详	不详	不详	不详	不详	杯 1 件、钵 1 件	被现代墓打破
M12	近长方形	2.8×1.85−（0.95～1.05）	0.2～0.3	女 1、不详 7（儿童 1）	8	东南 6、西北 2	北偏西 30°	遗址黑灰土上铺石块和海卵石	仰身直肢葬	石斧 1 件、石刀 1 件、陶串珠 34 枚、黑滑石串珠 15 枚	无
M13	长方形	2.45×1.4−1.4	0.2～0.3	不详	4	东南 3、西北 1	北偏西 35°	石块和海卵石	仰身直肢葬	圈足罐 1 件、陶串珠 6 枚	无
M14	长方形	3×1.75−1.1	不详	不详	2	东南 1、西北 1	北偏西 35°	石块和海卵石	仰身直肢葬	石纺轮 1 件、玉坠 3 件	无
M15	近长方形	2.9×2.2−0.8	0.1～0.2	不详（儿童 3）	12	东南 4、西北 8	北偏西 30°	沙土、遗址黑灰土上铺海卵石	不详	杯 1 件、圈足罐 1 件	无
M16	长方形	不详	0.1～0.2	不详	不详	不详	北偏东 45°	不详	不详	不详	被现代墓打破
M17	长方形	不详	0.1～0.2	不详	不详	不详	北偏西 40°	不详	不详	石矛 1 件	被现代墓打破
M18	近长方形	2×1.1−0.5	0.1	女 1	6	东北 1、西南 1、不详 4	北偏东 45°	海卵石	不详	不详	男多人，具体数不详

续表

墓号	形制	尺寸（米）	墓口距地表（米）	性别	人数	头向	墓壁方向	墓底	葬式	随葬品	备注
M19	长方形	1.9×0.7−0.4	0.1～0.2	不详	不详	不详	北偏东75°	不详	不详	不详	无
M20	近长方形	2.54×（0.9～1.1）−0.2	不详	不详	不详	不详	北偏西30°	不详	不详	碗1件	
M21	近椭圆形	2.15×1.05−0.6	0.1	不详	3	东南1、西北1、不详1	北偏西32°	海卵石	仰身直肢葬	杯1件、圈足罐1件、弦纹壶2件、大口壶1件、石纺轮1件、黑滑石串珠24枚、陶串珠24枚	无
M22	近长方形	2.3×0.7−0.67	0.15	不详	不详	不详	北偏西32°	海卵石	不详	圈足1件、石锛1件	人骨全部腐烂
M23	近长方形	1.8×1.3−0.65	0.15	不详	不详	不详	北偏西40°	海卵石	不详	石斧、石刀、石锛各1件	人骨全部腐烂
M24	圆角长方形	3.9×2.9−0.6	0.1	男2、女4、不详11（儿童2、少年1）	17	东南7、西北10	北偏西35°	遗址黑灰土上铺海卵石	仰身直肢葬	折腹罐2件、鼓腹罐1件、圈足罐1件、石锛1件、玛瑙珠1件、铜镞2件	无
M25	圆角长方形	3.96×1.7−0.66	不详	不详	2	不详	北偏西40°	遗址黑灰土上铺石块、红烧土	不详	鼓腹罐1件、钵3件、壶1件、石斧1件	西北角被现代墓打破
M26	圆角长方形	3.1×2−0.6	0.1～0.2	不详（儿童1）	6	西北4、东南2	北偏西40°	石块和海卵石	仰身直肢葬	石纺轮1件、石锛1件	被现代墓打破
M27	近长方形	2.2×（1.1～1.2）−（0.15～0.45）	不详	男1、不详3（儿童1）	4	西北3、东南1	北偏西40°	石块和海卵石	仰身直肢葬	器座1件	西南角被现代墓打破
M28	不规则形	2×（1.2～1.4）−0.4	不详	不详	不详	不详	北偏西60°	石块	不详	钵1、盆2（均在填土中）	无

续表

墓号	形制	尺寸（米）	墓口距地表（米）	性别	人数	头向	墓壁方向	墓底	葬式	随葬品	备注
M29	近长方形	1.6×0.8−0.4	不详	不详	不详	不详	不详	不详	不详	不详	被现代墓打破
M30	近长方形	2.8×0.55−（0.2～0.3）	0.1	不详	2	东南 2	北偏西 60°	石块和海卵石	不详	圈足罐 1 件、弦纹壶 1 件、天河石坠 1 件	无
M31	长方形	2.9×1.3−0.85	0.1	不详（儿童 1）	7	东北 4、西南 3	北偏东 20°	海卵石	仰身直肢葬	罐 1 件、圈足罐 1 件、弦纹壶 1 件、碗 1 件、石斧 1 件、铜环 1 件、陶串珠 5 枚、黑滑石串珠 1 枚	无
M32	长方形	1.7×1.4−0.6	0.2	不详	不详	不详	北偏西 30°	淤土	不详	不详	被现代墓打破，人骨全部腐烂
M33	近长方形	2×1.1−0.43	0.2	男 1、不详 4（少年 1）	5	东南 2、西北 3	北偏西 28°	海卵石	仰身直肢葬	钵 1 件、石刀 1 件	无
M34	长方形	2.7×0.95−0.15	0.1	不详	不详	不详	北偏东 65°	不详	不详	不详	未发现人骨
M35	不规则长方形	不详	不详	不详	不详	不详	北偏东 60°	不详	不详	不详	被现代墓打破
M36	刀把形	4.5×（0.5～1.25）−0.75	0.1	男 1、不详 2	3	东 2、西 1	北偏东 80°	遗址黑灰土上铺海卵石	仰身直肢葬	弦纹壶 1 件、石纺轮 1 件	东壁损毁
M37	不规则形	2.5×1.3−（0.1～0.5）	不详	不详	不详	不详	北偏西 6°	石块	不详	陶串珠 220 枚	北壁损毁
M38	长方形	2.3×1.2−0.75	0.1	不详（儿童 2）	6	南 2、北 4	北偏西 10°	海卵石	仰身直肢葬	舟形器 1 件、杯 1 件、钵 1 件、陶串珠 223 枚、黑滑石串珠 20 枚、绿松石坠 3 件、铜泡 2 件	无

续表

墓号	形制	尺寸（米）	墓口距地表（米）	性别	人数	头向	墓壁方向	墓底	葬式	随葬品	备注
M39	长方形	2.7×0.87−0.8	0.1	男 1、女 4、不详 4（儿童 2）	9	南 2、北 5、不详 2	北偏西 10°	海卵石	仰身直肢葬	鼓腹罐 1 件、圆腹壶 1 件、黑滑石串珠 67 枚	无
M40	长方形	2.6×1−（0.24～0.4）	0.2	不详（儿童 1）	4	偏东 2、偏西 2	北偏西 20°	遗址黑灰土上铺海卵石	仰身直肢葬 3、侧身葬 1	弦纹壶 1 件、豆 1 件、绿松石坠 1 件、骨贝 2 件、黑滑石串珠 126 枚	被现代墓破坏
M41	长方形	（2.17～2.47）×1.76−0.7	0.2	男 1、女 1、不详 6（儿童 2）	8	南 3、北 5	北偏西 25°	海卵石	仰身直肢葬 7、不详 1	杯 2 件、弦纹壶 1 件、石纺轮 1 件、玛瑙珠 1 件、天河石坠 1 件、绿松石坠 1 件、陶串珠 51 枚	南部损毁
M42	圆角长方形	3×1.9−0.85	0.1	不详（儿童 1）	7	东南 3、西北 4	北偏西 30°	石块和海卵石	仰身直肢葬	弦纹壶、折腹罐、杯、钵、豆各 1 件、圈足 1 件、黑滑石串珠 358 枚、绿松石坠 1 件	被现代墓打破
M43	长方形	（2.3～2.4）×1.3−（0.4～0.65）	0.05	男 2、女 1、不详 1（儿童）	4	东南 1、西北 3	北偏西 30°	海卵石	仰身直肢葬	罐 3 件、玉坠 1 件、黑滑石串珠 99 枚	南壁损毁
M44	圆角长方形	（2.75～3）×0.95−（0.35～0.55）	0.1	不详	3	东南 2、西北 1	北偏西 39°	海卵石	不详	圈足罐 1 件、鼓腹罐 1 件、碗 1 件、陶串珠 69 枚、黑滑石串珠 24 枚	南部损毁
M45	长方形	1.66×1.34−0.6	0.15	不详（儿童 1）	1	西北 1	北偏西 20°	石块和海卵石	不详	弦纹壶 1 件、黑滑石串珠 45 枚、绿松石坠 1 件	无

续表

墓号	形制	尺寸（米）	墓口距地表（米）	性别	人数	头向	墓壁方向	墓底	葬式	随葬品	备注
M46	长方形	（2.3 ~ 2.4）× 1.9–0.3	0.1	不详	不详	不详	北偏西 30°	海卵石	不详	鼓腹罐 1 件、盆 1 件（填土中）、碗 1 件、石纺轮 1 件	南部损毁，未发现人骨架
M47	长方形	2 × 0.7–0.25	不详	不详	4	西北 4	北偏西 39°	石块	不详	罐 1 件、碗 1 件、玛瑙珠 1 件	无
M48	长方形	3.5 × 2–0.25	不详	不详	不详	不详	不详	不详	不详	大口罐 1 件、杯 1 件	破坏殆尽
M49	长方形	2.6 × 1.3–0.2	0.05	不详	不详	不详	北偏东 50°	遗址黑灰土上铺海卵石	不详	石纺轮 1 件	被近代沟打破
M50	近长方形	1.7 × 0.8–0.4	0.25	不详	不详	不详	北偏西 35°	海卵石	不详	鼓腹罐 1 件、碗 1 件	无
M51	长方形	1.9 × 0.77–0.14	0.05	不详	不详	不详	北偏西 30°	石块	不详	罐 2 件、鼓腹罐 2 件、杯 2 件、圈足 1 件、纺轮 1 件、石锛 1 件	被扰乱
M52	长方形	0.9 × 0.8–0.2	不详	不详	不详	不详	不详	不详	不详	不详	损毁严重
M53	正方形	2.2 × 2.2–0.2	不详	不详	不详	不详	不详	不详	不详	不详	损毁严重
M54	椭圆形	3.1 × 2.3–1	不详	不详（儿童 6）	21	东 15、西 6	北偏西 75°	遗址黑灰土上铺海卵石	仰身直肢葬 20、俯身葬 1	黑滑石串珠若干	无
M55	长方形	2.4 × 0.8–0.5	不详	不详	不详	不详	北偏东 8°	不详	不详	杯 1 件	无
M56	长方形	1.7 × 0.76–0.4	不详	不详	不详	不详	北偏西 10°	不详	不详	不详	无
M57	长方形	2.4 × 1.2–0.4	不详	不详	不详	不详	北偏东 62°	不详	不详	不详	靠悬崖的一端损毁
M58	椭圆形	3.4 × 2.2–0.9	不详	男 1、女 1、不详 3（少年 1）	5	东 2、西 3	北偏西 72°	遗址黑灰土上铺石块和海卵石	仰身直肢葬 3、俯身葬 1、不详 1	不详	无

注：凡未注明质地器物，均为陶质。人骨性别为发掘现场鉴定。

附表二　于家砣头墓地新旧墓号对照表

序号	现号	原号	序号	现号	原号
1	M1	T4M6	30	M30	T5M4
2	M2	T4M7	31	M31	T2M1
3	M3	T3M5	32	M32	T2M7
4	M4	T3M8	33	M33	T2M6
5	M5	T4M4	34	M34	T1M8
6	M6	T4M5	35	M35	T5M13
7	M7	T3M2	36	M36	T2M13
8	M8	T3M3	37	M37	T2M12
9	M9	T3M4	38	M38	T2M11
10	M10	T5M1	39	M39	T2M10
11	M11	T5M2	40	M40	T2M9
12	M12	T4M1	41	M41	T2M8
13	M13	T4M2	42	M42	T1M4
14	M14	T4M3	43	M43	T1M5
15	M15	T3M1	44	M44	T1M6
16	M16	T3M6	45	M45	T1M7
17	M17	T3M7	46	M46	T5M6
18	M18	T5M3	47	M47	T5M12
19	M19	T5M7	48	M48	T5M11
20	M20	T2M2	49	M49	T7M3
21	M21	T2M3	50	M50	T7M2
22	M22	T2M4	51	M51	T7M1
23	M23	T2M5	52	M52	T7M4
24	M24	T1M1	53	M53	T7M5
25	M25	T1M2	54	M54	T6M2
26	M26	T1M3	55	M55	T6M3
27	M27	T5M5	56	M56	T6M4
28	M28	T5M8	57	M57	T6M5
29	M29	T5M9	58	M58	T6M1

附　　录

附录一　于家砣头墓地出土人骨研究

张晓雯[1]　张翠敏[2]　赵永生[3]

（1. 山东大学历史文化学院　2. 大连市文物考古研究所　3. 山东大学文化遗产研究院）

于家砣头墓地1977年现场发掘时共鉴定出191例个体，分属于32座墓葬。其中18座墓葬中的106具人骨被采集。但由于发掘时间较长，保存环境欠佳，目前部分骨骼已破损或遗失，仅找到当年装人骨的编织袋10个。除了个别标签尚能看出字迹外，其他标签基本无法辨识字迹。2018年1月，笔者对1977年发掘并采集的人骨标本进行了鉴定，共鉴定出78例个体。墓地内的人骨标本保存很差，残存骨骼较少且十分破碎，无法进行拼接、复原。从人骨材料的保存情况看，无法进行系统的测量、观察工作，故不可对该墓地出土人骨进行系统的人种学研究。笔者依据实际情况对于家砣头墓地现存人骨标本进行了最小个体数的鉴别、人口学调查及古病理学观察，并对其相关情况进行了分析。

一、于家砣头墓地人骨保存情况

本次研究所用人骨材料来自于家砣头墓地1977年采集的10袋人骨标本，并对这10个袋子原封不动地编了10个临时整理号，作为临时人骨整理单位，并进行了最小个体数量评估。由于绝大多数人骨标本的具体采集单位信息遗失，故笔者根据现存人骨标本情况，结合发掘现场绘制的人骨分析图，进行重新整理。现将结果报告如下。

2018DYT人骨①　本单位内残存人体骨骼包括，部分颅骨碎片（顶骨、枕骨、颞骨）、3块残破的左侧下颌骨、大量零散牙齿、7段胫骨、2段股骨及1块较完整的左侧第一跖骨。从四肢长骨现存部位来看，分属于4个成年个体。从现存牙齿的形态和磨耗情况判断，至少存在8例个体，其中包括2个儿童，年龄分别是5～9岁和

4～7 岁。由于骨骼保存部位较少，无法将通过肢骨与牙齿形态辨别出的个体一一对应，故判断本单位内最小个体数量为 8。

2018DYT 人骨②　本单位内发现较多颅骨碎片和牙齿，若干段下肢长骨，以及极少量的躯干部位骨骼碎片。其中，下肢骨骼包括 5 节股骨残段（包含 2 个残破的股骨头）和 1 块较完整的左侧距骨。躯干部位仅见若干髋骨碎片和 2 块颈椎碎片，但在髋骨残块中发现 1 块未愈合的坐骨，属于同一个未成年个体。根据现存四肢骨骼及牙齿形态等因素判断，本单位内至少存在 8 例个体，其中包含 1 名未成年个体。

2018DYT 人骨③　本单位内现存骨骼总量较少，但种类十分丰富，头骨、躯干和四肢均有骨骼残块保存下来。其中，头骨部分发现少量的顶骨、枕骨碎片及若干枚牙齿。四肢部位包括肱骨、尺骨、桡骨、腕骨、掌骨、指骨、股骨、腓骨和跗骨部位的骨骼碎片。躯干部位仅存极少的髋骨碎片。由于身体部位的骨骼保存过于破碎，故本单位内的最小个体数量的判断依据主要来自于牙齿。根据牙齿形态及磨耗情况判断，本单位内至少存在 4 例个体，其中包含 1 名儿童。

2018DYT 人骨④　本单位内现存骨骼较少，残存骨骼有头骨（包括上下颌及 2 枚牙齿）、1 小节肱骨、掌骨、股骨、胫骨、腓骨、足舟骨、髋骨、锁骨、肋骨。本单位内现存骨骼均十分破碎，仅能通过四肢长骨的形态判断出 2 例个体。

2018DYT 人骨⑤　本单位内现存骨骼包括破碎的颅骨、一定数量的牙齿、肱骨、股骨、胫骨、腓骨、距骨碎片及较完整的左侧第一、二节跖骨。通过骨骼形态及牙齿磨耗等因素判断，本单位内至少存在 7 例个体，其中包括 1 名儿童。

2018DYT 人骨⑥　本单位内现存大量的头骨碎片和零散牙齿，四肢及躯干部位的骨骼保存很少。四肢长骨仅见少量尺骨、掌骨、指骨、股骨、胫骨和跟骨碎片。躯干部分仅存几块髋骨碎片。故本单位内的最小个体数量判断，估计只能依靠牙齿形态及磨耗进行。笔者通过本单位内的现存牙齿判断出 15 例个体，其中包含 2 个未成年个体。

2018DYT 人骨⑦　本单位内除发现零散骨骼残块外，还发现 3 包单独包装的人骨，属于 3 个独立个体。第一包内仅见若干枚牙齿和一张可辨识的标签，上有 T1M4（原编号）字样，即 M42。通过纸包内保存的牙齿形态判断，该个体为一名 4～8 岁的儿童，与原发掘记录中 M42 内的唯一儿童个体相对应。第二包内发现肱骨、尺骨、桡骨、掌骨碎片及 3 块残破的腰椎。第三包内仅见一块髌骨和一小截尺骨残段。除上述 3 个纸包外，还发现头骨（包括牙齿）、1 节肱骨残段、左侧尺骨残块、1 节完整的指骨、较多的股骨和胫骨碎片、2 块髌骨、2 个距骨、1 块肩胛骨及少量髋骨碎片。根据骨骼形态、颜色、骨壁厚度及骨骼表面侵蚀程度等因素判断，这些零散的骨骼至少分属于 7 例个体，其中包含 1 名儿童。综上所述，本单位内至少发现了 10 例个体，其中包含 2 名儿童。

2018DYT 人骨⑧　本单位内保存有大量头部及四肢部位的骨骼。除难以拼合的零散骨骼外，笔者根据骨骼形态、颜色、骨壁厚度及骨骼表面侵蚀程度等因素，在本单位内整理出 4 具独立个体。第一具人骨包括少量头骨碎片、牙齿及四肢长骨碎片，根据牙齿形态判断，该个体是 1 名 1 岁左右的婴儿。第二具人骨保存部位较多，包括尺骨、桡骨残段、掌骨、指骨、较完整的两侧股骨、骶骨、髋骨及极少量破碎的椎骨体。根据残存的坐骨大切迹[1]及耳状关节面[2]形态判断，该个体是 1 名 30 ~ 35 岁的女性。从骨骼保存部位观察发现，该个体与 1977 年发掘记录中 M2 的第二层人骨的保存情况极为相符，故判断该个体属于 M2 中的第二具人骨。第三具人骨现存股骨残段、掌骨、指骨及未愈合的髋骨，属于 1 名青少年个体。第四具人骨保存有头骨（包括顶骨、枕骨、颞骨和下颌骨），破碎的肱骨、股骨、胫骨、腓骨，以及少量髋骨碎片。除上述 4 例个体外，还存在大量颅骨碎片及零散牙齿，部分四肢长骨碎片（包括肱骨、掌骨、指骨、股骨、胫骨、腓骨、跗骨）及少量躯干部位骨骼（包括锁骨、肩胛骨、髋骨）。从剩余零散骨骼及牙齿可以判断出 11 例个体，其中包含 3 个青少年。由于先前观察的第三具人骨在年龄上与通过牙齿形态判断出的 3 个青少年个体较为接近，且第三具人骨未发现牙齿，故难以判断第三具人骨是否与另 3 例青少年个体之中的某一个存在联系。因此，本单位内所发现的青少年个体数量只能暂定为 3 例。综上所述，本单位内至少存在 14 例个体，其中包含 1 个婴儿和 3 个青少年。

2018DYT 人骨⑨　本单位内除发现零散骨骼碎片外，还发现 3 包人骨，属于 3 个独立的个体。第一包内保存有头骨（包括下颌及牙齿）、1 小截肱骨、锁骨、肩胛骨、肋骨碎片及一块脊椎的锥弓部位。第二包仅存下颌骨及数枚牙齿。第三包现存骨骼包括头骨（包括上下颌及牙齿）、2 截肱骨残段、股骨、胫骨、腓骨碎片、跖骨、1 块胸椎的锥弓部位、锁骨、肩胛骨、肋骨残片。除上述 3 包人骨外，还可见头部（包括顶骨、枕骨、牙齿）、四肢（包括肱骨、尺骨、桡骨、掌骨、指骨、股骨、胫骨、腓骨、髌骨、跟骨、距骨、跖骨）及躯干部位（包括锁骨、肩胛骨、肋骨）的骨骼碎片。从这些剩余骨骼碎片中，可以辨认出 4 例个体，其中包含 1 名儿童。综上所述，本单位内共可辨认出 7 个独立个体，其中包括 1 名儿童。

2018DYT 人骨⑩　本单位内现存骨骼标本量较少且十分破碎，有头骨（包括额骨、顶骨、枕骨、牙齿）、肱骨、掌骨、股骨、胫骨、腓骨、肩胛骨、肋骨、颈椎的锥弓部位及数块髋骨碎片。根据现存骨骼形态判断，本单位内至少存在 3 例个体，其中包含 1 名儿童。

二、于家砣头墓地基本人口信息

可靠的性别、年龄鉴定是我们进行骨骼考古学研究的前提，也是研究古代丧葬习俗、婚姻状况，探索社会结构、生产生活方式的基础。本文所用的性别、年龄鉴定方法主要依据邵象清[3]、朱泓[4]和 Tim D. White[5]这三位学者在其相关论著中介绍的鉴定标准。

由于在于家砣头墓地中采集到的人骨标本十分破碎，仅有 1 例个体保存有相对较完整的左侧髋骨，为性别、年龄鉴定带来了极大的困难。故在年龄鉴定方面主要采取观察个体骨骺愈合情况[6]、牙齿生长状态[7-8]及牙齿磨耗程度[9]的方法进行鉴定。性别鉴定则参考 1977 年孙守道先生在发掘现场所给出的鉴定结果。

1. 性别结构

根据 1977 年的发掘记录记载，共有 35 例个体可判断性别，性别不明者 186 例，鉴定率大致为 19.37%。其中男性 18 例，女性 17 例，男女性别比约为 105.88%，男女比例较合理，符合自然生育规律。

2. 年龄结构

于家砣头墓地 2018 年整理的人骨材料中，共发现 78 例个体，其中年龄较明确者 68 例，鉴定率约为 87.18%。死亡年龄分期见表一。

表一　于家砣头墓地居民死亡年龄分布情况统计表

年龄分期	婴儿期（0～2 岁）	幼儿期（3～6 岁）	少年期（7～14 岁）	青年期（15～23 岁）	壮年期（24～35 岁）	中年期（36～55 岁）	合计
人数（%）	1（1.47）	4（5.88）	8（11.76）	13（19.12）	26（38.24）	16（23.53）	68（100.00）

于家砣头墓地古代居民的死亡年龄段主要集中于青年期、壮年期和中年期。其中壮年期所占比例最大，达到 38.24%，其次为中年期、青年期和少年期，所占比例分别为 23.53%、19.12% 和 11.76%，幼儿期和婴儿期所占比例均较小（图一）。从上述统计结果可知，于家砣头墓地中大多数居民的死亡年龄段集中于壮年期，其次为中年期，而青少年期也占有较高的比例（图一）。传染性疾病、医疗水平低、食物和生活资料匮乏、自然条件恶劣及来自野生动物的威胁等都可能是造成聚落内部成员较早死亡的原因。此外，该墓地内未发现老年个体。造成这种情况的原因，一方面可能受制于当时社会整体的生存条件限制，如食物资源匮乏、医疗卫生条件差、自然环境恶劣等因素，致使人群整体寿命偏低；另一方面，则可能受到骨骼标本保存条件及鉴定标

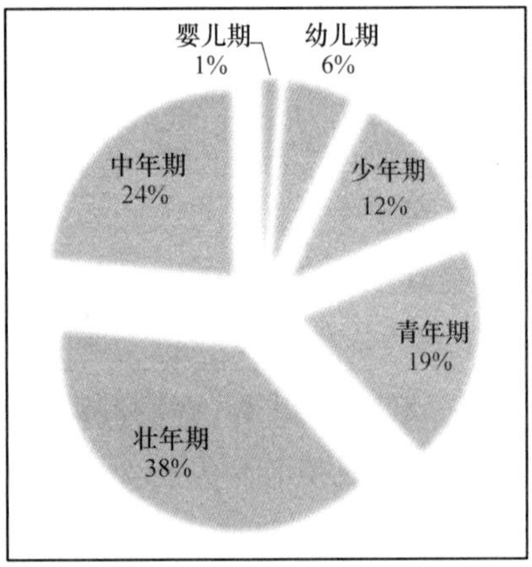

图一　于家砣头墓地古代居民死亡年龄分布图

准的影响。本次受检骨骼标本缺乏较完整的颅骨和骨盆部位，仅能依据牙齿磨耗程度估计个体年龄，有一定的局限性。

3. 人口寿命

为了能够更直观地了解于家砣头墓地内居民的群体死亡状况，笔者选取该墓地内可辨明年龄的个体，用于平均死亡年龄及平均预期寿命的研究。

平均死亡年龄指在一定时期内死亡者的年龄总和比之总体死亡人数所得的年龄平均值[10]。经统计，于家砣头墓地内共有68例个体具有较明确的年龄数值，平均死亡年龄约为27.4岁。造成平均死亡年龄较低的原因，可能与该墓地内埋葬有较多未成年人有关。

平均预期寿命指一群人从出生到死亡平均每人可以存活的预期时间，它可以反映出一个社会内人群的生活质量。在不同时期和社会条件下，人群寿命的长短有着很大的区别，体质状况、遗传基因、生活条件等因素都会对个体寿命产生影响。本文通过编制简略生命年表的方式，对于家砣头墓地内居民的平均预期寿命进行统计（表二）。

表二　于家砣头墓地居民简略生命年表

年龄组 X	死亡概率 nqx（%）	尚存人数 lx	各年龄组死亡人数 ndx	各年龄组内生存人年数 NLx	未来生存人年数累计 Tx	平均预期寿命 Ex
0～1	0.00	68	0	68.0	1863.3	27.40
1～5	1.47	68	1	268.3	1795.3	26.40
5～10	17.91	67	12	307.0	1527.0	22.79
10～15	0.00	55	0	275.0	1220.0	22.18
15～20	23.64	55	13	270.0	945.0	17.18
20～25	21.43	42	9	210.0	675.0	16.07
25～30	30.30	33	10	165.0	465.0	14.09
30～35	30.43	23	7	112.5	300.0	13.04
35～40	12.50	16	2	80.0	187.5	11.72
40～45	42.86	14	6	70.0	107.5	7.68
45～50	100.00	8	8	37.5	37.5	4.69

由表二可知，于家砣头墓地居民的总体平均预期寿命约为27.4岁，与平均死亡

年龄相同。在本次鉴定的人骨标本中，未发现 1 岁以下和 10～15 岁的个体，并不代表该人群在这两个年龄段内的死亡率低，造成这种现象的原因可能与保存条件、年龄鉴定误差有关。

为更直观地反映出各年龄段死亡率的对比情况，笔者根据表二绘制出于家砣头墓地古代居民死亡率分布直方图（图二）。图二反映出该墓地内居民的死亡率最高峰在 40～45 岁组，达到 42.86%。值得注意的是，在 5～10 岁，该群体内的死亡率出现了急剧上升现象，由 1.47% 上升到 17.91%。在 35～40 岁，则出现了一次死亡率短暂下降现象。由此可见，于家砣头墓地内居民在 5 岁之后迎来了第一个死亡高峰期。疾病、营养不良、自然条件差及缺乏成年人的照顾等都可能导致儿童死亡率上升。

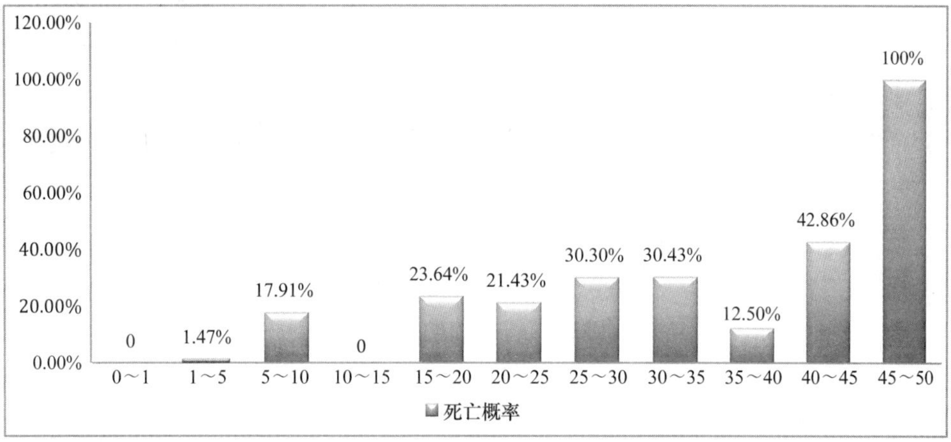

图二　于家砣头墓地古代居民死亡率分布直方图

三、于家砣头墓地古病理学观察

“古病理学是一门研究疾病在较长时间内的演变和发展过程及人类对周围环境变化的适应性的学科”[11]，通过对古代人类遗骸上反映出的病理现象的观察与分析，不仅可以了解到历史上人类各种疾病的产生及其发展轨迹，而且对我们认识古代人群的健康状况、生存环境及生产、生活方式等诸多方面的问题均具有重要的参考价值，为研究古代社会提供重要的人类学证据。

受保存条件限制，2018 年整理的于家砣头墓地内的人骨标本，仅牙齿、上下颌骨及少量肢骨可供古病理学观察，观察结果如下。

（一）口腔状况观察

牙齿是人类身体结构中最坚硬、化学性质最稳定的组织，故在古代人类遗骸中多能较好地保存下来。古代人类的牙齿可以为我们提供诸多信息，如齿科疾病、饮食习惯、生计模式、文化行为及生存压力等，对研究古代人群、复原古代社会具有重要价值。

于家砣头墓地中共有 70 例个体可用于口腔疾病的观察，共计 806 枚牙齿。笔者统计了该墓地内人群的牙齿磨耗，并发现了龋病、牙周病、根尖周病及牙釉质发育不全等口腔疾病。

1. 牙齿磨耗

单纯的机械性摩擦引发的牙体硬组织慢性磨损称为磨耗（tooth wear）。若这种磨耗是在正常咀嚼过程中产生的，则称为咀嚼磨损或磨耗。而那些非正常咀嚼过程中产生的磨损，则属于一种病理现象，统称非咀嚼磨损或特殊磨耗。若齿列正常，磨耗（咀嚼磨损）通常发生在殆面或切缘。由于这种磨耗从牙齿萌出到个体死亡始终存在并持续发展，因此个体年龄是影响牙齿磨耗程度的首要因素，此外，牙体硬度（健康状况）、食物的粗糙程度、咀嚼习惯、咀嚼肌的张力等都会影响牙齿的磨损程度[12]。在生产力水平还较为低下的先秦时代，牙齿磨耗在很大程度上反映了当时人群的饮食构成、健康状况和行为模式等，为探讨当时的社会经济类型提供重要的参考信息。

本文选取除 M3 外恒齿均已萌出的个体进行牙齿磨耗观察，并在观察中排除殆面破损的牙齿。经统计，2018 年整理的于家砣头墓地古代居民中共计 57 例个体（737 枚牙齿）可用于牙齿磨耗的观察统计。为方便比较不同群体间的牙齿磨耗情况，从而推测墓地内古代居民的饮食结构和经济类型，笔者选取目前国内学者较为常用的、由 Smith[13] 制定的用于观察狩猎采集和农业类型人群牙齿磨耗的 8 级观察标准。并对观察记录所得的牙齿磨耗数据，使用加权平均的方法，分别计算出不同类别牙齿的平均牙齿磨耗等级[14]。统计结果见表三。

表三　于家砣头墓地居民牙齿平均磨耗统计表

齿种	I1	I2	C	P1	P2	M1	M2	M3
上颌	3.8	3.7	3.7	3.5	3.8	4.4	3.5	2.5
下颌	4.1	4.0	3.9	3.3	3.2	4.2	3.9	3.1

为了更直观地表现出于家砣头墓地内古代居民的牙齿磨损情况，作者根据表三的统计数据，绘制出该墓地内居民的上下颌牙齿磨耗折线图（图三）。从图三可知，无论是上颌还是下颌，磨耗最重的齿种都是 M1，这在很大程度上与牙齿萌出规律有关。在正常的恒齿萌出顺序中，M1 是最早萌出的，因此在所有恒齿齿种中承受磨损的时间最长。并且在食物咀嚼过程中，臼齿承担着较重的咀嚼任务，因此 M1 通常会

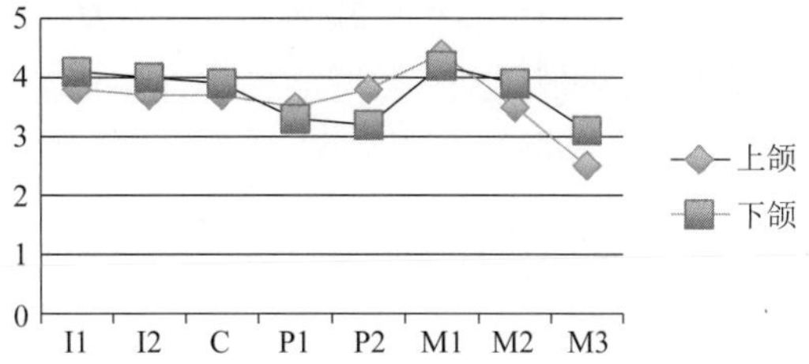

图三 于家砣头墓地居民牙齿平均磨耗折线图

呈现出更重的磨耗级别。除M1外，前部牙齿（I1、I2、C）也表现出相对较重的磨耗，这种磨耗形态可能与某些饮食习惯有关。人类对植物性食物和动物性食物的咀嚼方式不同，对植物性食物通常需要使用研磨的咀嚼方式，对动物性食物则多采用撕裂的方式[15]。撕裂式的咀嚼方式一方面减少了后部牙齿与食物之间的摩擦强度，另一方面则表现出对前部牙齿撕扯功能的需求增强，这就容易造成后部牙齿磨耗程度相对较低而前部牙齿磨耗较重的现象。此外，考虑到于家砣头墓地的地理位置，带有硬壳类的海产品（如贝类、蟹类）可能在饮食结构中占有一定比例，那么在啃食这些海产品时也会加重前部牙齿的磨损程度。综上来看，动物性食物在于家砣头墓地内古代居民的饮食结构中可能占有较大比重。

由于牙齿磨耗与饮食结构密切相关，而饮食结构又能在一定程度上反映一个人群的经济形态，因此，为进一步探索于家砣头墓地内古代居民的经济模式，作者选取若干处于不同经济模式人群的牙齿磨耗情况与之进行比较分析。这些人群分别来自于以狩猎-采集经济为主的新疆合并组（营盘墓地、穷克科墓地、洋海墓地）；农业经济较为发达的山西游邀组；经济模式较为复杂的内蒙古饮牛沟组[16]（表四）。

表四 不同经济模式下人群的牙齿平均磨耗统计表

样本组	I1	I2	C	P1	P2	M1	M2	M3
上颌牙齿								
新疆合并组	4.4	3.8	3.8	3.7	4.3	5.3	3.8	2.5
山西游邀组	3.1	3.6	4.3	4.5	4.5	5.0	3.5	2.5
内蒙古饮牛沟组	3.1	3.0	3.8	3.6	3.8	5.1	4.3	3.5
于家砣头组	3.8	3.7	3.7	3.5	3.8	4.4	3.5	2.5
下颌牙齿								
新疆合并组	4.1	3.9	4.0	3.6	3.6	5.0	4.0	3.1
山西游邀组	4.1	3.9	4.1	4.4	4.0	5.1	4.6	2.6
内蒙古饮牛沟组	3.2	3.4	3.5	3.5	3.3	5.0	4.5	2.7
于家砣头组	4.1	4.0	3.9	3.3	3.2	4.2	3.9	3.1

为了更直观地表现出不同经济模式下人群的牙齿平均磨耗情况，作者根据表四的统计数据，绘制出四组古代居民的上下颌牙齿平均磨耗折线图（图四）。如图四所示，从磨耗程度来看，于家砣头组居民的牙齿平均磨耗大体上略低于其余三组。造成这种差异的原因可能有三个方面。第一方面可能与食物加工技术有关。于家砣头墓地古代居民在食物处理及烹制技术方面可能略高于其他三组，从而制作出更为精细的食物，以降低食物对牙齿的磨损强度。第二方面，既然该遗址所处地理位置靠近海洋，那么于家砣头墓地中的古代居民可能会食用一些海产品，而多数海产品（如鱼类）的肉质相对软嫩，对牙齿的磨损强度相对较小。第三方面，可能与受检样本有关。本次受检样本中包含较多未成年个体，从而拉低了牙齿磨耗的平均值。从前后牙齿磨耗态势来看，于家砣头组与新疆合并组均表现出门齿和第一臼齿磨耗偏重而其他齿种磨耗相对较轻的状态，另外两组则表现为第一臼齿磨耗最重。前文中已经讨论过，这种磨耗形态在很大程度上受到饮食结构的影响。因此，于家砣头组这种后部牙齿磨耗程度相对较低而前部牙齿磨耗较重的现象，很可能与食用较多动物性食物有关，从而在前后牙齿磨耗程度上呈现出与畜牧业经济模式下的新疆合并组居民相似的磨耗态势。

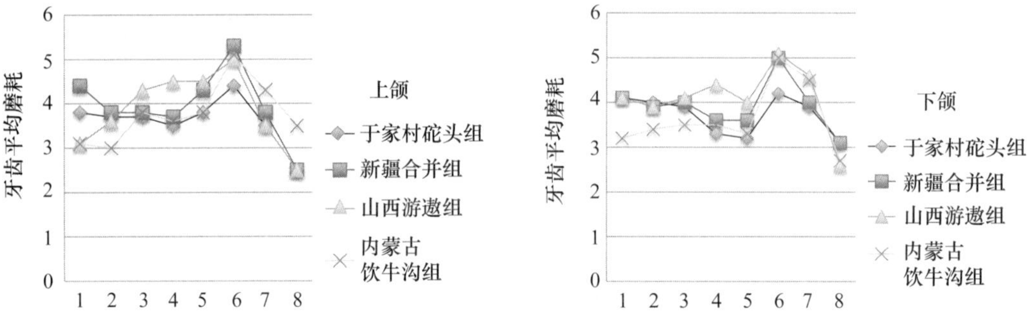

图四　不同经济模式下人群的牙齿平均磨耗折线图

于家村遗址地处辽东半岛南部沿海的一处小半岛上，海洋资源与陆地动植物资源皆十分丰富。于家村遗址上层发现较多骨牙制品，包括鱼骨饰品、獐牙制成的刮削器、野猪獠牙所制的钩形器、兽类肢骨制的骨锥等[17]。结合于家砣头墓地古代居民的牙齿磨耗形态，推测在该人群的经济结构中，渔猎经济应占有较大比重。

2. 龋病

龋病（dental caries）是最常见的口腔疾病。它是在以细菌为主的多种因素影响下，牙体硬组织发生慢性进行性破坏的一种疾病[18]，使牙齿表面产生模糊的斑点或形成较大的洞[19]。饮食习惯、口腔卫生、釉质缺陷、遗传因素、饮用水中的微量元素等都会对龋病的发生产生影响[20]。由于于家砣头墓地内的人骨标本保存较差，保存下来的牙齿也多有破损，故仅在现存牙齿中发现1枚患龋牙齿。其患龋部位，位于右侧上颌第二臼齿的近中面。从病变程度上看，龋坏深度已达到牙本质表层，出现了明显的龋洞。

3. 牙周病

大多数哺乳动物口腔内的牙龈组织，或多或少都会出现一些慢性感染，这是口腔中的软组织对大量聚居在口腔内的微生物的常规反应。在大多数成年人的口腔中会偶尔发生一些免疫系统的激剧反应，这是由于原本处于平衡状态下的免疫力与细菌之间相互作用，从而引发的炎症反应。这种反应往往对口腔组织产生比细菌侵蚀更为严重的伤害，称为过敏反应。如果这种反应首先发生于牙周组织，则被称为牙周病[21]。目前学者们普遍认为，“牙结石堆积在牙齿、软组织和齿槽骨骼之间的缝隙内是牙周病的主要诱病因素”[22]。从致病因素判断，牙周病当是一种十分普遍的病理现象。但受保存条件所限，在于家砣头墓地内发现的绝大多数上下颌骨骼标本上的牙齿已遗失，故仅在现存人骨中发现2个患有牙周病的个体（图五）。

4. 根尖周病

牙体组织十分坚硬，有很强的抵抗力，然而一旦由于磨耗、龋病、创伤等原因破坏了牙釉质和牙骨质，便会使牙髓腔暴露，致使病菌通过髓腔通道进入颌骨深处，直接侵蚀组织细胞或通过引发炎症和免疫反应间接导致组织损伤[23-24]。病菌积聚于牙髓腔内，引发感染，随之形成脓肿。当脓液积聚到一定程度，在受到压力后会穿透骨骼向外溢出，之后在骨骼表面形成漏道。由于骨骼保存较为破碎，故在于家砣头墓地内仅发现1例根尖周病。病变处位于左侧下颌骨的第二前臼齿及第一臼齿的齿根位置，已可见明显的骨质吸收后留下的孔洞（图六）。

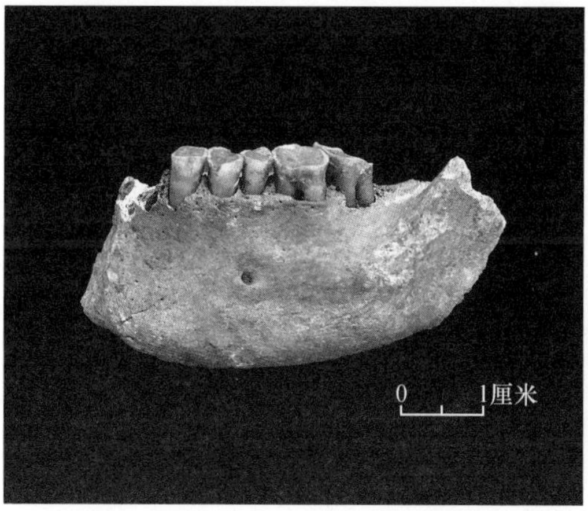

图五　于家砣头墓地内发现的牙周病病例

图六　于家砣头墓地内发现的根尖周病病例

5. 牙釉质发育不全

牙釉质发育不全（enamel hypoplasia）“是一种生长发育缺陷，在釉质形成过程中，造釉细胞分泌代谢紊乱，导致釉质的基质形成障碍或基质形成正常但钙化受到影响”[25]。我们通常所见的牙釉质发育不全主要表现为环绕于齿冠表面的或深或浅的线状沟槽[26]，且最常见于门齿和犬齿的颊侧面[27]。造成牙釉质发育不全的原因可能是多方面的，遗传因素、局部创伤、营养不良或新陈代谢压力、儿童时期罹患一些特殊疾病等都会对釉质发育造成影响，学者们普遍认为，儿童时期的营养状况是影响牙釉质发育的主要因素[28]。因此，目前学界普遍将其视为指示生存压力的重要指标之一。于家砣头墓地内共发现 5 例牙釉质发育不全的个体，均表现为前部恒齿（门齿和犬齿）表面出现环状凹槽。

6. 颌骨骨质隆起

颌骨表面的赘生性骨质隆起主要表现为，下颌骨舌侧面骨质隆起（下颌圆枕）和上颌骨颊侧面齿槽骨部位的骨质隆起。上颌颊侧的骨质隆起部位多集中于第一臼齿和第二臼齿的齿槽嵴，或沿着整个后部牙齿的齿槽嵴连续隆起；下颌舌侧骨质隆起最常见于前臼齿附近，表现为凸起的骨质结节[29]。在于家砣头墓地内共发现 7 例个体患有颌骨骨质隆起，其中 6 例位于下颌、1 例位于上颌。于家砣头墓地内发现的上颌颊侧赘生性骨质隆起，表现为沿臼齿至犬齿齿槽嵴顶部的连续性骨质结节；下颌舌侧骨质隆起多表现为自第一臼齿至犬齿部位的一两个相连的骨质隆起，隆起部位长度为 10.55 ~ 28.08 毫米，骨质隆起部位的下颌厚度为 14.5 ~ 17.02 毫米（图七）。

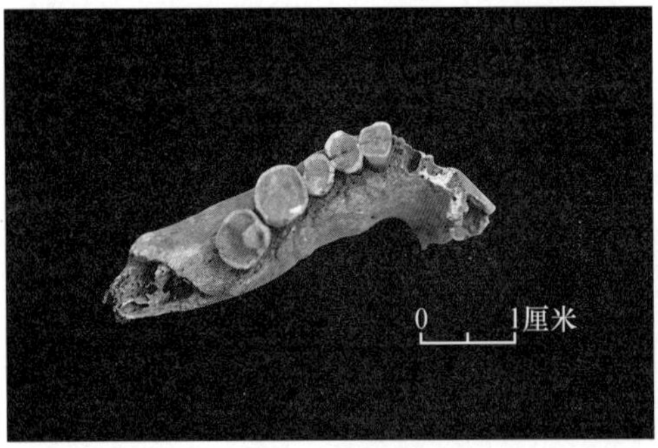

图七　于家砣头墓地内发现的下颌骨质隆起

有学者研究发现，颌骨骨质隆起可能是多种遗传因素和环境因素相互作用下的产物[30]。也有学者认为，颌骨骨质隆起的遗传性并不显著，其出现在很大程度上是人们对环境的适应性反应[31]。Pechenkina[32]对陕西地区出土的新石器时代晚期人骨标本的研究发现，颌骨骨质隆起的大小和出现率随着古代居民食物结构从较为粗糙的野生动物型向细软的农业和家畜饲养型转变而呈现出下降趋势，并由此推测，颌骨骨质隆起是咀嚼压力的标志。于家砣头墓地内发现的颌骨骨质隆起个体多表现出较高的牙齿磨耗水平，可能与食用较粗糙的食物从而造成咀嚼压力过大有关。

（二）非特异性感染

由细菌造成的骨骼病理改变大都是非特异性的，因为与感染有关的致病微生物通常无法在古代人骨遗存中存活，致使我们难以将一种细菌引发的感染同另一种细菌区分开来。非特异性的感染可能累及每一层骨板，因此，医学上分别用骨膜炎、骨炎和骨髓炎来描述相应的骨膜、骨皮质和骨髓腔的感染[33]。于家砣头墓地骨骼标本中的股骨和胫骨表面普遍存在骨膜炎痕迹，表现为沿长骨长轴形成条纹状的瘢痕，属于轻微骨膜炎或骨膜炎的初期形态。骨膜炎通常是由感染引发的炎症刺激或创伤造成的血肿而引起的[34]，创伤、功能压力、静脉曲张、溃疡等均可引发下肢骨表面的轻微感染，因此，我们目前无法单纯通过观察骨骼标本上的病理变化来推测骨膜炎的确切致病因素。

四、结　　语

综上所述，对于家砣头墓地古代居民的基本情况存在以下几点认识。

（1）于家砣头墓地 2018 年整理的人骨标本中，共鉴定出 78 例个体，其中年龄较明确者 68 例，平均死亡年龄为 27.4 岁。死亡年龄段的分布集中于青年期、壮年期和中年期，其次为少年期，婴幼儿期个体较少，未发现老年个体。

（2）于家砣头墓地内居民的牙齿磨耗形态表现为，第一臼齿和前部牙齿磨耗较重，其余牙齿磨耗相对较轻。根据牙齿磨耗规律，以及对不同经济类型下古代人群牙齿磨耗形态的比较，发现于家砣头墓地古代居民的饮食结构中包含较多的动物性食物，结合该遗址所处的地理位置，从而推测渔猎、近海采集及家畜饲养在该人群的经济结构中占有较大比重。

（3）在于家砣头墓地内发现的病理现象包括龋病、牙周病、根尖周病、牙釉质发育不全、颌骨骨质隆起及下肢长骨上的骨膜炎。但受保存条件限制，对这些病理现象均无法做出统计学方面的研究。

注　　释

[1] 邵象清：《人体测量手册》，上海辞书出版社，1985 年，第 36 ~ 39 页。

[2] Lovejoy C O, Meindl R S, Pryzbeck T R, Mensforth R P. Chronological metamorphosis of the auricular surface of the ilium: a new method for the determination of adult skeletal age at death. American journal of physical anthropology, 1985, 68 (1): 15-28.

[3] 邵象清：《人体测量手册》，上海辞书出版社，1985 年，第 36 ~ 39 页。

[4] 朱泓主编：《体质人类学》，高等教育出版社，2004 年。

[5] Tim D White, Pieter A Folkens. The human bone manual. Elsevier academic, 2005.

[6] 朱泓主编：《体质人类学》，高等教育出版社，2004 年，第 102、103 页。

[7] D H Ubelaker. Human skeletal remains: excavation, analysis, interpretation. American anthropologist (new series), 1979, 81 (2): 446-448.

[8] B H Simth. Standards of human tooth formation and dental age assessment. In M Kelley, C Larsen (eds). Advances in dental anthropology. Wiley-Liss, 1911: 143-168.

[9] Lovejoy C O. Dental wear in the Libben population: its functional pattern and role in the determination of adult skeletal age at death. American journal of physical anthropology, 2010, 68 (1): 47-56.

[10] 李永胜：《人口统计学》，西南财经大学出版社，2002 年，第 178、179 页。

[11] 〔英〕夏洛特·罗伯茨、基思·曼彻斯特著，张桦译：《疾病考古学》，山东画报出版社，2010 年，第 1 页。

[12] 樊明文：《牙体牙髓病学》，人民卫生出版社，2000 年，第 127 页。

[13] B Holly Smith. Patterns of molar wear in hunter-gatherers and agriculturalists. American journal of physical anthropology, 1984, 63: 39-56.

[14] 牙齿平均磨耗等级 $=\sum$（各磨耗级别出现率 * 对应的磨耗级别）

[15] 何嘉宁：《陶寺、上马、延庆古代人群臼齿磨耗速率的比较研究》，《人类学学报》2007 年第 2 期。

[16] 刘武、张全超、吴秀杰等：《新疆及内蒙古地区青铜—铁器时代居民牙齿磨耗及健康状况的分析》，《人类学学报》2005 年第 1 期。

[17] 旅顺博物馆、辽宁省博物馆：《旅顺于家村遗址发掘简报》，《考古学集刊》（第 1 集），中国社会科学出版社，1981 年。

[18] 〔英〕夏洛特·罗伯茨、基思·曼彻斯特著，张桦译：《疾病考古学》，山东画报出版社，2010 年，第 71 页。

[19] 樊明文：《牙体牙髓病学》，人民卫生出版社，2000 年，第 3 页。

[20] 刘武、张全超、吴秀杰等：《新疆及内蒙古地区青铜—铁器时代居民牙齿磨耗及健康状况的分析》，《人类学学报》2005 年第 1 期。

[21] S Hillson. Teeth. Cambridge university press, 2005: 304-305.

[22] 〔英〕夏洛特·罗伯茨、基思·曼彻斯特著，张桦译：《疾病考古学》，山东画报出版社，2010 年，第 80 页。

[23] S Hillson. Teeth. Cambridge university press, 2005: 307-308.

[24] 樊明文：《牙体牙髓病学》，人民卫生出版社，2000 年，第 150 ~ 152 页。

[25] 王翠斌、赵凌霞：《禄丰古猿带状牙釉质发育不全的再观察》，《人类学学报》2015 年第 4 期。

[26] Robert W Mann, David R Hunt. Photographic regional atlas of bone disease. Third edition. Charles C Thomas publisher, 2012: 30.

[27] 〔英〕夏洛特·罗伯茨、基思·曼彻斯特著，张桦译:《疾病考古学》，山东画报出版社，2010年，第82页。

[28] Alan H Goodman, Jerome C Rose. Dental enamel hypolasias as indicators of nutritional status. In M Kelley, C Larsen (eds). Advances in dental anthropology. Wiley-Liss, 1911: 279-293.

[29] 康婷、邵金陵、刘杲运等:《西安地区3000年前人颌骨隆起发育相关影响的研究》,《牙体牙髓牙周病学杂志》2010年第4期。

[30] Jainkittivong A, Langlais R P. Buccal and palatal exostoses: prevalence and concurrence with tori. Oral surgery oral medicine oral pathology oral radiology & endodontology, 2000, 90(1): 48-53.

[31] Eggen S. Correlated characteristics of the jaws: association between torus mandibularis and marginal alveolar bone height. Acta odontologica scandinavica, 1992, 50 (1): 1-6.

[32] Pechenkina E A, Jr R A B, Wang Z. Diet and health changes at the end of the Chinese neolithic: the Yangshao/Longshan transition in Shaanxi province. American journal of physical anthropology, 2002, 117 (1): 15-36.

[33] 〔英〕夏洛特·罗伯茨、基思·曼彻斯特著，张桦译:《疾病考古学》，山东画报出版社，2010年，第183页。

[34] Mann R W, Hunt D R. Photographic regional atlas of bone disease. Charles C Thomas publisher, 2012: 155-157.

附录二　于家砣头墓地人骨稳定同位素检测报告

送检单位：大连市文物考古研究所

送检样品：10 份

检测单位：深圳精信同位素检测科技有限公司

检测时间：2018 年 6 月

sample ID	$\delta^{13}C$ ‰	C%	$\delta^{15}N$ ‰	N%
NP85	−7.93	18.29	8.72	6.58
NP86	−8.22	28.42	9.64	10.27
NP87	−8.11	7.64	9.74	2.73
NP88	−8.07	34.74	9.24	12.63
NP89	−7.43	21.44	9.35	7.76
NP90	−7.83	34.88	8.58	12.85
NP91	−7.76	29.27	10.07	10.73
NP92	−9.26	12.50	8.58	4.49
NP93	−7.43	13.97	8.75	5.08
NP94	−8.19	16.56	8.60	5.94

附录三　于家砣头墓地人骨的稳定同位素食谱分析

王一帆[1]　程露霞[1]　董　豫[2]　张翠敏[3]

（1. 山东大学历史文化学院　2. 山东大学文化遗产研究院　3. 大连市文物考古研究所）

引　言

辽东半岛位于环渤海地区北部，东临黄海，西濒渤海，南与胶东半岛隔海相望，特殊的地缘位置使其成为连接东北亚地区的重要纽带。厘清辽东半岛南部地区早期生业经济的发展脉络，对研究泛东北亚地区早期农作物的传播、农业发展等课题都有着重要意义。目前我们虽对辽东半岛南部地区先民早期生业经济了解较少，但其研究的重要性却不容忽视。

辽东半岛南部三面环海，地貌类型以山地、丘陵为主，以沿海低地和平原为辅[1]，海生、陆生动植物资源较为丰富，因此渔猎和采集的生业方式一直在早期先民生活中占据重要地位。此外，辽东半岛在环境、地理方面也具备开展农业生产的一定条件。辽东半岛地处海洋性季风区、暖温带阔叶林区，气候较为适宜；虽然半岛地区地形相对陡峭，水土流失和土地盐碱化较为严重，但在相对平坦的平原低地仍存在农业活动可以依赖的土地资源[2]。通过植物考古证据可知，粟作农业至少在小珠山文化三期时在辽东半岛南部一带就开始出现（如王家村[3]、郭家村遗址[4]）。至龙山文化时期，随着渤海南岸胶东半岛地区文化向北的深入影响，稻作农业也传播至辽东半岛，或在这一时期达到顶峰[5]。王家村[6]、郭家村[7]遗址发现这一时期的水稻遗存，为东北亚地区稻作农业的传播和扩散路线提供了关键性的证据。辽东半岛在随后的青铜时代一直有稻的发现。大嘴子[8]、双砣子[9]等遗址的证据显示，这一时期的农业进一步发展，农业工具数量增多，作物种类也趋于多样化[10]。

因动植物遗存材料的缺乏，目前对于家村聚落先民的生业经济类型情况不甚清楚，而通过碳、氮稳定同位素方法对人骨进行分析，能够对于家砣头墓地先民的食物结构有所了解。根据生物化学理论，人们食物的来源不同，体内稳定同位素的组成也就存在较大差异[11]。因此，稳定同位素分析方法可以用来重建于家砣头墓地先民的食谱，这样不仅能够探索他们的生业方式，更可以为青铜时代辽东半岛南部农业的发展、动物的驯养及古环境的复原等课题提供有价值的信息。

一、材料与方法

1. 材料的选择

本次测试样品选自于家砣头墓地 1977 年发掘出土的部分墓葬人骨，取样来自不同个体，共计 10 例，实验室编号为 NP85 ~ NP94。由于发掘年代较早，大部分骨样的出土信息遗失。出土单位及采样部位见表一。

2. 碳氮稳定同位素原理概述

骨胶原中的 $\delta^{13}C$、$\delta^{15}N$ 值是反映先民饮食结构的重要指标。结合先民骨胶原的碳氮稳定同位素值，我们可以判断先民的饮食是以 C_3 类还是以 C_4 类食物为主，是否摄入了大量肉类，以及海洋资源在先民食物结构中是否重要，等等。

植物光合作用固定 CO_2 的方式主要有 C_3 途径[12]、C_4 途径[13]和 CAM 途径[14]。而光合作用途径的不同导致碳同位素分馏系数的不同，因此不同光合作用途径的陆生植物 $\delta^{13}C$ 值的范围也呈现出明显差异[15]。主食中的水稻、小麦及大部分禾本科植物及乔木、灌木都属于 C_3 植物，$\delta^{13}C$ 平均值约为 −26.5‰；C_4 植物则包括粟、黍、玉米、甘蔗等植物，$\delta^{13}C$ 平均值约为 −12.5‰[16]；CAM 类植物的 $\delta^{13}C$ 值介于 C_3 与 C_4 植物之间，代表植物主要为多汁类的甜菜、菠萝等[17]。去除现代大气受化石燃料燃烧的影响，史前时期植物的 $\delta^{13}C$ 值较现代植物高约 1.5‰[18]，因此史前 C_3、C_4 植物的 $\delta^{13}C$ 平均值约为 −25‰ 和 −11‰。人和动物如长期食用某类植物，体内就会富集相应数值的碳同位素。但人和动物机体的 $\delta^{13}C$ 值并不等于所食植物的 $\delta^{13}C$ 值。因为食物在被消化吸收的过程中，碳同位素会经历分馏效应，且机体各组织分馏情况也不同；骨骼中胶原蛋白 $\delta^{13}C$ 富集若按＋ 5‰ 计算[19]，则食用 C_3、C_4 植物的人和动物，其骨胶原的 $\delta^{13}C$ 平均值约为 −20‰ 和 −6‰。此外，肉食动物食用其他动物的肉质，其 $\delta^{13}C$ 值仅富集 1‰[20]。

与陆地植物不同，海洋植物进行光合作用的碳来源是溶解于海水中的重碳酸盐，因此海洋植物的碳来源比陆地植物碳源 $\delta^{13}C$ 高约 8‰[21]。大多数海洋植物的光合作用途径为 C_3 途径[22]，经过同位素分馏后，史前时期海洋植物的 $\delta^{13}C$ 平均值约为 −17‰，介于陆地 C_3 和 C_4 植物之间。因而以海生资源为食的人类其骨胶原的 $\delta^{13}C$ 平均值约为 −12‰。

氮同位素主要体现人和动物在食物链中所处的营养级。生物在消化食物的过程中食物链每升高一层，$\delta^{15}N$ 值就会有 3‰ ~ 5‰ 的富集[23]。其中陆生植物的 $\delta^{15}N$ 值最低，为 0 ~ 3‰[24]，陆生食草动物为 3‰ ~ 7‰；陆生杂食动物约在 7‰ ~ 9‰；陆生食肉动物为 9‰ ~ 12‰[25]。相较于同营养级的陆生动植物，海洋生物的 $\delta^{15}N$ 值则要高得多。研究表明，海洋植物的 $\delta^{15}N$ 值约为 7‰，以海洋植物为食的海洋动物为 11‰ ~ 16‰[26]，而海生哺乳类动物则有着更高的 $\delta^{15}N$ 值（15‰ ~ 20‰）[27]。因此，以肉食为主的人群 $\delta^{15}N$ 值会高于以杂食为主的人群，食用海洋生物的人群的 $\delta^{15}N$ 值也会高于内陆人群。因此对于家砣头墓地的人骨进行碳氮稳定同位素分析有望重建先民的食物结构，为探析于家村遗址上层人们的生业方式、农业类型等研究提供线索。

3. 骨胶原的制备

骨胶原的提取参考 Ambrose 提出的制备方法[28]。首先机械去除骨样表面污染物质，超声清洗，晾干后再研磨过筛，收集粒度介于 0.25 ~ 1 毫米的粉末骨样。用电子秤称取 1.5 克骨样置入砂芯漏斗，加入 0.2 mol/L HCl 于室温下浸泡脱钙，每隔 12 小时换酸一次，直至骨样酥软透明、无气泡。用纯水清洗至中性后，再加入 0.125 mol/L NaOH 于室温下浸泡骨样 20 小时，去除残存腐殖酸及油脂，再洗至中性。加入 0.001 mol/L HCl 溶液，将漏斗置于 75℃烘箱内约 48 小时直至骨样水解、明胶化，过滤浓缩后将溶液转至样品瓶中冷冻干燥得到骨胶原。最后称重，计算骨胶原得率（骨胶原重量 / 骨样重量）。

4. 样品的测试

骨胶原的 C 和 N 元素含量及同位素比值的测定在深圳精信同位素检测科技有限公司进行。测试仪器为美国 Thermo Fisher Scientific 公司生产的型号为 DELTA V Advantage 同位素比率质谱仪，和配备的 Flash 2000 EA-HT 元素分析仪。稳定 C 和 N 同位素比值以 $\delta^{13}C$ 值（PDB）和 $\delta^{15}N$ 值（AIR）表示，其分析精度分别为 ± < 0.1‰ 和 ± < 0.2‰。

5. 数据的统计分析

数据的统计分析与图表的制作采用 Orign9.0 软件。

二、结果与讨论

1. 骨样的污染

在长期的埋葬过程中，受埋藏环境的 pH 值、湿度、温度及微生物等诸因素影响，骨骼可能会受到破坏与侵蚀，造成化学组成的改变，使其丧失生前的化学组成与生物学特性，无法用于稳定同位素分析研究。这种污染过程也被称为骨骼的成岩作用[29]。因此，鉴别考古发掘出土骨骼的污染情况，剔除污染严重的样品数据是进行稳定同位素分析、重建先民食谱的重要前提。对骨胶原的污染鉴别通常采用骨胶原得率、骨胶原中 C、N 的含量及 C/N 摩尔比等标准。

研究表明，现代动物骨骼的骨胶原提取率约为 20%[30]，本次实验 10 个样品的骨胶原得率平均值与标准方差为 9.5 ± 3.8%，低于现代提取率，属于古代样品的正常情况。这表明在长期的埋藏过程中部分骨胶原遭到分解。判断骨胶原是否污染的最重要指标，当属骨胶原的 C /N 摩尔比值。我们一般认为当骨胶原的 C/N 摩尔比值介于 2.9 ~ 3.6 时，可视为样品基本未污染[31]。如若样品的 C/N 摩尔比值偏离这一范围，则反映出外来物质的渗入。从实验结果看，本批次样品的摩尔比的范围是 3.2 ~ 3.3，每个样品均很好地落于未污染样品的范围之内，表明本次实验样品骨胶原保存较好，全部可用于稳定同位素研究和食谱分析。其中，NP87 的 C、N 含量虽偏低，但 C/N 摩尔比值为 3.3，在未污染范围之内；且 $\delta^{13}C$、$\delta^{15}N$ 值并无异常，因此认为此样品检测数据可信。

2. 人骨碳氮稳定同位素测试结果分析

本批次样品，其骨胶原得率、C 和 N 元素含量、C/N 摩尔比、$\delta^{13}C$ 和 $\delta^{15}N$ 值列于表一。如表一所示，于家砣头墓地 10 例人骨样品的碳氮稳定同位素数值均较高。其中 $\delta^{13}C$ 平均值为 −8.0 ± 0.5‰，分布范围为 −7.4‰ ~ −9.3‰，反映出明显的 C_4 类食物特征；$\delta^{15}N$ 平均值则为 9.1 ± 0.6‰，分布在 8.6‰ ~ 10‰，体现出先民对肉类资源或施肥作物的大量摄取。

表一　于家砣头墓地人骨取样情况及测试数据表

实验室编号	取样部位	骨胶原得率（%）	C 含量（%）	N 含量（%）	C/N 摩尔比	$\delta^{13}C$（‰）	$\delta^{15}N$（‰）
NP85	胫骨	7.7	18.3	6.6	3.2	−7.9	8.7
NP86	股骨	7.3	28.4	10.3	3.2	−8.2	9.6
NP87	股骨	16.8	7.6	2.7	3.3	−8.1	9.7
NP88	股骨	8.3	34.7	12.6	3.2	−8.1	9.2
NP89	股骨	6.7	21.4	7.8	3.2	−7.4	9.4
NP90	胫骨	6.7	34.9	12.9	3.2	−7.8	8.6
NP91	胫骨	5.7	29.3	10.7	3.2	−7.8	10.1
NP92	股骨	13.7	12.5	4.5	3.3	−9.3	8.6
NP93	股骨	13.5	14.0	5.1	3.2	−7.4	8.8
NP94	股骨	8.3	16.6	5.9	3.3	−8.2	8.7

3. 先民的食物结构分析

为分析于家砣头墓地先民可能摄取的食物类型，我们选取已发表的各食物来源稳定同位素数据与于家砣头墓地人骨样品数据进行对照（如图一所示），其中包括日本 C_3、C_4 植物、海洋贝类现代样品[32]及绳文时代淡水鱼类样品[33]，陕西地区新石器时代晚期遗址的施肥 C_4 作物（粟和黍）样品[34]，以及以大连小珠山遗址的鹿、鲷鱼、海豹为代表的陆生食草动物、海洋鱼类及海洋哺乳动物样品[35]。其中现代样品已经考虑了石油、煤等化石燃料使用对大气碳同位素值的影响。植物资源的碳氮同位素值分别经过 4.5‰ 和 3.4‰ 的矫正[36]，动物资源的碳氮同位素分别经过 1‰ 和 3.4‰ 的矫正[37]，从而得到消费者的数据（详细数据见表二）。

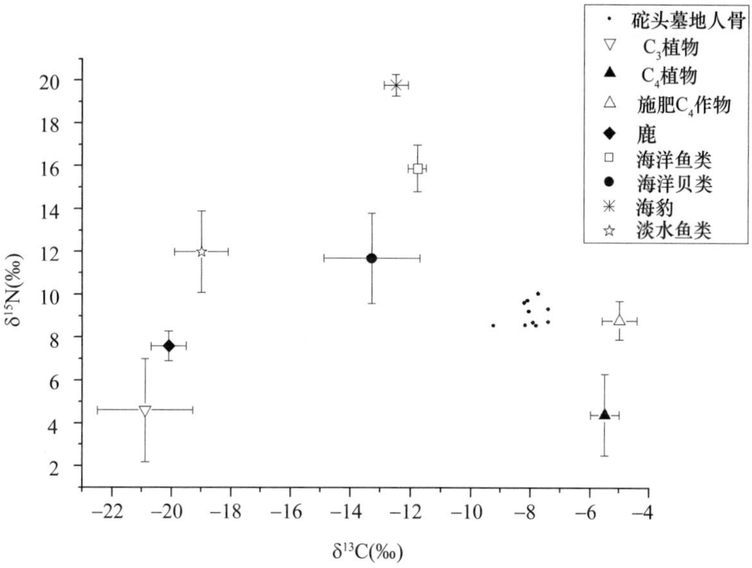

图一　于家砣头墓地人骨样品与不同食物来源 C、N 稳定同位素数据比较

注：各食物来源同位素数据均经分馏矫正。图上标示的是以该食物为主食的人的稳定同位素值。如，实心菱形的数据标示以鹿为主食的人群的碳氮稳定同位素值。

从碳同位素数据来看，于家砣头墓地 10 例人骨样品的 $\delta^{13}C$ 值分布范围介于 C_4 植物和海生资源之间，更靠近 C_4 植物一侧，表明先民的食物来源可能以 C_4 类农作物（如粟、黍）和海洋生物（如海洋贝类、鱼类、哺乳动物）为主，对淡水鱼类、C_3 植物及陆生食草类动物资源的摄取则较少。另一方面，氮同位素数据显示于家砣头墓地人骨的 $\delta^{15}N$ 值明显高于陆生植物，稍高于陆生食草动物，低于海生动物，与施肥 C_4 作物接近。若于家砣头墓地的先民经营粟黍农业，且已掌握施肥技术，则施肥 C_4 作物、海洋资源和陆生动物资源都有可能是先民食谱中蛋白质的重要来源。

综合碳同位素和氮同位素的结果，C_4农作物（施肥或未施肥的粟和黍）很可能是先民食谱的重要组成部分；同时，先民可能也摄入了大量海洋贝类等海洋资源；综合考虑于家砣头墓地之地理位置和周边同一时代其他遗址所出大量兽骨，狩猎和家畜驯养可能在其生业经济中也占有一定比例。此外，于家砣头墓地先民 $\delta^{15}N$ 值个体差异较小，表明聚落成员所摄入的肉量较为平均，可能均食用了大量容易获取的海生资源，与通过对墓葬随葬品分析得出的于家村遗址上层“社会结构尚未出现明显贫富分化”[38]之结论相符。

表二　食物来源的骨胶原稳定同位素数据比较

食物来源	$\delta^{13}C$（‰）	$\delta^{15}N$（‰）	矫正后 $\delta^{13}C$（‰）	矫正后 $\delta^{15}N$（‰）	时代	文献出处
C_3植物	−25.4 ± 1.6	1.2 ± 2.4	−20.9 ± 1.6	4.6 ± 2.4	现代	Shimojo,1988
C_4植物	−10.0 ± 0.5	1.0 ± 1.9	−5.5 ± 0.5	4.4 ± 1.9	现代	Shimojo,1988
施肥C_4作物	−9.5 ± 0.6	5.4 ± 0.9	−5.0 ± 0.6	8.8 ± 0.9	新石器时代晚期	Wang *et al.*,2018
鹿	−21.1 ± 0.6	4.2 ± 0.7	−20.1 ± 0.6	7.6 ± 0.7	小珠山一至五期	陈相龙等，2017
海洋鱼类	−12.8 ± 0.3	12.5 ± 1.1	−11.8 ± 0.3	15.9 ± 1.1	小珠山三至五期	陈相龙等，2017
海洋贝类	−14.3 ± 1.6	8.3 ± 2.1	−13.3 ± 1.6	11.7 ± 2.1	现代	Shimojo,1988
海豹	−13.5 ± 0.4	16.4 ± 0.5	−12.5 ± 0.4	19.8 ± 0.5	小珠山一、四、五期	陈相龙等，2017
淡水鱼类	−20.0 ± 0.9	8.6 ± 1.9	−19.0 ± 0.9	12 ± 1.9	日本绳文时代	Yoneda *et al.*,2004

注：植物资源经过4.5‰、3.4‰[39]的矫正，动物资源经过1‰、3.4‰[40]的矫正；以上资源的稳定同位素数据皆为平均值及标准偏差。

4. 生业方式探讨

通过对于家砣头墓地先民食物结构的分析，我们初步认为，渔猎采集的生业经济方式在于家村遗址上层文化中占有重要地位，但于家砣头墓地先民从事粟黍农业生产的可能性也非常大。除碳氮稳定同位素分析的方法外，亦可从动植物考古发现、人工制品及体质人类学等方面进行探讨。

于家村遗址三面临海，对海生资源的获取十分普遍且便利。不仅于家砣头墓地墓葬多以海卵石堆砌，墓底和墓室有铺、填海卵石的习俗，而且手工制品也多与渔业相关：M6出土1件铜鱼钩，M38出土1件陶舟形器[41]；于家村遗址上层也发现骨钓针、鱼骨饰等制品[42]。另外，在于家村遗址发掘前，地面覆盖较厚的贝壳堆积，为于家村遗址上层。同时，辽东半岛南部多丘陵山地，陆生动物资源也非常丰富，在于家村遗址也有一定数量的骨角制品发现[43]，小珠山[44]、郭家村[45]、双砣子[46]、大砣子[47]等一系列遗址时代由早到晚均发现大量海洋（鱼类、贝类及哺乳类）、陆地野生动物遗存，证明渔猎采集的生业方式在辽东半岛南部早期聚落中一直占据重要位置。此外，猪、狗等动物骨出土数量的增长还反映了家畜饲养业在这一地区的发展壮大。从古病理学角度分析，于家砣头墓地出土人骨后部牙齿磨损较轻、前部牙齿磨耗较重的现象也表明动物性食物在该聚落居民饮食结构中占有一定的比重[48]。

与此同时，农业在这一地区也有持续发展。粟黍旱作农业为当地的传统农业类型，在史前遗址小珠山、王家村、吴家村，青铜时代遗址大嘴子[49]均有体现。且自龙山文化时期一直到青铜时代，稻作农业在辽东半岛也持续有所发现（如王家村[50]、郭家村[51]、大嘴子[52]遗址）。从农业工具因素分析，至青铜时代辽东半岛遗址（大嘴子[53]、大砣子[54]遗址）中出土石刀、石铲等农业用具的数量大大增加，于家村及砣头墓地中也有石刀发现[55]。虽然因地表破坏严重，在于家村遗址采集的4个土样中未发现农作物植硅体[56]，但根据这一地区青铜时代的农业发展趋势来看，以 C_4 类作物为主的粟黍农业应该存在于于家村遗址上层中。虽然该遗址位于深入海中的砣头之上，但也不排除先民在远离聚落、适宜耕作的海边台地上开展农业的可能性。

三、结　语

于家砣头墓地人骨的碳氮稳定同位素分析表明，先民的主要食物来源为海洋资源、C_4 类作物（如粟黍），同时也可能少量摄入其他陆生动植物资源。对海洋资源的采集捕捞和粟黍作物的种植可能是于家村遗址上层先民的重要生业方式，偶尔伴有家畜驯养，对陆生野生动物的狩猎和陆生植物资源的采集。

最后，需要指出的是，由于于家砣头墓地及于家村遗址动植物遗存的缺失，通过稳定同位素方法对该遗址先民食物结构的研究缺少佐证；加之辽东地区稳定同位素分析工作开展较少，农作物、家畜及海洋鱼类、贝类等动植物遗存的同位素基础数据积累不足，进一步限制了我们对当地先民食物结构、生业方式的了解。本文所得结论仅是初步的，将来若有更多数据，应对此进行进一步检验。因此，在今后工作中，需要系统、深入地开展辽东半岛各遗址的稳定同位素、动植物研究工作，方能更好地探明辽东半岛地区青铜时代先民生业方式的发展过程。

注　释

[1] 刘明光：《中国自然地理图集》（第二版），中国地图出版社，1998年，第109～111页。

[2] 汤卓炜：《中国东北地区西南部旧石器时代至青铜时代人地关系发展阶段的量化研究》，吉林大学博士学位论文，2004年。

[3] 马永超等：《大连王家村遗址炭化植物遗存研究》，《北方文物》2015年第2期。

[4] 辽宁省博物馆、旅顺博物馆：《大连市郭家村新石器时代遗址》，《考古学报》1984年第3期。

[5] 靳桂云等：《辽东半岛南部农业考古调查报告——植硅体证据》，《东方考古》（第 6 集），科学出版社，2009 年。
[6] 马永超等：《大连王家村遗址炭化植物遗存研究》，《北方文物》2015 年第 1 期。
[7] 辽宁省博物馆、旅顺博物馆：《大连市郭家村新石器时代遗址》，《考古学报》1984 年第 3 期。
[8] 大连市文物考古研究所：《大嘴子——青铜时代遗址 1987 年发掘报告》，大连出版社，2000 年。
[9] 靳桂云等：《辽东半岛南部农业考古调查报告——植硅体证据》，《东方考古》（第 6 集），科学出版社，2009 年。
[10] 赵美涵：《辽东半岛地区新石器时代至青铜时代农业产生与发展》，辽宁师范大学硕士学位论文，2017 年。
[11] Schoeninger M J. Reconstructing prehistoric human diet. In Price T D ed. The chemistry of prehistoric human bone. New York: Academic press, 1989: 211-229.
[12] Calvin M, Basshan J A. The path of carbon in photosynthesis. Science, 1962, 107: 476-480.
[13] Hatch M D, Slack C R. Photosynthsis by sugar-cane leaves. Biochemical journal, 1966, 101: 103-111.
[14] Osmond C B. Crassulacean acid metabolism: a curiosity in context. Annual review of plant physiology, 1978, 21: 141-142.
[15] Smith B N, Epstein S. Two categories of 12C/13C ratios for higher plants. Plant physiology, 1971, 47 (3): 380-384.
[16] Oleary M H. Carbon isotope fractionation in plants. Phytochemistry, 1981, 20 (4): 553-567.
[17] Osmond C B. Crassulacean acid metabolism: a curiosity in context. Annual review of plant physiology, 1978, 21: 141-142.
[18] Marino B D, Mc Elroy M B. Isotopic composition of atmospheric CO_2 inferred from carbon in C_4 plant cellulose. Nature, 1991, 349 (6305): 127-131.
[19] Deniro M J, Epstein S. You are what you eat (plus a few?): the carbon isotope cycle in food chains. Geological society of America abstrats with programs, 1976, 8: 834-835.
[20] Ambrose S H. Isotopic analysis of paleodiets: methodological and interpretive considerations. In Sandford M K (ed). Investigation of ancient human tissue. Gordon and Breach, Langhorne, 1993: 59-130.
[21] Richards M P, Hedges R E M. Stable isotope evidence for similarities in the types of marine foods used by late Mesolithic humans at sites along the Atlantic coast of Europe. Journal of archaeological science, 1999, 26: 712-722.
[22] Chisholm B S, Nelson D E, Schwarcz H P. Stable-carbon isotope ratios as a measure of marine

versus terrestrial protein in ancient diets. Science, 1982, 216: 1131-1132.

[23] Hedges R E M, Reynard L M. Nitrogen isotopes and the trophic level of humans in archaeology. Journal of archaeological science, 2007, 34: 1240-1251.

[24] 张雪莲:《应用古人骨的元素、同位素分析研究其食物结构》,《人类学学报》2003 年第 1 期。

[25] 中国社会科学院考古研究所:《科技考古的方法与应用》，文物出版社，2012 年。

[26] Schoeninger M J, Deniro M J. Nitrogen and carbon isotopic composition of bone collagen from marine and terrestrial animals. Geochimica et cosmochimica acta, 1984, 48: 625-639.

[27] Barrett J H, Richards M P. Identity, gender, religion and economy: new isotope and radiocarbon evidence for marine resource intensification in early historic Orkney, Scotland, UK. European journal of archaeology, 2004, 7 (3): 249-271.

[28] Ambrose S H. Preparation and characterization of bone and tooth collagen for stable carbon and nitrogen isotope analysis. Journal of archaeological science, 1990, 17: 431-451.

[29] Price T D, Blitz J, Burton J H. Diagenesis in prehistoric bone: problems and solutions. Journal of archaeological science, 1992, 19: 513-530.

[30] Ambrose S H, Butler B M, Hanson D H, etal. Stable isotopic analysis of human diet in the Marianas Archipelago western Pacific. American journal physical anthropology, 1997, 104: 343-361.

[31] Ambrose S H. Preparation and characterization of bone and tooth collagen for stable carbon and nitrogen isotope analysis. Journal of archaeological science, 1990, 17: 431-451.

[32] Shimojo H. Basic research for the dietary reconstruction of the Okadaira shell midden inhabitant based on carbon and nitrogen stable isotopic ratios. Master's thesis, University of Tokyo, 1988 (in Japanese).

[33] Yoneda M, Suzuki R, Shibata Y, et al. Isotopic evidence of inland-water fishing by a Jomon population excavated from the Boji site, Nagano. Japan journal of archaeological science, 2004, 31: 97-107.

[34] Wang X, Fuller B T, Zhang P, et al. Millet manuring as a driving force for the late neolithic agricultural expansion of north China. Scientific reports, 2018, 8 (1): 1-9.

[35] 陈相龙、吕鹏、金英熙等:《从渔猎采集到食物生产：大连广鹿岛小珠山遗址动物驯养的稳定同位素记录》,《南方文物》2017 年第 1 期。

[36] A. Ambrose S H. Isotopic analysis of paleodiets: methodological and interpretive considerations. In Sandford M K (ed). Investigation of ancient human Tissue. Gordon and Breach, Langhorne, 1993: 59-130.

B. Minagawa M, Wada E. Stepwise enrichment of ^{15}N along food chains: further evidence and the relation between δ ^{15} N and animal age. Geochim, Cosmochim, Acta, 1984, 48: 1135-1140.

[37] A. Ambrose S H. Isotopic analysis of paleodiets: methodological and interpretive considerations. In Sandford M K (ed). Investigation of ancient human tissue. Gordon and Breach, Langhorne, 1993: 59-130.

B. Bocherens H, Drucker D. Trophic level isotopic enrichment of carbon and nitrogen in bone collagen: case studies from recent and ancient terrestrial ecosystems. International journal of osteoarchaeology, 2003, 13: 46-53.

[38] 摘自本报告。

[39] A. Ambrose S H. Isotopic analysis of paleodiets: methodological and interpretive considerations. In Sandford M K (ed). Investigation of ancient human tissue. Gordon and Breach, Langhorne, 1993: 59-130.

B. Minagawa M, Wada E. Stepwise enrichment of ^{15}N along food chains: further evidence and the relation between δ ^{15} N and animal age. Geochim, Cosmochim, Acta, 1984, 48: 1135-1140.

[40] A. Ambrose S H. Isotopic analysis of paleodiets: methodological and interpretive considerations. In Sandford M K (ed). Investigation of ancient human Tissue. Gordon and Breach, Langhorne, 1993: 59-130.

B. Bocherens H, Drucker D. Trophic level isotopic enrichment of carbon and nitrogen in bone collagen: case studies from recent and ancient terrestrial ecosystems. International journal of osteo-archaeology, 2003, 13: 46-53.

[41] 摘自本报告。

[42] 旅顺博物馆、辽宁省博物馆：《旅顺于家村遗址发掘简报》，《考古学集刊》（第 1 集），中国社会科学出版社，1981 年。

[43] A. 摘自本报告。

B. 旅顺博物馆、辽宁省博物馆：《旅顺于家村遗址发掘简报》，《考古学集刊》（第 1 集），中国社会科学出版社，1981 年。

[44] 辽宁省博物馆、旅顺博物馆、长海县文化馆：《长海县广鹿岛大长山岛贝丘遗址》，《考古学报》1981 年第 1 期。

[45] 辽宁省博物馆、旅顺博物馆：《大连市郭家村新石器时代遗址》，《考古学报》1984 年第 3 期。

[46] 中国社会科学院考古研究所：《双砣子与岗上——辽东史前文化的发现和研究》，科学出版社，1996 年。

[47] 大连市文物考古研究所、辽宁师范大学历史文化旅游学院：《辽宁大连大砣子青铜时代遗址发掘报告》，《考古学报》2006 年第 2 期。

[48] 摘自本报告。

[49] A. 靳桂云等：《辽东半岛南部农业考古调查报告——植硅体证据》，《东方考古》（第 6 集），

科学出版社，2009年。

B. 大连市文物考古研究所：《大嘴子——青铜时代遗址1987年发掘报告》，大连出版社，2000年。

[50] 马永超等：《大连王家村遗址炭化植物遗存研究》，《北方文物》2015年第1期。

[51] 靳桂云等：《辽东半岛南部农业考古调查报告——植硅体证据》，《东方考古》（第6集），科学出版社，2009年。

[52] 大连市文物考古研究所：《大嘴子——青铜时代遗址1987年发掘报告》，大连出版社，2000年。

[53] 大连市文物考古研究所：《大嘴子——青铜时代遗址1987年发掘报告》，大连出版社，2000年。

[54] 大连市文物考古研究所、辽宁师范大学历史文化旅游学院：《辽宁大连大砣子青铜时代遗址发掘报告》，《考古学报》2006年第2期。

[55] A. 摘自本报告。

B. 旅顺博物馆、辽宁省博物馆：《旅顺于家村遗址发掘简报》，《考古学集刊》（第1集），中国社会科学出版社，1981年。

[56] 靳桂云等：《辽东半岛南部农业考古调查报告——植硅体证据》，《东方考古》（第6集），科学出版社，2009年。

附录四　于家砣头墓地 M25 人骨测年数据（1980 年）

中国社会科学院考古研究所实验室公布的《放射性碳素测定年代报告》（九）公布了于家砣头积石墓地 M25 人骨测年两组数据，“实验室编号 ZK-798-0，辽宁省旅大市旅顺口区铁山公社于家村砣头墓地探方 T1 墓葬 M2 中出土，有铜镞、铜鱼钩等同出。测定结果：距今 2275 ± 110 年（公元前 325 ± 110 年），树轮校正年代距今 2280 ± 115 年（公元前 330 年）；距今 2210 ± 110 年，树轮校正距今 2215 ± 115 年”（原载于《考古》1982 年第 6 期）。

笔者注：这组数据是该墓地发掘完毕后于 1980 年送去检测的。需要说明的是，当年于家砣头墓地的发掘是按照开探方方法进行的，T1M2 是原编号，现编号为 M25，而 M25 只有 2 具人骨，出土器物只有 6 件，分别是石斧 1 件、陶罐 1 件、陶钵 3 件和陶壶 1 件，没有发现铜镞和鱼钩。而铜镞和鱼钩则分别出自 M24 和 M6，M24、M25 同在探方 T1。

根据墓葬形制和器物特征判断，该墓地年代为于家村遗址上层，即双砣子三期文化，但 M25 测年数据明显偏晚，原因不详，因此，这组测年数据仅供参考，不作为判断年代的依据。

附录五　于家砣头墓地人骨 ^{14}C 测年报告（2018 年）

送样单位：大连市文物考古研究所

送检样本：6 份

测试结果：

送样编号	样品性质	测试编号	δ ^{13}C（‰，AMS）	FM（±1σ）	Δ ^{14}C（‰，±1σ）	^{14}C 年代（a BP，±1σ）
DL-1	骨胶原	GZ8672	−13.6	0.6948 ± 0.0030	−310.9 ± 3.0	2925 ± 40
DL-2	骨胶原	GZ8673	−19.1	0.7003 ± 0.0028	−305.5 ± 2.8	2860 ± 35
DL-4	骨胶原	GZ8674	−10.6	0.6957 ± 0.0035	−310.0 ± 3.5	2915 ± 45
DL-5	骨胶原	GZ8675	−12.7	0.7004 ± 0.0031	−305.3 ± 3.1	2860 ± 40
DL-6	骨胶原	GZ8676	−13.4	0.6993 ± 0.0028	−306.4 ± 2.8	2875 ± 35
DL-7	骨胶原	GZ8677	−14.2	0.7003 ± 0.0039	−305.5 ± 3.9	2860 ± 50

一、^{14}C 年代树轮校正

送样编号	样品性质	测试编号	^{14}C 年代（a BP，±1σ）	^{14}C 校正年代（Cal yr BP，±1σ）
DL-1	骨胶原	GZ8672	2925 ± 40	3044 ± 42
DL-2	骨胶原	GZ8673	2860 ± 35	2967 ± 41
DL-4	骨胶原	GZ8674	2915 ± 45	3036 ± 48
DL-5	骨胶原	GZ8675	2860 ± 40	2967 ± 42
DL-6	骨胶原	GZ8676	2875 ± 35	3011 ± 55
DL-7	骨胶原	GZ8677	2860 ± 50	2994 ± 70

Calib Rev. 6.1.0 version, Intcal 09 curve

CALIB RADIOCARBON CALIBRATION PROGRAM*

Copyright 1986~2011 M Stuiver and PJ Reimer

*To be used in conjunction with:

Stuiver, M, and Reimer, P J, 1993, Radiocarbon, 35, 215~230.

二、数据校正图谱

1. 2925 ± 40 yr BP

One Sigma Ranges: [start:end] relative area

[cal BC 1208:cal BC 1201] 0.035152

[cal BC 1196:cal BC 1139] 0.385733

[cal BC 1135:cal BC 1052] 0.579114 3085-3002 cal yr BP

Two Sigma Ranges: [start:end] relative area

[cal BC 1262:cal BC 1009] 1.

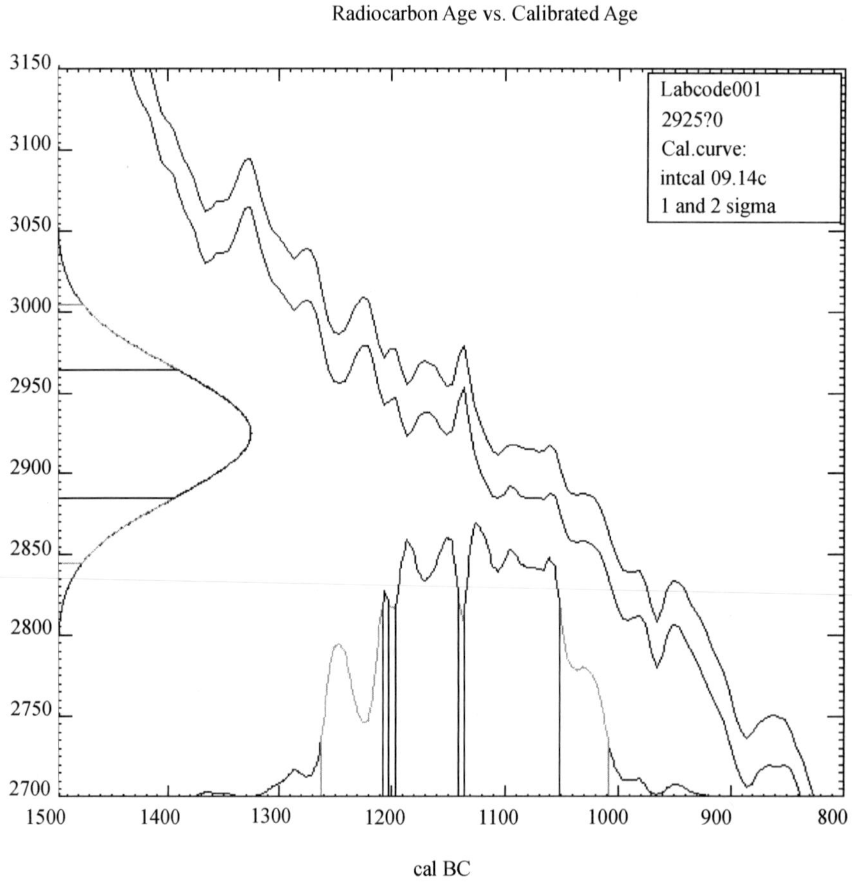

2. 2860 ± 35 yr BP

One Sigma Ranges: [start:end] relative area

[cal BC 1112:cal BC 1101] 0.065124

[cal BC 1086:cal BC 1063] 0.147793

[cal BC 1058:cal BC 976] 0.755555 2926-3008 cal yr BP

[cal BC 952:cal BC 946] 0.031527

Two Sigma Ranges: [start:end] relative area

[cal BC 1187:cal BC 1184] 0.001814

[cal BC 1152:cal BC 1149] 0.002643

[cal BC 1129:cal BC 918] 0.995543

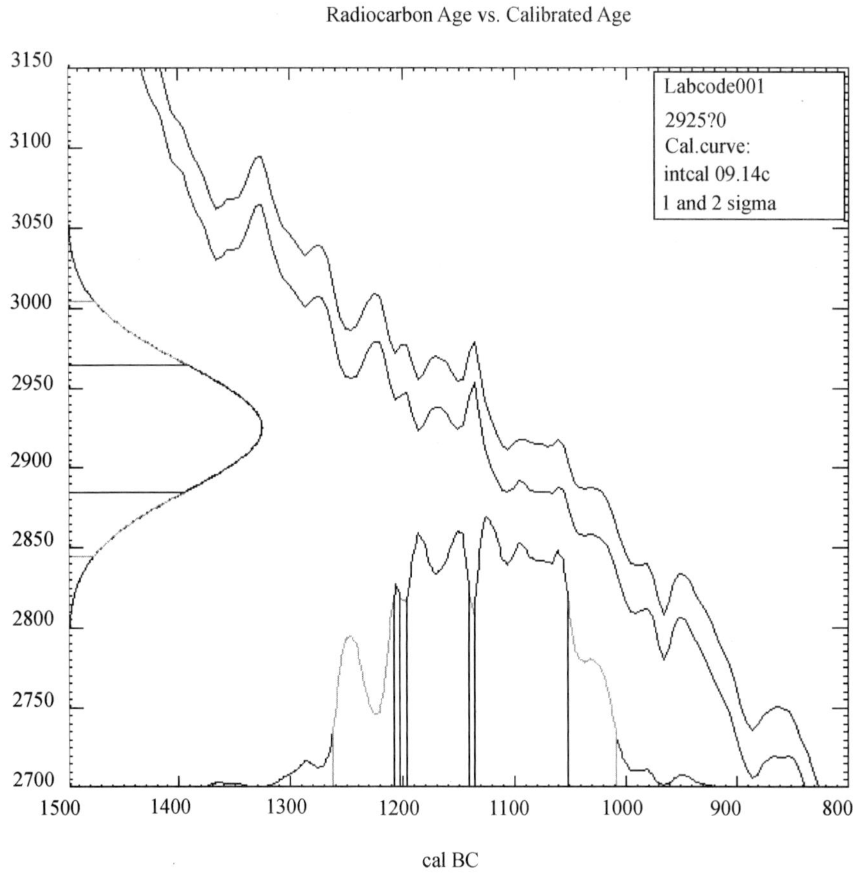

3. 2915 ± 45 yr BP

One Sigma Ranges: [start:end] relative area

[cal BC 1206:cal BC 1205] 0.004877

[cal BC 1194:cal BC 1141] 0.313983

[cal BC 1134:cal BC 1038] 0.655941 2988-3084 cal yr BP

[cal BC 1034:cal BC 1028] 0.025199

Two Sigma Ranges: [start:end] relative area

[cal BC 1264:cal BC 978] 1.

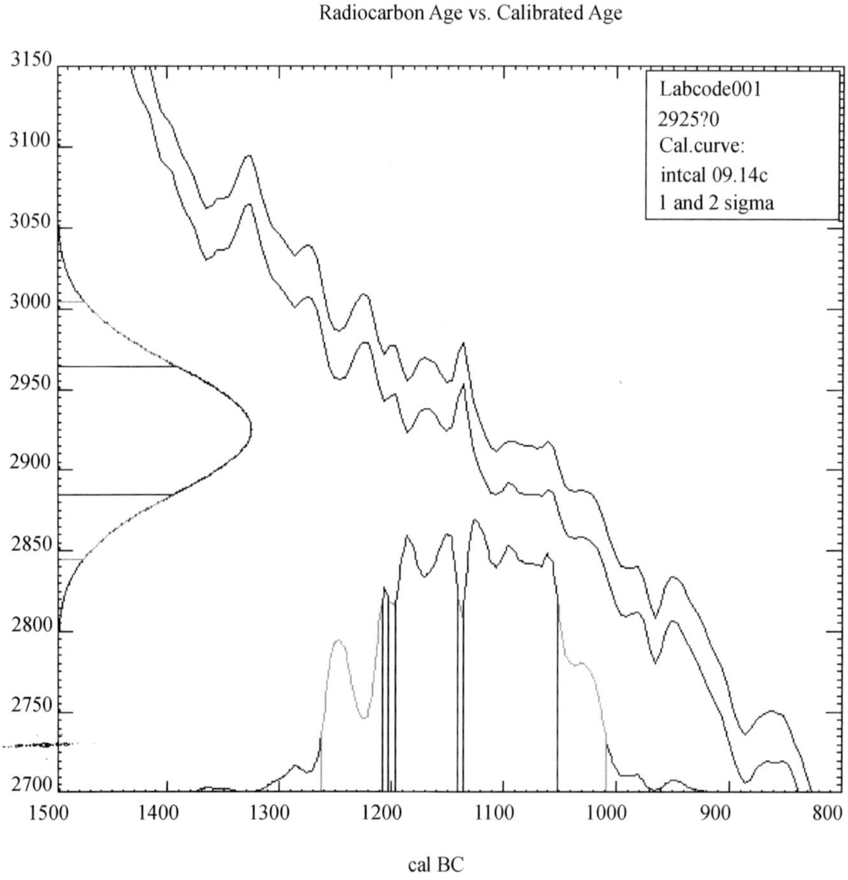

4. 2860 ± 40 yr BP

One Sigma Ranges: [start:end] relative area

[cal BC 1112:cal BC 1099] 0.08265

[cal BC 1088:cal BC 1062] 0.164216

[cal BC 1060:cal BC 975] 0.703417 2925-3010 cal yr BP

[cal BC 953:cal BC 945] 0.049717

Two Sigma Ranges: [start:end] relative area

[cal BC 1191:cal BC 1178] 0.014049

[cal BC 1160:cal BC 1144] 0.016446

[cal BC 1131:cal BC 913] 0.969505

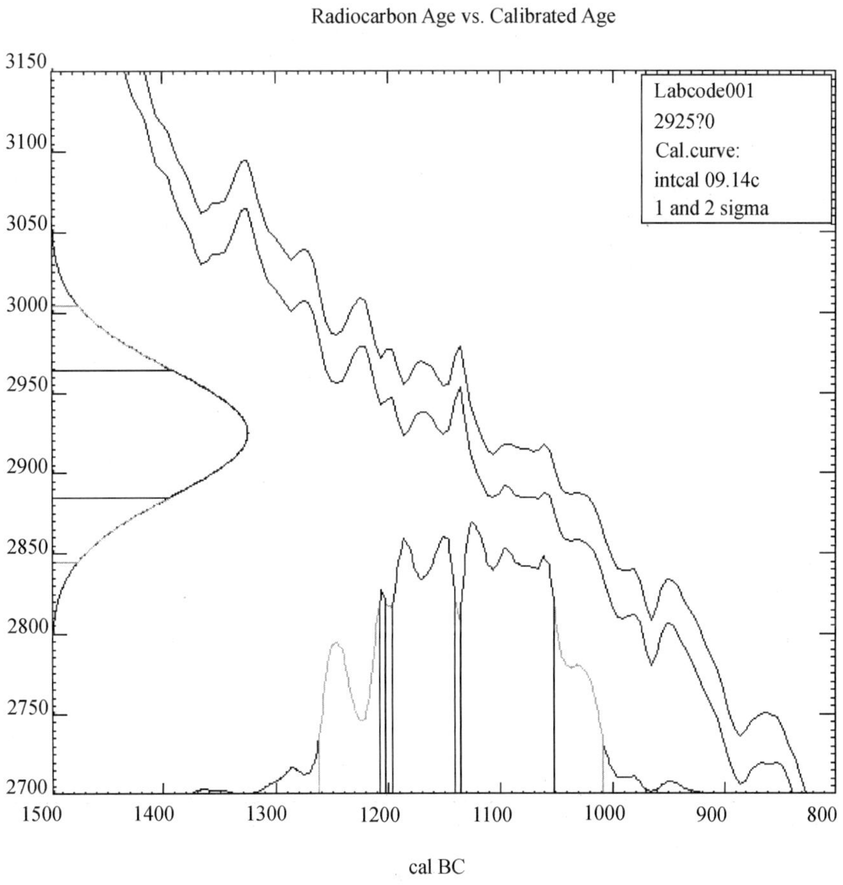

5. 2875 ± 35 yr BP

One Sigma Ranges: [start:end] relative area

[cal BC 1116:cal BC 1006] 1. 2956-3066 cal yr BP

Two Sigma Ranges: [start:end] relative area

[cal BC 1192:cal BC 1173] 0.02641

[cal BC 1165:cal BC 1143] 0.031228

[cal BC 1132:cal BC 968] 0.879761

[cal BC 963:cal BC 929] 0.062602

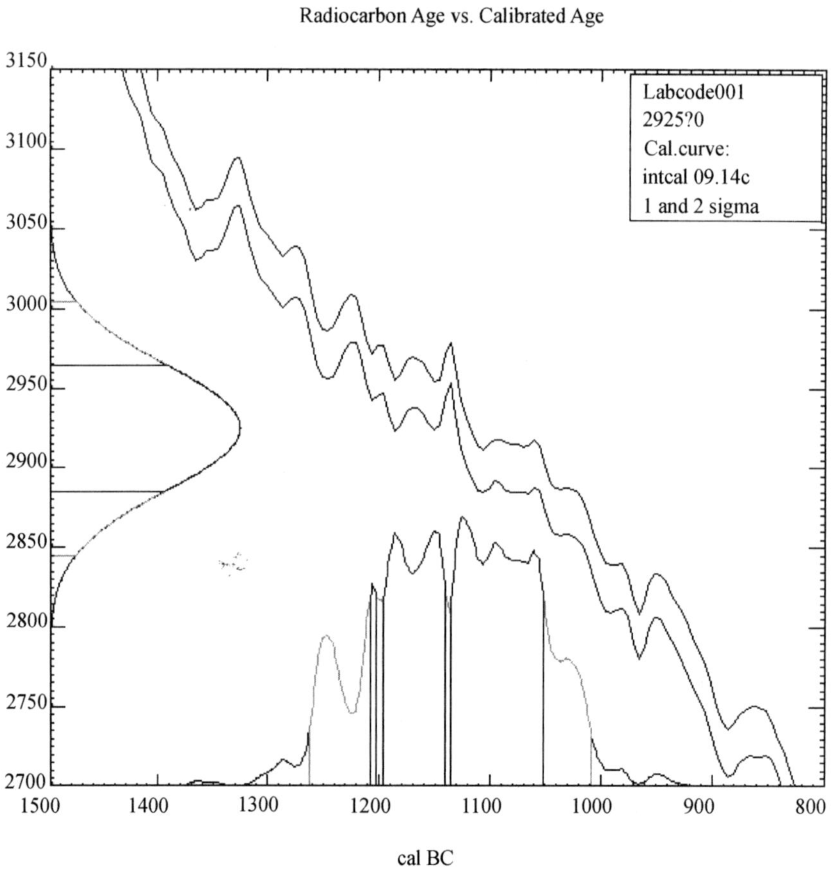

6. 2860 ± 50 yr BP

One Sigma Ranges: [start:end] relative area

[cal BC 1114:cal BC 974] 0.925222　2924-3064 cal yr BP

[cal BC 955:cal BC 942] 0.074778

Two Sigma Ranges: [start:end] relative area

[cal BC 1208:cal BC 1139] 0.090123

[cal BC 1135:cal BC 905] 0.909877

Radiocarbon Age vs. Calibrated Age

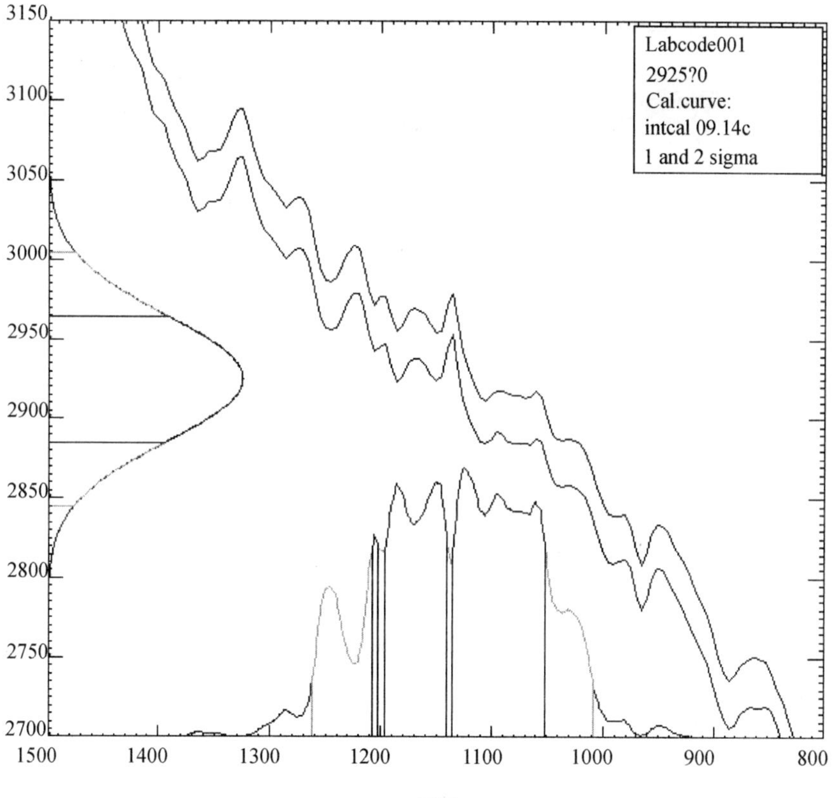

中国科学院广州地球化学研究所同位素地球化学国家重点实验室

AMS-^{14}C 制样实验室

中国科学院广州地球化学研究所有机地球化学国家重点实验室

加速器质谱实验室

报告人：丁　平

测试日期：2018 年 7 月 26 日

附录六　于家砣头墓地出土宝玉石器检测报告

于家砣头墓地出土宝玉石器检测报告

序号	实验编号	数量	出土地点	外观特征	体视显微镜特征	XRD 分析结果（详见下文）	XRF 分析结果（详见下文）	材质
1	DY-1-1	4	于家砣头墓地M2：2-3	黄褐色、蜡状光泽	表面多划痕，风化严重	主要矿物为滑石，含有少量石英	/	滑石
	DY-1-2							
	DY-1-3							
	DY-1-4							
2	DY-2	1	于家砣头墓地M8：6	蓝白色、蜡状光泽	表面多划痕，磨损严重，孔道内可见螺旋纹	/		天河石
3	DY-3-1	3	于家砣头墓地M14：2-（1 ~ 3）	浅蓝白色、蜡状光泽	表面多划痕，磨损严重，孔道内可见螺旋纹	/		天河石
	DY-3-2			天蓝色、玻璃光泽	表面有划痕，孔道内可见螺旋纹	/		天河石
	DY-3-3			绿色、微透明、玻璃光泽	表面有凹坑，孔道内可见螺旋纹	样品局部检测出云母		可能为岫玉
4	DY-4	1	于家砣头墓地M24：8	红白色相间，有条带构造	表面风化严重，可见喇叭状孔道，孔道可见螺旋纹	/		玛瑙
5	DY-5-1	3	于家砣头墓地M40：5、M40：4	蓝绿色、蜡状光泽	表面部分风化，可见喇叭状孔道，孔道可见螺旋纹	/	/	绿松石
	DY-5-2			黑色、蜡状光泽	表面风化十分严重	/	/	
6	DY-6-1	2	于家砣头墓地M41：7、M41：8	绿色、蜡状光泽	表面部分风化、孔道可见螺旋纹	/	/	绿松石
	DY-6-2			蓝白色、玻璃光泽	表面可见划痕，孔道可见螺旋纹	/		天河石
7	DY-7	1	于家砣头墓地M30：3	蓝白色、玻璃光泽	表面风化严重，可见喇叭状孔道，孔道内有螺旋纹	/		天河石

续表

序号	实验编号	数量	出土地点	外观特征	体视显微镜特征	XRD 分析结果（详见下文）	XRF 分析结果（详见下文）	材质
8	DY-8-1	串	于家砣头墓地 M42：5	蓝绿色、蜡状光泽	表面可见加工凹槽，喇叭孔，孔道内有螺旋纹	主要矿物为绿松石		绿松石
	DY-8-2			黑褐色、蜡状光泽	表面严重风化	/		
9	DY-9-1	1	于家砣头墓地 M45：3	蓝绿色、蜡状光泽	表面有划痕，喇叭状孔道	/		绿松石
10	DY-10-1	1	于家砣头墓地 M47：2	红白色相间，有条带构造	表面风化严重，孔道可见螺旋纹	/	/	玛瑙

测试仪器及测试条件如下。

（1）超景深三维视频显微系统：仪器型号为 KH-7700（日本浩视公司）。测试条件：金属卤素冷光源，放大倍数 0～7000 倍，201 万动态像素。

（2）X 射线衍射仪：仪器型号为 SmartLAB（日本理学株式会社）。测试条件：Cu 靶，石墨单色器，电压 40 kV，电流 200 mA。扫描方式：连续扫描，扫描速度 10° /min，狭缝 DS=SS=1°，RS=0.15mm。

（3）便携式 X 荧光光谱仪：仪器型号为 S1TITAN/TRACER5（美国 BRUKER 公司）。测试条件：电压 15～50kV，测试时间 60～80s，激发源为 Rh 靶，真空测试，选用 GeoExploration 测试模式。

注明：由于样品均为出土文物，所有的实验测试方法都采用无损测试，故其结果较有损检测方法有所偏差。再者，文物的保存情况会影响测试结果。个别样品表面风化严重，无法进行测试。

1. 超景深三维视频显微观察

器物		外观特征（皆为反射光下观察）
DY-1A 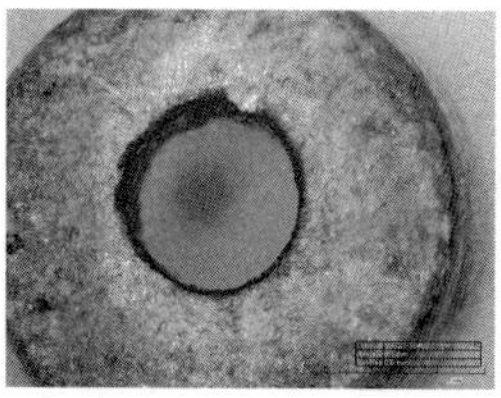	DY-1B 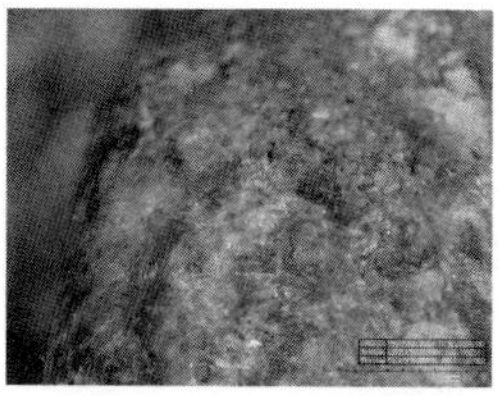	黄褐色，不透明，蜡状光泽，表面风化严重，局部可见划痕

续表

器物		外观特征（皆为反射光下观察）
DY-2A 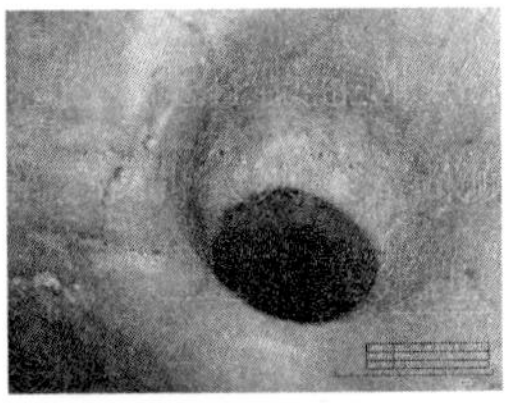	DY-2B 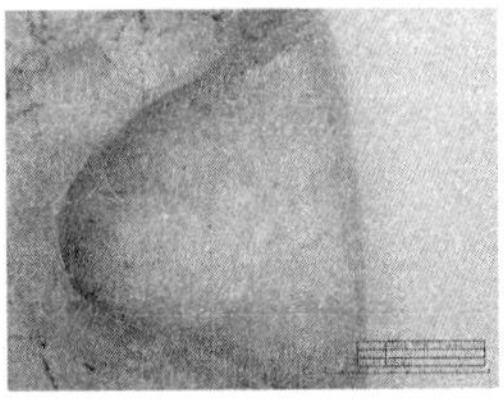	蓝白色，不透明，蜡状光泽，表面多划痕，磨损严重。孔道呈喇叭状，孔道内有螺旋纹
DY-3-1A 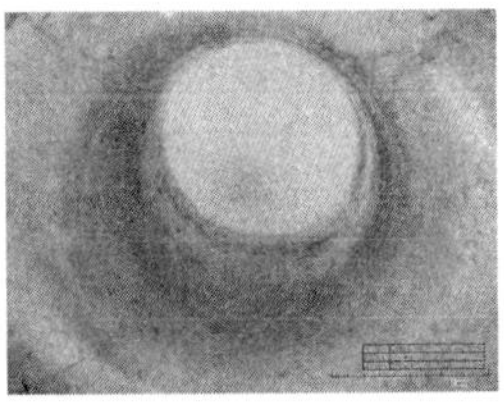	DY-3-1B 	浅蓝白色，不透明，蜡状光泽，表面划痕严重，孔道内有螺旋纹
DY-3-2A 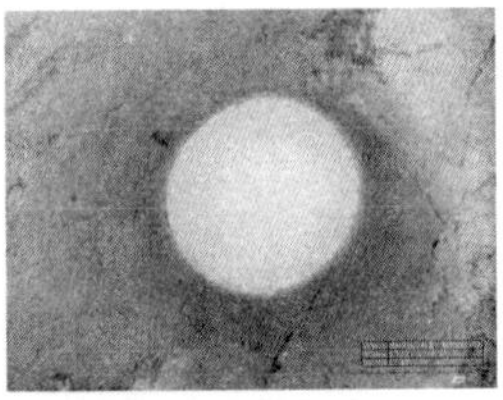	DY-3-2B 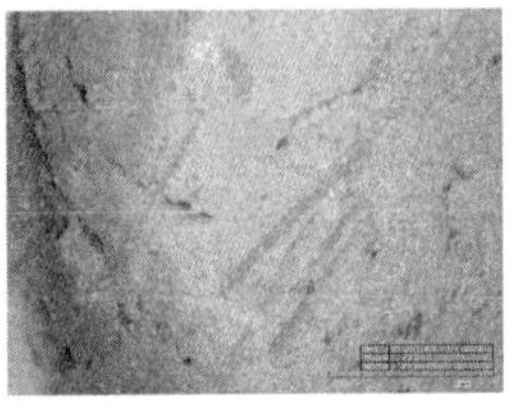	天蓝色，微透明，玻璃光泽，表面可见划痕，孔道呈喇叭状、可观察到螺旋纹
DY-3-3A 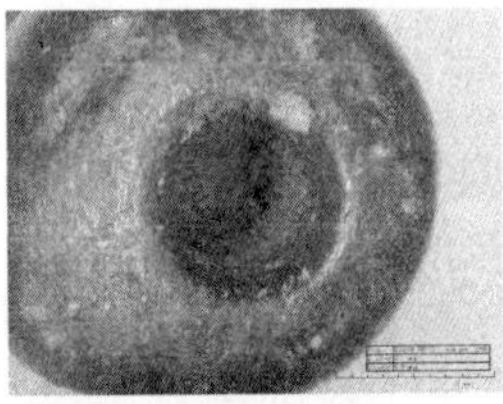	DY-3-3B 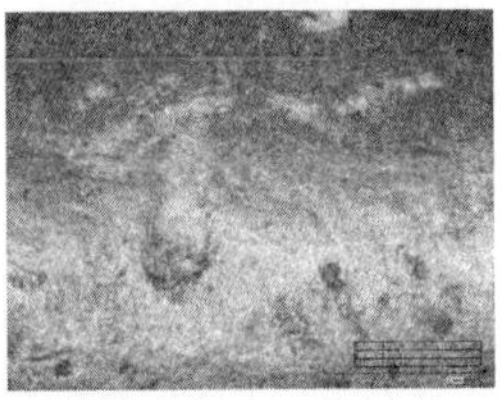	绿色，半透明，玻璃光泽，表面可见凹坑，孔道呈喇叭状、可观察到螺旋纹
DY-4A 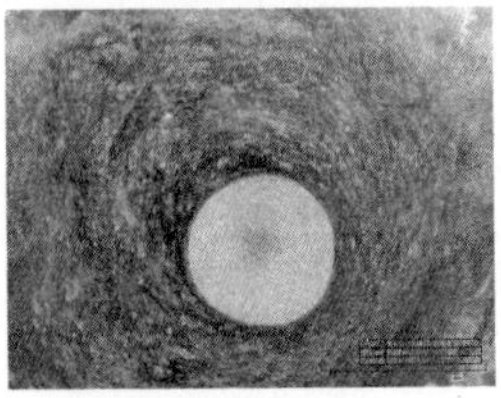	DY-4B 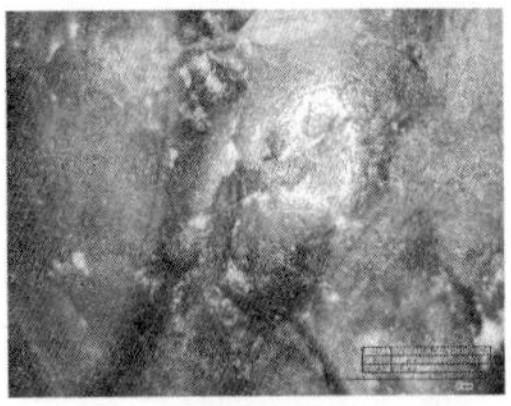	红色与白色条带相间分布，半透明，玻璃光泽，表面可见马蹄形凹坑，风化严重，孔道呈喇叭状、可观察到螺旋纹
DY-5-1A 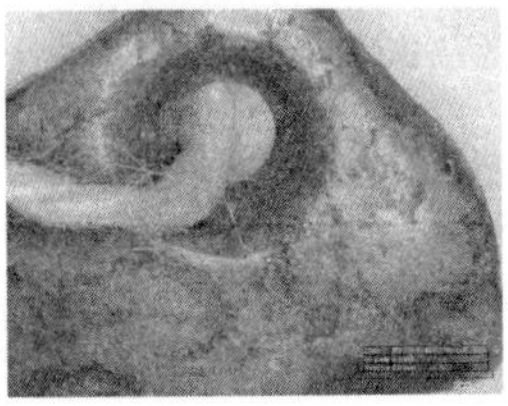	DY-5-1B 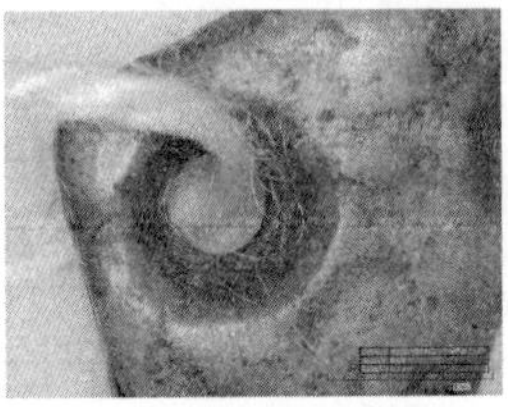	绿色，不透明，蜡状光泽，表面可见不规则网状分布的黑色杂质，孔道呈喇叭状，孔道内有螺旋纹

续表

器物		外观特征（皆为反射光下观察）
DY-5-2A 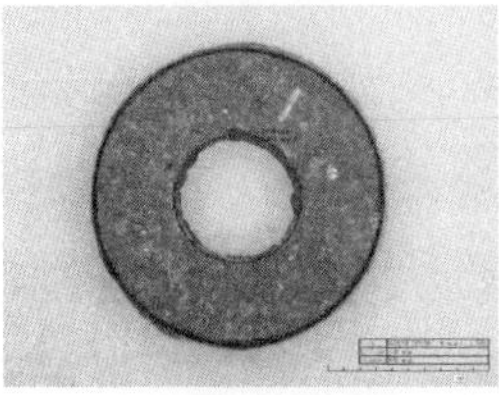	DY-5-2B 	黑色，不透明，蜡状光泽，表面风化严重，可见褐黄色杂质
DY-6-1A 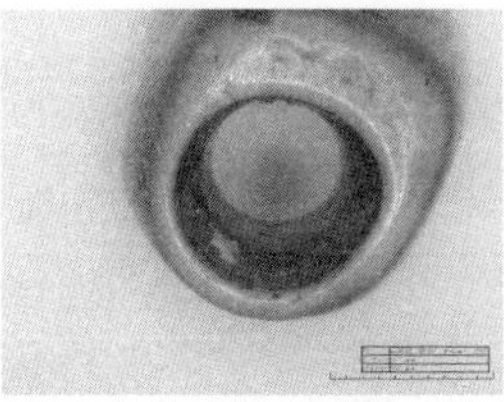	DY-6-1B 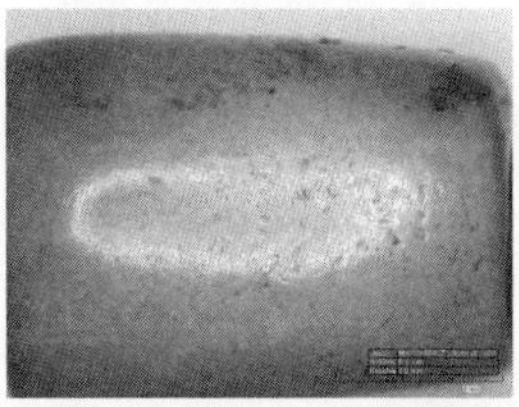	绿色，不透明，蜡状光泽。孔道呈喇叭状，孔道内有螺旋纹
DY-6-2A 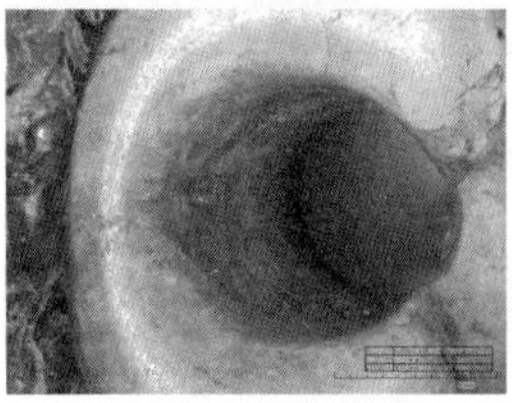	DY-6-2B 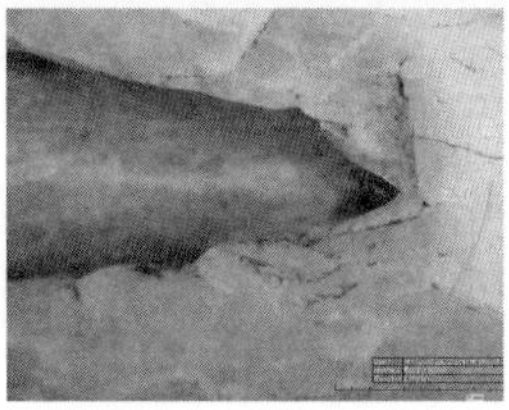	蓝白色，蓝色部分微透明，玻璃光泽，表面有划痕，孔道内有黄色杂质，可见螺旋纹
DY-7A 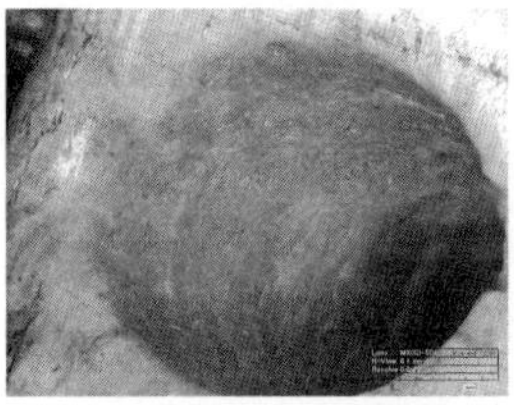	DY-7B 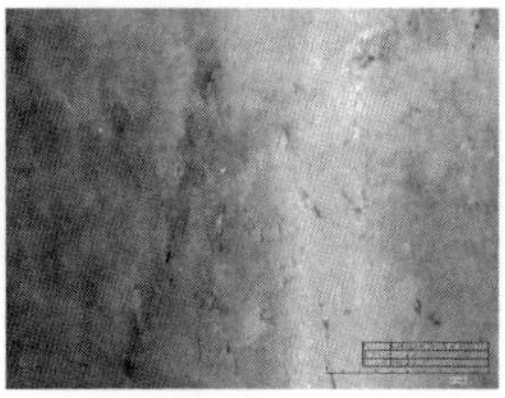	蓝白色，蓝色部分微透明，玻璃光泽，表面有划痕，孔道内有黄色杂质，可见螺旋纹
DY-8-1A 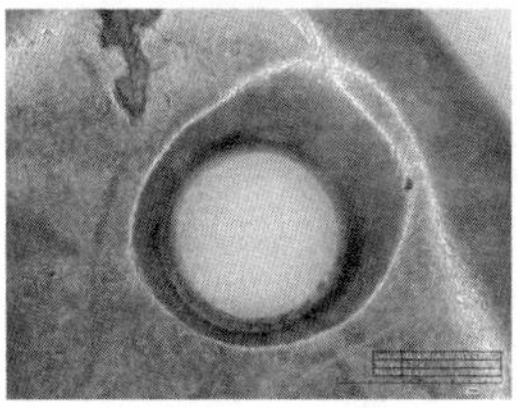	DY-8-1B 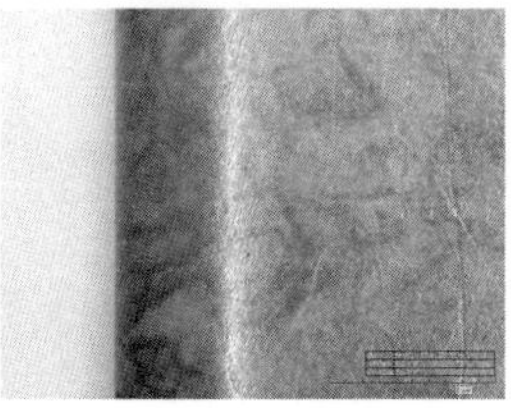	蓝绿色，不透明，蜡状光泽，表面有划痕，喇叭状孔道
DY-8-2A 	DY-8-2B 	黑色，不透明，蜡状光泽，表面风化严重，孔道内有黄色杂质，可见螺旋纹

续表

器物		外观特征（皆为反射光下观察）
DY-9A 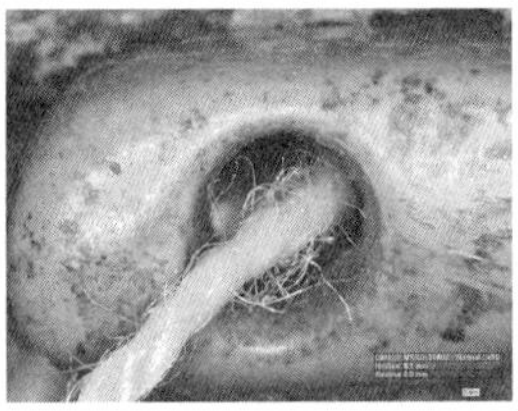	DY-9B 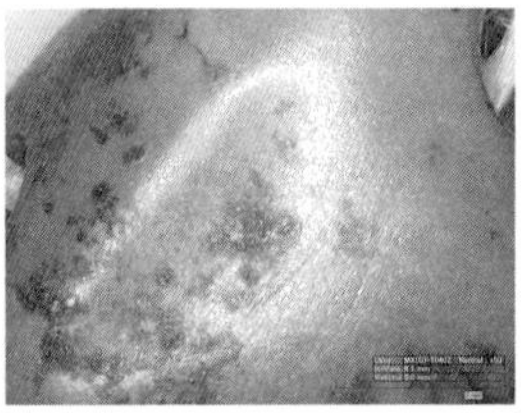	蓝绿色，不透明，蜡状光泽，表面有划痕，表面可见不规则网状分布的黑色杂质。孔道内有黄色杂质，可见螺旋纹
DY-10A 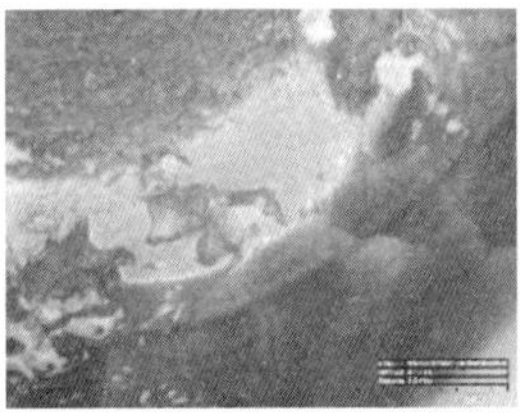	DY-10B 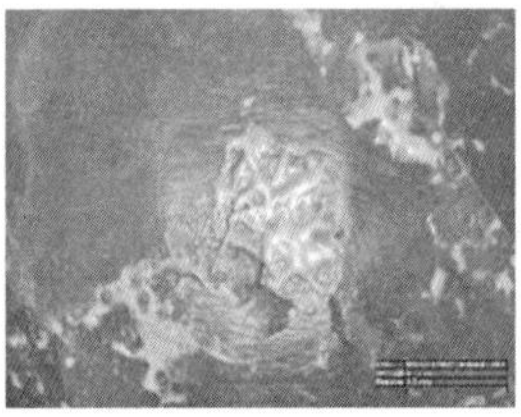	红色与白色条带相间分布，半透明，玻璃光泽，表面可见不规则凹坑和白色不透明杂质。孔道呈喇叭状、可观察到螺旋纹

2. X 射线粉晶衍射结果（XRD）

注明：对数量较多的同类材质样品，进行随机取样开展 XRD 检测。

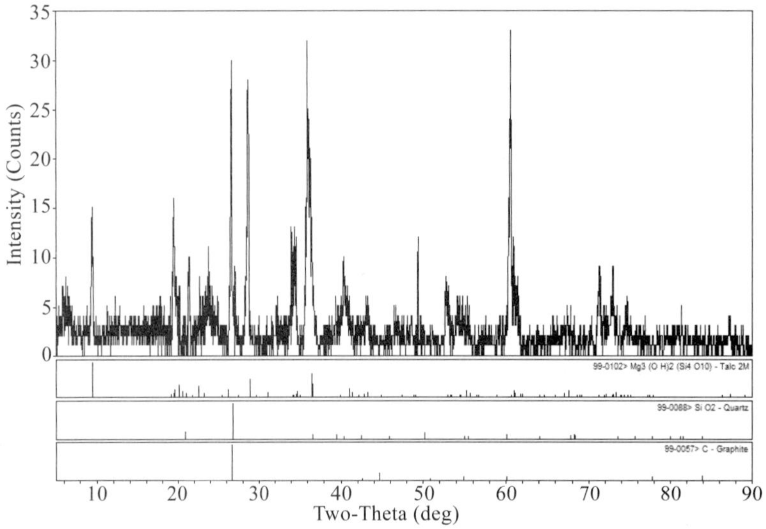

样品编号：DY-1-1。

依据方法：依据 ICDD 国际衍射数据中心发布的 PDF2 衍射数据库、卡片参比样品。

DY-1 物相检出：滑石、石英、碳。

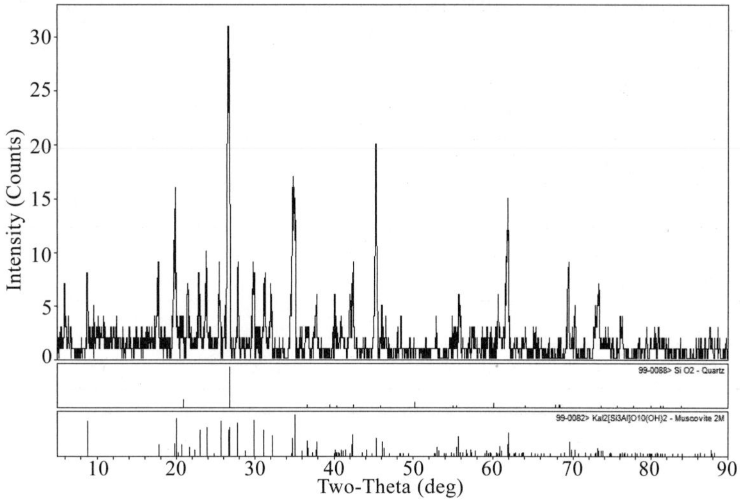

样品编号：DY-3-3。

依据方法：依据 ICDD 国际衍射数据中心发布的 PDF2 衍射数据库、卡片参比样品。

DY-3-3 物相检出：云母和石英。

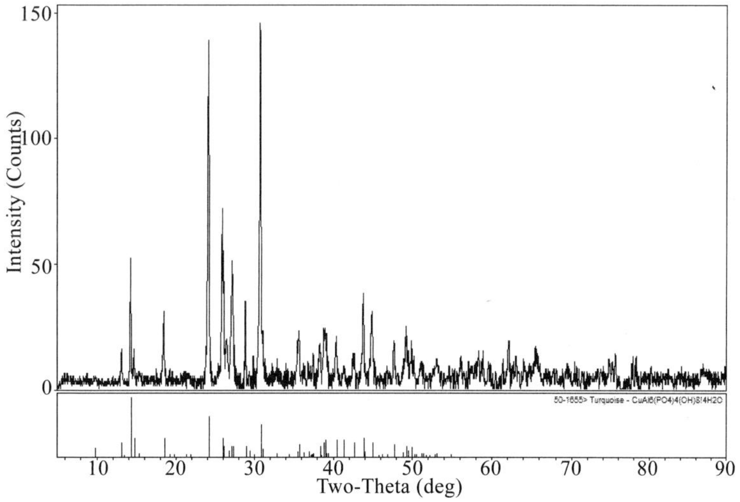

样品编号：DY-8-1。

依据方法：依据 ICDD 国际衍射数据中心发布的 PDF2 衍射数据库、卡片参比样品。

DY-8-1 物相检出：主要矿物成分为绿松石。

3. 便携式 X 荧光仪检测结果（XRF）

注明：测试条件为真空，选择 GeoExploration 模式进行测试。由于测试样品成分复杂，且原子序数靠前的元素无法被仪器检测到。基于以上原因考虑，故对数据不进行归一处理。

于家砣头墓地出土玉石器便携式 X 荧光仪检测报告

dy-2-00137-GeoExploration.	Assay Time：2018/3/27 17：13：51	Elapsed Time：79
Alloy 1：	Match No：	

Field Lnfo Operator	Supervisor	Name	DY-2
ID	wd	Field1	
Field 2			

Element Name	Min	%	Max	+ /– [*3]
MgO	0	0.000	0	0.810
Al_2O_3	0	12.307	0	0.447
SiO_2	0	37.267	0	0.553
P	0	0.150	0	0.023
S	0	0.105	0	0.019
Cl	0	0.394	0	0.027
K_2O	0	3.741	0	0.041
Ca	0	0.222	0	0.009
Ti	0	0.000	0	0.004
V	0	0.000	0	0.003
Cr	0	0.000	0	0.002
Mn	0	0.006	0	0.001
Fe	0	0.027	0	0.003
Co	0	0.000	0	0.001
Ni	0	0.000	0	0.001
Cu	0	0.000	0	0.000
Zn	0	0.092	0	0.003
Ga	0	0.003	0	0.001
As	0	0.000	0	0.001
Se	0	0.000	0	0.000
Rb	0	0.431	0	0.006
Sr	0	0.002	0	0.001
Y	0	0.023	0	0.002
Zr	0	0.000	0	0.001
Nb	0	0.000	0	0.001

dy-2-00137-GeoExploration.	Assay Time：2018/3/27 17：13：51	Elapsed Time：79
Alloy 1：	Match No：	

Element Name	Min	%	Max	+/-［*3］
Mo	0	0.000	0	0.001
Rh	0	0.000	0	0.002
Cd	0	0.000	0	0.001
Sn	0	0.006	0	0.009
Sb	0	0.004	0	0.000
Te	0	0.001	0	0.017
Ba	0	0.017	0	0.021
La	0	0.008	0	0.028
Ce	0	0.014	0	0.002
Hf	0	0.001	0	0.002
Ta	0	0.000	0	0.002
W	0	0.000	0	0.007
Pt	0	0.000	0	0.002
Hg	0	0.001	0	0.001
Tl	0	0.002	0	0.002
Pb	0	0.023	0	0.003
Bi	0	0.000	0	0.003
Th	0	0.012	0	0.002
U	0	0.004	0	0.003

dy-3-1-00139-GeoExploration.	Assay Time：2018/3/27 17：19：15	Elapsed Time：79
Alloy 1：	Match No：	

Field Lnfo Operator	Supervisor	Name	DY-3-1
ID	wd	Field1	
Field2			

Element Name	Min	%	Max	+/-［*3］
MgO	0	0.065	0	0.759
Al_2O_3	0	10.297	0	0.409

续表

Element Name	Min	%	Max	+ /– [*3]
SiO_2	0	35.859	0	0.536
P	0	0.050	0	0.015
S	0	0.019	0	0.014
Cl	0	0.115	0	0.022
K_2O	0	5.050	0	0.047
Ca	0	0.205	0	0.009
Ti	0	0.005	0	0.004
V	0	0.000	0	0.003
Cr	0	0.001	0	0.002
Mn	0	0.012	0	0.001
Fe	0	0.015	0	0.002
Co	0	0.000	0	0.001
Ni	0	0.000	0	0.001
Cu	0	0.000	0	0.000
Zn	0	0.001	0	0.001
Ga	0	0.004	0	0.001
As	0	0.000	0	0.001
Se	0	0.000	0	0.000
Rb	0	0.301	0	0.005
Sr	0	0.002	0	0.001
Y	0	0.016	0	0.002
Zr	0	0.000	0	0.001
Nb	0	0.000	0	0.001

dy-3-1-00139-GeoExploration.	Assay Time：2018/3/27 17：19：15	Elapsed Time：79
Alloy 1：	Match No：	

Element Name	Min	%	Max	+ /– [*3]
Mo	0	0.000	0	0.001
Rh	0	0.000	0	0.002
Pd	0	0.002	0	0.002
Cd	0	0.000	0	0.001
Sn	0	0.002	0	0.009
Sb	0	0.003	0	0.006

续表

Element Name	Min	%	Max	+ /– [*3]
Te	0	0.000	0	0.000
Ba	0	0.000	0	0.017
La	0	0.011	0	0.022
Ce	0	0.008	0	0.028
Hf	0	0.002	0	0.002
Ta	0	0.009	0	0.002
W	0	0.000	0	0.006
Pt	0	0.000	0	0.002
Hg	0	0.000	0	0.001
Tl	0	0.001	0	0.002
Pb	0	0.006	0	0.002
Bi	0	0.000	0	0.002
Th	0	0.008	0	0.002
U	0	0.002	0	0.004

dy-3-2-00141-GeoExploration.	Assay Time：2018/3/27 17：25：20	Elapsed Time：80
Alloy 1：		Match No：

Field Lnfo Operator	Supervisor	Name	DY-3-2
ID	wd	Field1	
Field2			

Element Name	Min	%	Max	+ /– [*3]
MgO	0	0.517	0	0.680
Al_2O_3	0	6.738	0	0.334
SiO_2	0	25.181	0	0.442
P	0	0.037	0	0.013
S	0	0.011	0	0.013
Cl	0	0.092	0	0.022
K_2O	0	2.566	0	0.034
Ca	0	0.119	0	0.007
Ti	0	0.005	0	0.004
V	0	0.000	0	0.003
Cr	0	0.000	0	0.001

续表

Element Name	Min	%	Max	+ /– [*3]
Mn	0	0.018	0	0.001
Fe	0	0.054	0	0.004
Co	0	0.000	0	0.001
Ni	0	0.000	0	0.001
Cu	0	0.000	0	0.000
Zn	0	0.002	0	0.001
Ga	0	0.002	0	0.001
As	0	0.000	0	0.001
Se	0	0.000	0	0.000
Rb	0	0.136	0	0.003
Sr	0	0.000	0	0.000
Y	0	0.009	0	0.001
Zr	0	0.000	0	0.001
Nb	0	0.000	0	0.001

dy-3-2-00141-GeoExploration.	Assay Time：2018/3/27 17：25：20	Elapsed Time：80
Alloy 1：	Match No：	

Element Name	Min	%	Max	+ /– [*3]
Mo	0	0.000	0	0.001
Rh	0	0.000	0	0.002
Pd	0	0.002	0	0.002
Cd	0	0.000	0	0.001
Sn	0	0.008	0	0.011
Sb	0	0.003	0	0.006
Te	0	0.001	0	0.000
Ba	0	0.000	0	0.017
La	0	0.010	0	0.022
Ce	0	0.008	0	0.029
Hf	0	0.001	0	0.002
Ta	0	0.004	0	0.002
W	0	0.000	0	0.006
Pt	0	0.000	0	0.002
Hg	0	0.001	0	0.001

续表

Element Name	Min	%	Max	+ /– [*3]
Tl	0	0.000	0	0.002
Pb	0	0.014	0	0.002
Bi	0	0.000	0	0.002
Th	0	0.004	0	0.002
U	0	0.001	0	0.004

dy-3-3-00143-GeoExploration.	Assay Time：2018/3/27 17：30：29	Elapsed Time：79
Alloy 1：	Match No：	

Field Lnfo Operator	Supervisor	Name	DY-3-3
ID	wd	Field1	
Field2			

Element Name	Min	%	Max	+ /– [*3]
MgO	0	0.294	0	0.995
Al_2O_3	0	22.519	0	0.583
SiO_2	0	28.297	0	0.480
P	0	0.142	0	0.021
S	0	0.042	0	0.015
Cl	0	0.273	0	0.025
K_2O	0	5.106	0	0.047
Ca	0	0.376	0	0.011
Ti	0	0.008	0	0.006
V	0	0.011	0	0.006
Cr	0	0.041	0	0.006
Mn	0	0.001	0	0.002
Fe	0	0.238	0	0.007
Co	0	0.000	0	0.001
Ni	0	0.001	0	0.001
Cu	0	0.000	0	0.000
Zn	0	0.003	0	0.001
Ga	0	0.002	0	0.001

续表

Element Name	Min	%	Max	+ /– [*3]
As	0	0.000	0	0.000
Se	0	0.000	0	0.000
Rb	0	0.040	0	0.002
Sr	0	0.008	0	0.001
Y	0	0.003	0	0.001
Zr	0	0.019	0	0.002
Nb	0	0.000	0	0.001

dy-3-3-00143-GeoExploration.	Assay Time：2018/3/27 17：30：29	Elapsed Time：79
Alloy 1：	Match No：	

Element Name	Min	%	Max	+ /– [*3]
Mo	0	0.000	0	0.001
Ag	0	0.000	0	0.001
Cd	0	0.000	0	0.001
Sn	0	0.008	0	0.010
Sb	0	0.002	0	0.006
Te	0	0.000	0	0.001
Ba	0	0.047	0	0.019
La	0	0.001	0	0.023
Ce	0	0.001	0	0.029
Hf	0	0.001	0	0.002
Ta	0	0.005	0	0.001
W	0	0.000	0	0.006
Pt	0	0.000	0	0.002
Hg	0	0.000	0	0.001
Tl	0	0.000	0	0.002
Pb	0	0.001	0	0.001
Bi	0	0.000	0	0.001
Th	0	0.002	0	0.001
U	0	0.002	0	0.004

dy-4-1-00151-GeoExploration.	Assay Time：2018/3/27 17：52：52	Elapsed Time：79
Alloy 1：	Match No：	

Field Lnfo Operator	Supervisor	Name	DY-4
ID	wd	Field1	
Field2			

Element Name	Min	%	Max	+/-［*3］
MgO	0	0.498	0	0.682
Al_2O_3	0	0.267	0	0.158
SiO_2	0	58.780	0	0.716
P	0	0.036	0	0.016
S	0	0.036	0	0.016
Cl	0	0.088	0	0.022
K_2O	0	0.023	0	0.010
Ca	0	0.081	0	0.006
Ti	0	0.005	0	0.004
V	0	0.000	0	0.003
Cr	0	0.000	0	0.002
Mn	0	0.004	0	0.001
Fe	0	0.085	0	0.004
Co	0	0.000	0	0.001
Ni	0	0.000	0	0.000
Cu	0	0.000	0	0.000
Zn	0	0.013	0	0.001
Ga	0	0.000	0	0.000
As	0	0.000	0	0.000
Se	0	0.000	0	0.000
Rb	0	0.000	0	0.000
Sr	0	0.000	0	0.000
Y	0	0.000	0	0.000
Zr	0	0.000	0	0.001
Nb	0	0.000	0	0.001

dy-4-1-00151-GeoExploration.	Assay Time：2018/3/27 17：52：52	Elapsed Time：79
Alloy 1：	Match No：	

Element Name	Min	%	Max	+ /– [*3]
Mo	0	0.000	0	0.002
Rh	0	0.006	0	0.002
Pd	0	0.002	0	0.002
Cd	0	0.000	0	0.001
Sn	0	0.009	0	0.011
Sb	0	0.004	0	0.007
Te	0	0.001	0	0.001
Ba	0	0.001	0	0.020
La	0	0.006	0	0.025
Ce	0	0.009	0	0.032
Hf	0	0.000	0	0.002
Ta	0	0.000	0	0.001
W	0	0.000	0	0.007
Hg	0	0.001	0	0.001
Tl	0	0.000	0	0.002
Pb	0	0.000	0	0.001
Bi	0	0.000	0	0.001
Th	0	0.000	0	0.001
U	0	0.000	0	0.005

dy-6-2-00145-GeoExploration.	Assay Time：2018/3/27 17：37：19	Elapsed Time：81
Alloy 1：	Match No：	

Field Lnfo Operator	Supervisor	Name	DY-6-2
ID	wd	Field1	
Field2			

Element Name	Min	%	Max	+ /– [*3]
MgO	0	0.257	0	0.721
Al_2O_3	0	7.914	0	0.357
SiO_2	0	29.378	0	0.471
P	0	0.027	0	0.013
S	0	0.007	0	0.013

续表

Element Name	Min	%	Max	+/-［*3］
Cl	0	0.077	0	0.021
K_2O	0	4.364	0	0.043
Ca	0	0.177	0	0.008
Ti	0	0.003	0	0.004
V	0	0.001	0	0.003
Cr	0	0.000	0	0.001
Mn	0	0.006	0	0.001
Fe	0	0.018	0	0.002
Co	0	0.000	0	0.001
Ni	0	0.000	0	0.001
Cu	0	0.000	0	0.000
Zn	0	0.001	0	0.001
Ga	0	0.003	0	0.001
As	0	0.000	0	0.001
Se	0	0.000	0	0.000
Rb	0	0.178	0	0.004
Sr	0	0.000	0	0.000
Y	0	0.009	0	0.001
Zr	0	0.000	0	0.001
Nb	0	0.000	0	0.001

dy-6-2-00145-GeoExploration.	Assay Time：2018/3/27 17：37：19	Elapsed Time：81
Alloy 1：	Match No：	

Element Name	Min	%	Max	+/-［*3］
Mo	0	0.000	0	0.001
Rh	0	0.000	0	0.002
Ag	0	0.000	0	0.002
Cd	0	0.000	0	0.001
Sn	0	0.000	0	0.010
Sb	0	0.003	0	0.006
Te	0	0.000	0	0.000
Ba	0	0.000	0	0.016
La	0	0.006	0	0.021
Ce	0	0.001	0	0.027

续表

Element Name	Min	%	Max	+ /– [*3]
Hf	0	0.002	0	0.002
Ta	0	0.007	0	0.002
W	0	0.000	0	0.006
Pt	0	0.000	0	0.002
Au	0	0.000	0	0.001
Hg	0	0.000	0	0.001
Tl	0	0.001	0	0.002
Pb	0	0.020	0	0.003
Bi	0	0.000	0	0.002
Th	0	0.005	0	0.002
U	0	0.003	0	0.004

dy-7-00146-GeoExploration.	Assay Time：2018/3/27 17：40：06	Elapsed Time：79
Alloy 1：		Match No：

Field Lnfo Operator	Supervisor	Name	DY-7
ID	wd	Field1	
Field2			

Element Name	Min	%	Max	+ /– [*3]
MgO	0	0.452	0	0.835
Al_2O_3	0	11.222	0	0.429
SiO_2	0	40.726	0	0.577
P	0	0.050	0	0.016
S	0	0.025	0	0.015
Cl	0	0.207	0	0.024
K_2O	0	5.271	0	0.048
Ca	0	0.223	0	0.009
Ti	0	0.007	0	0.005
V	0	0.001	0	0.004
Cr	0	0.000	0	0.002
Mn	0	0.000	0	0.001
Fe	0	0.030	0	0.003
Co	0	0.000	0	0.001

续表

Element Name	Min	%	Max	+/–［*3］
Ni	0	0.000	0	0.000
Cu	0	0.000	0	0.000
Zn	0	0.022	0	0.001
Ga	0	0.003	0	0.001
As	0	0.000	0	0.002
Se	0	0.000	0	0.000
Rb	0	0.132	0	0.003
Sr	0	0.002	0	0.001
Y	0	0.007	0	0.001
Zr	0	0.000	0	0.001
Nb	0	0.000	0	0.001

dy-7-00146-GeoExploration.	Assay Time：2018/3/27 17：40：06	Elapsed Time：79
Alloy 1：	Match No：	

Element Name	Min	%	Max	+/–［*3］
Mo	0	0.000	0	0.001
Pd	0	0.000	0	0.002
Ag	0	0.000	0	0.002
Cd	0	0.000	0	0.001
Sn	0	0.000	0	0.009
Sb	0	0.004	0	0.006
Te	0	0.000	0	0.001
Ba	0	0.001	0	0.018
La	0	0.000	0	0.023
Ce	0	0.004	0	0.029
Hf	0	0.002	0	0.002
Ta	0	0.005	0	0.002
W	0	0.000	0	0.007
Pt	0	0.000	0	0.002
Hg	0	0.001	0	0.001
Tl	0	0.000	0	0.002
Pb	0	0.053	0	0.004
Bi	0	0.000	0	0.002
Th	0	0.002	0	0.002
U	0	0.001	0	0.004

dy-8-1-00134-GeoExploration.	Assay Time：2018/3/27 17：05：20	Elapsed Time：74
Alloy 1：		Match No：

Field Lnfo Operator	Supervisor	Name	DY-8-1
ID	wd	Field1	
Field2			

Element Name	Min	%	Max	+/-［*3］
MgO	0	0.000	0	1.474
Al_2O_3	0	52.940	0	0.896
SiO_2	0	0.000	0	0.187
P	0	12.894	0	0.144
S	0	0.098	0	0.019
Cl	0	0.522	0	0.030
K_2O	0	0.057	0	0.013
Ca	0	0.178	0	0.011
Ti	0	0.007	0	0.008
V	0	0.008	0	0.008
Cr	0	0.011	0	0.005
Mn	0	0.013	0	0.003
Fe	0	0.000	0	0.012
Co	0	0.003	0	0.003
Ni	0	0.003	0	0.001
Cu	0	3.821	0	0.016
Zn	0	0.069	0	0.004
Ga	0	0.000	0	0.001
As	0	0.054	0	0.003
Se	0	0.003	0	0.001
Rb	0	0.000	0	0.000
Sr	0	0.039	0	0.002
Y	0	0.002	0	0.001
Zr	0	0.000	0	0.001
Nb	0	0.000	0	0.001

dy-8-1-00134-GeoExploration.	Assay Time：2018/3/27 17：05：20	Elapsed Time：74
Alloy 1：	Match No：	

Element Name	Min	%	Max	+/-［*3］
Mo	0	0.003	0	0.001
Rh	0	0.000	0	0.002
Ag	0	0.003	0	0.002
Cd	0	0.000	0	0.001
Sn	0	0.007	0	0.009
Sb	0	0.016	0	0.006
Te	0	0.000	0	0.000
Ba	0	0.122	0	0.020
La	0	0.010	0	0.021
Ce	0	0.001	0	0.027
Hf	0	0.025	0	0.018
Ta	0	0.000	0	0.002
W	0	0.000	0	0.008
Pt	0	0.000	0	0.003
Hg	0	0.003	0	0.001
Tl	0	0.000	0	0.002
Pb	0	0.001	0	0.001
Bi	0	0.000	0	0.001
Th	0	0.000	0	0.001
U	0	0.001	0	0.003

dy-9-1-00148-GeoExploration.	Assay Time：2018/3/27 17：45：46	Elapsed Time：74
Alloy 1：	Match No：	

Field Lnfo Operator	Supervisor	Name	DY-9-1
ID	wd	Field1	
Field2			

Element Name	Min	%	Max	+/-［*3］
MgO	0	0.054	0	1.181
Al_2O_3	0	19.807	0	0.590
SiO_2	0	0.000	0	0.222

续表

Element Name	Min	%	Max	+ /– [*3]
P	0	7.157	0	0.100
S	0	0.117	0	0.020
Cl	0	0.209	0	0.026
K_2O	0	0.257	0	0.016
Ca	0	0.095	0	0.009
Ti	0	0.039	0	0.008
V	0	0.014	0	0.008
Cr	0	0.011	0	0.005
Mn	0	0.016	0	0.003
Fe	0	2.603	0	0.034
Co	0	0.013	0	0.006
Ni	0	0.002	0	0.002
Cu	0	4.045	0	0.018
Zn	0	0.000	0	0.002
Ga	0	0.000	0	0.001
As	0	0.394	0	0.009
Se	0	0.004	0	0.001
Rb	0	0.000	0	0.000
Sr	0	0.004	0	0.001
Y	0	0.000	0	0.000
Zr	0	0.000	0	0.001
Nb	0	0.000	0	0.001

dy-9-1-00148-GeoExploration.	Assay Time：2018/3/27 17：45：46	Elapsed Time：74
Alloy 1：	Match No：	

Element Name	Min	%	Max	+ /– [*3]
Mo	0	0.004	0	0.002
Pd	0	0.000	0	0.002
Cd	0	0.000	0	0.001
Sn	0	0.000	0	0.009
Sb	0	0.002	0	0.005
Te	0	0.000	0	0.000

续表

Element Name	Min	%	Max	+/-［*3］
Ba	0	0.003	0	0.016
La	0	0.005	0	0.019
Ce	0	0.002	0	0.024
Hf	0	0.028	0	0.017
Ta	0	0.000	0	0.002
W	0	0.000	0	0.006
Pt	0	0.000	0	0.004
Hg	0	0.003	0	0.001
Tl	0	0.000	0	0.002
Pb	0	0.001	0	0.001
Bi	0	0.000	0	0.001
Th	0	0.003	0	0.001
U	0	0.000	0	0.003

附录七　于家砣头墓地出土宝玉石器分析

先怡衡　李欣桐
（西北大学文化遗产学院）

于家砣头墓地出土的一批宝玉石器，基本上都是小型装饰饰件。为了进一步科学地认知该批宝玉石器的矿料材质性质和制作工艺特征，大连市文物考古研究所送检该墓地 10 个单位出土的宝玉石器，由西北大学文化遗产学院科技考古中心实验室对这批玉石器开展相关成分测试分析工作，进行文物本体微观信息提取，检测报告见附录六。

经检测，于家砣头墓地出土的玉石器材质有黑滑石、玛瑙、绿松石、天河石和岫玉等。综合了解于家砣头墓地出土宝玉石器的基本矿物属性后，可以初步判断该批宝玉石器的原材料均非本地所产。与大连地区邻近的宝玉石产地主要有辽宁阜新的红玛瑙矿、辽宁海城的黑滑石矿及岫岩地区的蛇纹岩玉矿，而其他宝玉石材质的矿料，产地均远离大连。例如天河石和绿松石矿。

天河石是我国先民较早利用的宝玉石品种，最晚在距今 7500 多年前东北地区查海遗址先民就使用天河石来琢磨各种器物了，并在之后的数千年中几乎不间断地利用天河石琢磨器物，利用此种矿石制作礼器和饰品。这种现象也显示东北地区是我国最早利用天河石的区域之一，且这种现象在东北地区的其他文化中得以延续。兴隆洼文化天河石环形石斧、左家山二期文化天河石小斧子、兴隆洼文化晚期的天河石管状器、吉林新石器时代中期的天河石小环、赵宝沟文化晚期天河石玦，还有红山文化一大批天河石小璧、斧子、小龟背形器及齐家文化天河石琮、璜、斧子、管状器，以及夏家店遗址下层文化出现的天河石器物，全都文化内涵深厚、器物风格及题材独特、琢磨工艺及社会历史记忆丰富。由兴隆洼文化晚期天河石器物转变成礼器，到红山文化天河石器物展现人类早期文明的辉煌成就，再到小河沿文化、齐家文化的天河石器物逐渐微型化的转变，天河石历史地位和分布区域的变化，值得我们倾注更多的人力、物力加大研究探讨的力度，进一步揭示中国新石器时代天河石器物所承载的早期文明信息[1]。也希望以于家砣头墓地出土的天河石为研究对象，进而研究我国东北地区天河石的使用历史和产源。

我国天河石矿主要分布在新疆的哈密和阿尔泰地区[2]、甘肃的酒泉地区、云南的贡山县至泸水县之间及元阳县等地，而这些矿区都远离大连。近年，考古学者发现了目前我国唯一一处古代开采天河石的矿业遗址，它位于内蒙古的锡林浩特，出土了大量的古代采矿石锤，初步判定为先秦时期。此天河石矿恰恰也是距离大连最近的一处天河石产地，包括于家砣头墓地出土的天河石在内的东北地区天河石矿料有可能与此古代矿业遗址有相对密切的关系。

绿松石是世界范围内先民较为钟爱的宝玉石品种，我国是世界上最早利用绿松石的国家之一，早在距今8000多年前的贾湖一期文化就出土有大量的绿松石珠饰。此后绿松石的使用范围逐步扩展到周边及边疆地区，东北地区从红山文化开始使用绿松石，出土数量并不多，分布范围却较广，反映出在新石器时代的东北地区绿松石制品是一种非普通人所能使用的宝玉石饰品。后来在青铜时代，东北地区的绿松石逐渐普及开来，成为一种引人注意的宝玉石品种[3]。但是我国绿松石产地主要分布于鄂豫陕交界地区和河西走廊的西端，东北地区并没有发现绿松石的产地，因此东北地区绿松石来源问题成为许多学者的关注对象，而学者们普遍认为其很有可能来自包括陕西在内的西北地区。现阶段考古学者已经在陕西和河南交界处的秦岭地区发现了2座年代较早的绿松石采矿遗址，分别位于陕西的洛南县和河南的卢氏县，这两个遗址的开采年代从新石器时代晚期一直延续到青铜时代晚期，初步证明二里头遗址和山西新石器时代遗址的部分绿松石来源于豫陕交界的秦岭地区，这为研究中原地区早期绿松石的来源提供了科学的依据[4]。近期又在新疆哈密发现了2座青铜时代的绿松石采矿遗址，年代均为西周时期，晚于中原地区绿松石采矿遗址年代[5]。这些都为研究我国新石器时代至青铜时代绿松石来源提供了依据。我国东北地区从新石器时代开始就与中原地区在考古学文化方面有着密切的交流，特别是辽东半岛与山东半岛文化交流十分密切。距离于家砣头墓地不远的郭家村新石器时代遗址就发现了绿松石坠、珠共6件[6]，东北地区绿松石原料的来源也与中原早期绿松石采矿遗址之间存在着极大的交流可能性，具体的科技证据将会在今后研究中得到详细的分析和论证。

到了青铜时代，距今3000多年的双砣子三期文化，与山东半岛的文化交流戛然而止，不见与中原其他地区文化交流的迹象，为大连地区土著文化，因此于家砣头墓地发现的多件绿松石的来源值得研究。

于家砣头墓地绿松石坠存在二次利用的现象，残存的边角有二次钻孔现象。多数玉石器装饰品的孔道发现了螺旋纹，当为钻孔时留下的，为我们研究当时的钻孔技术提供了资料。这些玉石器装饰品可能作为成品通过贸易交换获得，因为于家村遗址上层尚未发现玉器在本地加工的现象，也未发现制作玉器的边角余料。当然，也不排除以其他方式获得。这批天河石、绿松石珠饰在孔洞边缘有长时间使用的磨损痕迹，反映出此批珠饰是墓主生前长时间佩戴的珍贵饰品。因此，这批珠饰的材质鉴定不仅可以反映出墓主生前的生活习俗，亦可从一个方面反映出于家砣头墓地人群的资源获取网络和区域范围。

注　释

[1] 李欧：《中国新石器时期天河石器物审视与研究》，《吉林广播电视大学学报》2010 年第 2 期。

[2] 王元龙、邢慧：《新疆阿尔泰钾长石矿物学特征及开发利用》，《矿产与地质》1997 年第 2 期。

[3] 方辉：《东北地区出土绿松石器研究》，《考古与文物》2007 年第 1 期。

[4] A. 先怡衡等：《陕西洛南绿松石的锶同位素特征及其产地意义——兼论二里头出土绿松石的产源》，《西北地质》2018 年第 2 期。

B. 李延祥等：《山西三处先秦遗址出土绿松石制品产源特征探索》，《文物》2018 年第 2 期。

[5] 刘喜锋等：《新疆哈密绿松石的矿物学和光谱学特征研究》，《光谱学与光谱分析》2018 年第 4 期。

[6] 辽宁省博物馆、旅顺博物馆：《大连市郭家村新石器时代遗址》，《考古学报》1984 年第 3 期。

附录八　于家砣头墓地发掘回忆录

苏小幸

（旅顺博物馆）

1977年5～7月，辽宁省博物馆、旅顺博物馆在旅顺铁山公社（今铁山街道）于家村大队于家村小队的砣头墓地进行考古发掘。这是继郭家村、于家村等遗址考古发掘之后进行的又一次重要发掘。短时间的多次发掘使这一时期成为大连文物考古工作此后进入“鼎盛时期”之开端。

一、行政区划与自然环境

于家砣头墓地隶属大连市旅顺口区铁山街道牧羊城村（1997年于家村、尹家村、刁家村合并为牧羊城村）。墓地位于于家村西南深入海中的砣子尖端，与于家村遗址相连。当年，墓地是附近村落夭折婴儿和意外横死、不知姓名人的乱葬岗，与村民住宅有一段距离。从这里向南不远就是辽东半岛最南端的老铁山西南角，从山角到山东半岛的蓬莱海岬连线，即渤海与黄海分界线的渤海海峡，是连接两个半岛的黄金水道，海上交通十分发达。大连境内的渤海沿岸海湾基本都可停泊修船，但于家村和陈家村渔港（属于铁山街道）是出渤海入黄海的最后两个停泊修船之地，两渔港一北一南，相距较近，船舶修好后就顺着老铁山黄金水道入黄海或者向南沿庙岛群岛到山东。在砣头墓地位置可经常看到过往船只。

有别于主要从事渔业作业的陈家村和柏岚子村（属铁山街道），于家村则与尹家村、郭家村一样，大多数人从事农业，种植果树，极少从事渔业。于家村最好的耕地位于牧羊城城址和牧羊城南的大坞崖（战国—西汉遗址）一带。大坞崖曾经是过往船舶的停泊地，但后来船的停泊地迁至于家砣头北面的崖底，大坞崖现在仍有一座渔船修造厂。这小船厂经营了近百年时间，规模不算大，一直不温不火，当地人都称之为“老船坞”。

老铁山是旅顺南部知名的大山，也是渤海与黄海分界的重要地理标志，山上分布着众多的新石器时代积石冢。以老铁山北麓的韭菜房、对庄沟、王家、文家为界，向西进入老铁山山里，坐落在老铁山山麓以西的村落有郭家村、尹家村、刁家村、张家村、陈家村、于家村等，民间通称这里为“南山里”，古代遗存多分布在这一带，比如，老铁山山背上分布着众多的新石器时代积石冢，“山里”的重要古代遗址有郭家村新石器时代遗址、尹家村汉代遗址和墓葬、刁家村汉墓等。南山里这几个村，论人口和农耕地，要数尹家村和于家村是大村。以前外来打工的，就只能住到刁家窝棚，刁家村由此得名。这里，冬无严寒，夏无酷暑，山里的气候比山外暖和，山里、山外温度有时竟相差好几度。这一带，风景美丽，气候宜人，植被茂密，自然环境非常优越，属于老铁山自然风景区，所以还有旅顺“小江南”之称，是候鸟栖息地，野生动物和候鸟种类、数量繁多（现有野生动物700多个种类，其中鸟类300余种）。20世纪70年代，在发掘工地，下午三四点钟后，常会听到放火枪的声音，第二天老乡们会谈论昨日打鸟及上山抓鸟的收获。有村民就在积石墓里挖坑躲藏捕鸟，头戴嘎斯灯照鸟，有些墓葬因此被破坏。20世纪80年代初，这里设立了国家级自然保护区，设有保护区管理局执法，全民护鸟爱鸟意识大大增强。

这一带海上航行频繁，但海上航行必须了解海况，渤海平均深度为18米，最深处达85米，就在老铁山水道上。据记载：“在渤海海峡，终年有北进南出的海流，流速夏强冬弱；在渤海内海岸，辽东湾为右旋环流，余者为左旋环流，最后经海峡南部流出。黄海沿岸流为渤海沿岸流顺绕着山东半岛南下而成。”冬季，渤海、黄海多西北风和北风，5月才转为偏南风，真正的东南季风要等到6月（孙光圻：《中国古代航海史》（修订本），海洋出版社，2005年）。因此海流和季风对古代海上航行非常重要，长期在海上航行的渔民都要掌握这些常识。砣头附近处于渤海右岸，航行风险要比黄海一侧少一些，但毕竟是水深浪急，风险也比较大。砣头的地势正好为下面崖底的修船厂遮挡了部分西北风，特别是西风和南风。所以在下面崖底建造了修船厂。

二、发掘队伍的组成

当时，按国家文物局规定，市一级没有考古发掘权，因此旅顺博物馆许明纲副馆长（兼任大连市文物管理委员会办公室副主任）代表大连市向辽宁省文物部门提出申请，要求考古发掘，解决大连地区考古学文化编年问题，申请得到辽宁省文物部门批准，而且辽宁省博物馆给予大力支持，于是便有了大连历史上第一次大规模联合考古发掘盛况。诸如郭家村、于家村及小珠山、吴家村、柳条沟东山、上马石遗址等都是那个时期发掘的，于家砣头墓地也是这时发掘的。这一发掘项目是由原辽宁省博物馆文物工作队副队长许玉林负责，旅顺博物馆原副馆长许明纲先生主持现场发掘。

当时考古队伍由辽宁省博物馆文物工作队、旅顺博物馆考古研究部、大连文物管理办公室、辽宁大学历史系（包括历史学专业和考古学专业）师生及大连市各区县选派来的工农兵学员组成，队伍最多时超过100人，基本都安排在郭家村4个生产小队的农户家住宿。辽大历史专业学生干了一个月就先回去了，考古专业的学生由何贤武老师带队继续留下工作。当时在发掘现场的辽大师生还要补上在学校的课，为此学校教师还特意从学校赶到工地，课堂就设在尹家村小学，非辽大学生也有不少人去“蹭课”的。考古队伍虽然庞大，但组织管理严格，发掘工作有序进行，队员们得到了很好的锻炼。辽宁大学考古学专业这一届学生毕业后，大多数成为辽宁省文博战线上的骨干力量。

当年于家砣头墓地的发掘，考古队员是从驻地郭家村出发，经尹家村、牧羊城至于家村乡间道路，然后穿过于家村西南民宅，跨过一条干沟，再向西南登山走约5分钟路，经过于家村遗址（属于双砣子一期、三期文化），最后走到临海崖头、三面临海的砣头墓地，大约步行2.5千米路程。由于时间紧、路途远，为节省时间，中午考古队派人把饭送到工地。发掘期间，考古队员每天往返一个来回，非常辛苦，但大家都不抱怨。

三、发掘过程

当年考古大会战，先后开了三个工地，郭家村遗址、于家村遗址、砣头墓地。参与砣头墓地发掘的考古队员，是从考古大部队中挑选出来的，有金殿士、孙力、苏小幸、刘俊勇、陈连旭、王珌、孟庆忠等。多数队员比较年轻，金殿士年龄大一点儿。金老师在发掘时观察仔细，记录认真，画图清晰。我们被墓室的N次丛葬弄得头昏脑涨，对复杂的人骨关系无能为力，只好把辽宁省博物馆研究室的孙守道先生请来，负责指导考古发掘现场绘图和人骨鉴定。孙先生考古实践经验丰富，画功了得。在辽宁省某地考古时，他以给老乡画素描肖像而出名，队员们都称他为“孙大师”。孙先生在发掘现场，将复杂的人骨逐层分析鉴定，然后在米格纸上用不同蜡笔涂色表示多层人骨，同时标明人骨残存的部位、方向等，难度相当大。为了让孙先生少走5千米路，辽宁省博物馆的孙力（又称大孙力，因为孙守道先生的在辽宁省博物馆工作的次子也名孙力）同志每天骑自行车载着孙先生在崎岖乡村小路上往来，很是辛苦！

砣头墓地的发现与发掘，许明纲先生功不可没。许先生考古经验丰富，1965年曾参加过中朝联合考古队在双砣子、岗上、楼上等地的发掘。于家砣头墓地是由许先生认定并提出发掘建议的，当时墓地位置是现代乱葬岗，而且土层不厚。发掘开始时，许先生要去省城开会，离开几天。于是他将墓地划分成四大块，人员亦分为四组进行发掘。要求：第一步是清理表土和浮石，第二步是找出墓壁。这对没有发掘经验的年轻队员来说并不容易，急性子的人一下子将墓室清理到了底，只看到碎石、碎陶片、碎人骨。谨慎一点儿的队员，探方里也到处都是乱石和扰乱土，看不到墓室边际。队员们认为墓地被严重破坏了，于是停工撤回到郭家村发掘工地。许先生开会回来后，听完汇报，没动声色，过了一天，他宣布砣头墓地保存基本完好，值得发掘。原来他自己一人去砣头墓地理出头绪，才使后来发掘工作顺利进行。此外，辽宁省博物馆文物工作队的郭大顺、张克举、方殿春、姚义田四位先生也到过工地。旅顺博物馆考古部的陈连旭同志在发掘后虽然从事了外事工作，但一直关注文博事业发展，做了不少有益的工作。40 年过去了，许明纲、许玉林、金殿士、孙守道、孙力、张克举六位先生都已逝去，但他们为大连考古事业做出的贡献，令人钦佩，大连考古人是不会忘记的。

四、发掘花絮

大连古代遗址一般分布在向阳坡地，新石器时代墓地都建在高山上，都是积石冢，时代越晚，分布高度越下降，青铜时代墓地一般建在丘陵台地上。砣头墓地位于临海砣头上，三面临海，由东北略向西南倾斜，东北方向可通往村里。

墓地南坡偏西，是墓地最西南端，是一处绝壁，目测离崖边约 2 米处，上有一孤立巨石，高约 4 米，宽约 2 米，中上部比较宽，底宽不到 2 米，一直引起年轻队员好奇。有一天，队员陈连旭和孙力冒险下去推它，当时曾是想将它推下海，结果无论怎么推巨石都只是前后摇晃，就是不倒。孙守道先生见到后马上制止了他们：不能动它！看样子这块石头已经在这几千年了，说不定是古人的巨石崇拜呢！一经提醒，大家蠢蠢欲动的心戛然而止。以后，我注意到几乎每天清晨都有一只不知名的小鸟站在石头上，面向大海快乐地鸣叫，好听得很。

考古发掘之前，按规定得先动迁清理墓地上的现代坟。当时大队喇叭一响，村民陆续来了，我们立即帮助迁坟，包括几十年、十几年前的先人墓和儿童、婴儿的乱葬墓，动迁进行得比较顺利。记得有一座比较奇特的坟，埋的是一具男尸，穿着粗黑布中式衫，贴身下兜里揣着火柴盒，但只剩下民国时期的火柴商标和一枚火柴。听当地人说，此人是在海上出了事故而溺亡的，是好心的村民把他埋葬在这里。砣头崖下常有来往渔船，不少在此避风停靠，补充给养，修理船只。有一次，我们还买了山东渔船捕获的新鲜鲅鱼（因修船误期不能及时返回母港，必须将打捞的鱼卖掉）带着，提前放假回家了。

记得发掘墓室时，发现大部分墓室内是黑色腐殖土，一开始并未及时发现细小的陶珠、滑石珠，因为这些小珠子个头小，是黑色的，混在黑色土中很难发现，庆幸的是，还是被细心的考古队员陈连旭发现了。于是，立即停工，赶回旅顺博物馆，让木匠师傅做了几个细眼筛子，重新回筛已经清理出去的土，筛了好几遍。现在看到的串珠有一部分是筛出来的。为避免器物和墓室填土一起被清理出去，我们也用筛子挽救了一些器物残片。因为陶器火候低，碎片出土时土壤水分较大，不仔细观察就会混在腐殖土中被清理出去，所以考古队领导再三强调，要仔细，不能马虎，工作态度要严谨，考古队员们做到了。发掘过程中，对墓室的早晚形成有了初步共识，并探讨了有的墓室的边箱结构。由于考古队员的辛勤工作，考古发掘成果显著，辽宁省和大连市主管部门领导前来看望。还有一段珍贵的回忆，是旅顺口区委书记孙瑀带慰问品前来慰问，并将区文艺宣传队带到工地演出。许明纲先生说，这是他考古生涯中第一次遇到的事情，队员们也感动兴奋了好久。其实，发掘工作现场100多人的粮食和副食品供应，全依靠旅顺口区有关部门、农民和海军基地的大力支持。发掘时为了节省时间和人力，后勤组的王琳同志不辞辛苦地骑自行车将午饭送到发掘工地。有一次他骑车摔倒了，饭撒了一部分，我们说凑合凑合少吃一些吧，但他坚持要重新换，于是他急忙返回驻地，将新做的饭菜又送到工地。

1977年7月1日是考古队员最难忘的一天，这天墓地发掘工作结束。发掘历经多日，其他墓室基本清理完，特意留下M24最下一层人骨没有动，可以看到两具尸骨仰身直肢的样子，两人相对，头骨均朝向墓壁，一个北向，一个南向。我们先清理北面那具骨架，清完后再轻轻捧起头骨时，一枚铜镞赫然出现，摆放位置中正，恰在枕骨处，镞尖指向北墓壁。大家非常激动。之后大家又谨慎地清理对面的那具骨架，都在猜测是不是与清理过的那具情况一样，结果真的是令人大喜过望，枕骨下也规规矩矩地摆放着一枚铜镞，镞尖指向南壁。经过确认，两枚铜镞均被压在头骨下面，应是经一定祭祀仪式的随葬品，而不是因被射中头部而带入墓室的，从而证实了此墓室是中心墓室的推测，证实了此墓室也是该墓地最早的墓葬。M24丛葬人数多达17具，最底层这两人可能是部族的重要人物。

出土陶器中，令人印象最深的是那件大型的黑褐陶圈足镂空器座，它应是一件实用器。旅顺博物馆许正雄同志费了不少功夫修复它，由于火候太低，修了不止四五次，难度很大。

发掘现场条件很简陋，没有什么好的设备，没有彩照，更没有无人机，只有装黑白胶卷的120相机。当时请来建筑工程队用木杉篙搭起近10米高的脚手架。海风很大，旅顺博物馆的刘俊勇（后为辽宁师范大学教授）顶着风勇敢地攀登上去，用120相机拍摄了墓地清理后的全景黑白照片。

20世纪80年代初，我有机会去北京看望宿白先生，向他汇报了砣头墓地考古发掘情况，告诉他该墓地不同于早先发掘的新石器时代积石墓，不在高山上。老铁山山脊海拔400多米，砣头墓地海拔仅20多米，是在丘陵台地上。时代早的积石墓在高山上，时代越晚墓地就越低，但绝对到不了平地处。当时我汇报时把特殊葬俗仍叫二次葬，并说葬俗与早期墓葬有异。宿先生听罢问：是在一个墓室里吗？我说是，人骨一个一个地摞在一起。我试探地问这是叠葬吗？应该叫什么葬式呢？是什么人的葬俗？先生沉思良久，没有直接回答，只是听我继续汇报发掘出土了什么器物等。之后我和先生的谈话又转向别的话题。在我准备告辞时，先生才回答了我的提问，“应是丛葬，多次丛葬”，又加一句：“鲜卑丛葬！”“鲜卑早期是有丛葬习俗的。”原来先生一直在思考这个问题，过了良久才回答我。当时我愣住了：难道砣头墓地与鲜卑有关？因为墓地出土器物为青铜时代（商末周初），现在突然可能与约晚到东周时期的鲜卑相联系，这是怎么回事？我脑子里立即出现了好几个问号，想到墓地出土的陶器座和北方地区铜镀外形有点儿像，只是陶器座无耳和把手，与铜镀功能也不同，这一点也曾和杨虎先生探讨过。早期鲜卑的丛葬习俗，与于家砣头墓地葬俗一致，那么砣头墓地葬俗可能对鲜卑葬俗产生过一定的影响？我这样猜想，期待日后找到更多证据。遗憾的是，在宿白先生逝世（2018 年 2 月）的前半年，我虽又去探望先生一次，但没能再谈论于家砣头墓地，成为一大憾事。

发掘过程中，许明纲、许玉林、刘俊勇及我都探讨过砣头墓地的文化内涵及时代问题。特别是发掘结束后，人骨测年数据出来了，结果偏晚（公元前 325 年左右），两位许先生感到困惑：原以为是于家村遗址上层人们的墓地，测年却晚了很多，这如何解释？新的 ^{14}C 年代测定数据也出来了，于家砣头墓地的年代也最终得到确认。后来两位许先生又发掘了双房石盖石棺墓，推测是辽南石盖墓中的较早类型，应与双砣子三期文化积石冢尤其是砣头墓地有一定关联。

发掘结束后不久，墓地的整理工作开始。许明纲先生和刘俊勇将资料整理出来，以简报形式于 1983 年发表，引起考古界关注。

如今，《于家砣头墓地》考古发掘报告即将出版，我感到十分欣慰，这是大连考古又一重大成果，谢谢为报告编写和出版付出辛勤汗水的人。

2018 年 5 月 26 日

后　记

于家砣头墓地于1977年由辽宁省博物馆和旅顺博物馆联合发掘，资料存旅顺博物馆，并由旅顺博物馆和辽宁省博物馆共同署名，由许明纲、刘俊勇执笔，于《文物》1983年第9期发表简报《大连于家村砣头积石墓地》。此后，辽宁省、大连市考古部门几经变动。

1986年辽宁省文物考古研究所成立，当年参加于家砣头墓地发掘的原辽宁省博物馆文物工作队部分人员划归辽宁省文物考古研究所。1993年大连市文物管理委员会办公室增挂大连市文物考古研究所牌子，将旅顺博物馆考古部人员划归考古所，包括当年参加发掘的同志。笔者也随着这次工作单位变更，离开了工作八年的旅顺博物馆，进入了新单位。于家砣头墓地的发掘资料除了部分器物留在旅顺博物馆外，其余的所有资料全部入藏大连市文物考古研究所。由此，笔者才得以长期接触这些发掘品和发掘档案材料，熟悉这些发掘品的来龙去脉。

早在2005年，笔者就萌生了重新整理于家砣头墓地考古发掘资料的想法，因为当年仅发表了简报，不能全面反映墓地的整体面貌。笔者跟辽宁省文化厅原副厅长郭大顺先生说了想法，郭先生欣然支持，并提出编写建议。郭先生说，该墓地非常重要，应该把墓地的详细资料报道出来，方便大家研究。于是，笔者开始着手做发掘资料的整理和编写工作。考虑到没有亲自参加该墓地发掘工作，便请当年参与发掘的旅顺博物馆原副馆长苏小幸先生协助整理资料，以便随时了解当年的发掘情况。笔者将当年的全部发掘资料包括发掘记录、图纸、检测鉴定材料、出土文物等一一找出来，重新核对，同时详细调研和统计了旅顺博物馆所藏部分于家砣头墓地出土器物。通过翻阅全部发掘资料特别是发掘记录，反复核对出土文物与发掘记录，重新梳理，并结合已发表的简报，确定了报告编写体例和大纲，原则上对墓地发掘资料全部报道。

本报告忠于原始发掘记录，在仔细核实原始发掘记录、图纸和每一件器物的基础上，以墓室为单位，尽可能地公布全部发掘材料，目的是全面地揭示该墓地的面貌，为研究者提供更全面、更详细的资料，同时，尽可能地对所有能检测鉴定的遗物进行科学分析，并对该墓地的墓室结构、葬俗特征、器物特征、墓地年代和文化属性、社会结构与生业模式等方面进行了探讨。

由于该墓地发掘时间距今过久，保存的记录资料较少，库房又经过几次搬迁，资料整理的难度可想而知。经过两年的整理和编写，该报告初稿于2007年完成。当时有这样一个想法，2007年正是于家砣头墓地发掘30周年，发掘报告若能赶在这个值得纪念的日子出版有特殊的意义。遗憾的是，由于种种原因，未能如愿，发掘报告因故搁置了长达10年之久，一直成为笔者的遗憾。在此期间，郭大顺先生、李新全先生等长期给予关注，特别要感谢郭大顺先生多年来的鼓励和支持。

2017年正值于家砣头墓地发掘40周年，经过长时间的努力，发掘报告的出版又重新提上了日程。可喜的是，大连市文物考古研究所领导班子支持报告出版，笔者感到十分欣慰，终于可以了却一桩心愿。

于是，笔者重新整理基础材料，对报告初稿进行了大的修改。注重科学检测分析和多学科研究，并将放置在库房里多年的人骨找出来，进行了人骨分析和骨胶原样品提取，并进行了相关的科学检测。报告内容新增了人骨分析、人骨测年和稳定同位素科学检测与分析、墓地出土玉石器检测分析、发掘者回忆录等。在当年发掘现场绘制的人骨分析图的基础上，通过套色彩图形式，再现人骨复杂埋葬情况，将复杂的人骨关系表现得一目了然，还原了当时的埋葬情况。总之，就是让有限的发掘材料发挥最大作用，尽量让报告更加完整、充实。

于家砣头墓地人骨稳定同位素分析和^{14}C测年样本的骨胶原提取由山东大学历史文化学院硕士研究生王一帆、程露霞和山东大学文化遗产研究院董豫教授完成。人骨骨胶原测年样品^{14}C数据由中国科学院广州地球化学研究所同位素地球化学国家重点实验室AMS-^{14}C制样实验室和有机地球化学国家重点实验室加速器质谱实验室联合完成。人骨稳定同位素检测由深圳精信同位素检测科技有限公司完成。人骨重新鉴定由山东大学历史文化学院张晓雯博士完成。玉石类检测分析由西北大学文化遗产学院先怡衡老师带领的课题组完成。

本报告由张翠敏主持编写并执笔。发掘资料的整理由张翠敏完成，苏小幸先生协助。器物绘图及原始发掘线图清绘、图纸扫描和后期电脑处理由裴克强、张翠敏完成。发掘现场照片采用当年发掘时拍摄的黑白照片，器物照片由大连美术馆李彤拍摄，旅顺博物馆提供了馆藏的于家砣头墓地部分器物照片（由张帮义拍摄），陈勃源补照了部分小件照片。墓地现状全景空拍由辽宁省文物考古研究所图旭刚、冯雷完成。

本报告得到了辽宁省文物考古研究所、辽宁省博物馆、旅顺博物馆、山东大学历史文化学院、西北大学文化遗产学院等单位的大力支持，得到了郭大顺先生、苏小幸先生的指导和帮助。郭大顺先生亲自为本报告写序，通览了报告，提出宝贵的修改意见，并为本报告定名提出了很好的建议。苏小幸先生为本报告撰写了发掘回忆录。大连市文物考古研究所原所长韩建宏和现任所长王智远、旅顺博物馆馆长王振芬等给予大力支持；山东大学历史文化学院栾丰实教授、王芬教授、张晓雯博士和文化遗产研究院董豫教授、赵永生老师提供了大力帮助；西北大学文化遗产学院先怡衡老师和李欣桐、王栋、赵文正、郭靖雯、樊静怡、张璐樊、郭香容、曹诗媛、陈禹来等同学为宝玉石器检测做了大量工作；中国科学院广州地球化学研究所高级工程师丁平、深圳精信同位素检测科技有限公司的陈建璋等给予积极的支持；大连自然博物馆刘金远研究员给予帮助；科学出版社文物考古分社编辑王光明先生为报告的出版付出了辛勤汗水。在此，谨向给予本报告支持、帮助的单位和个人致以衷心的感谢。

最后，需要指出的是，凡与本报告有出入者，皆以本报告为准。

张翠敏

2018年8月1日

于家砣头墓地卫星图

于家砣头墓地全景空拍（右为北）

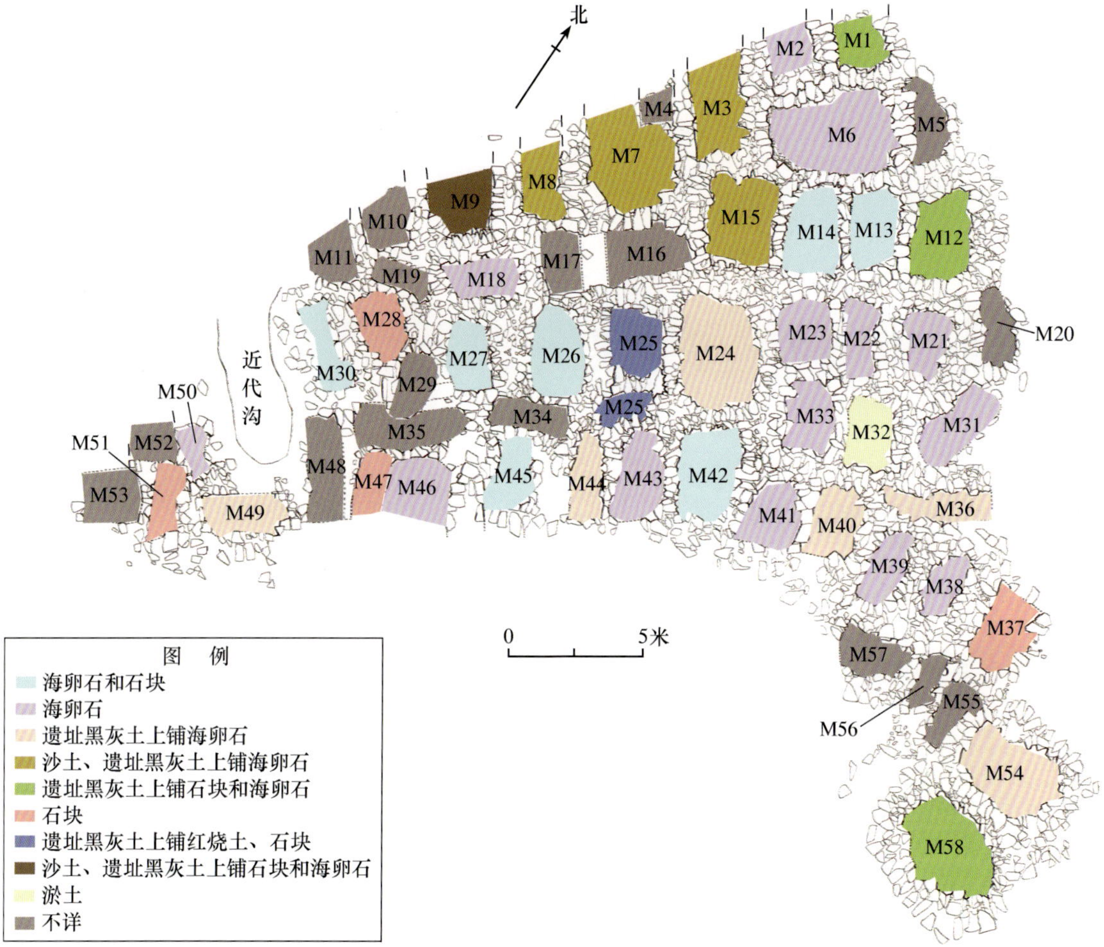

于家砣头墓地墓室铺底状况示意图

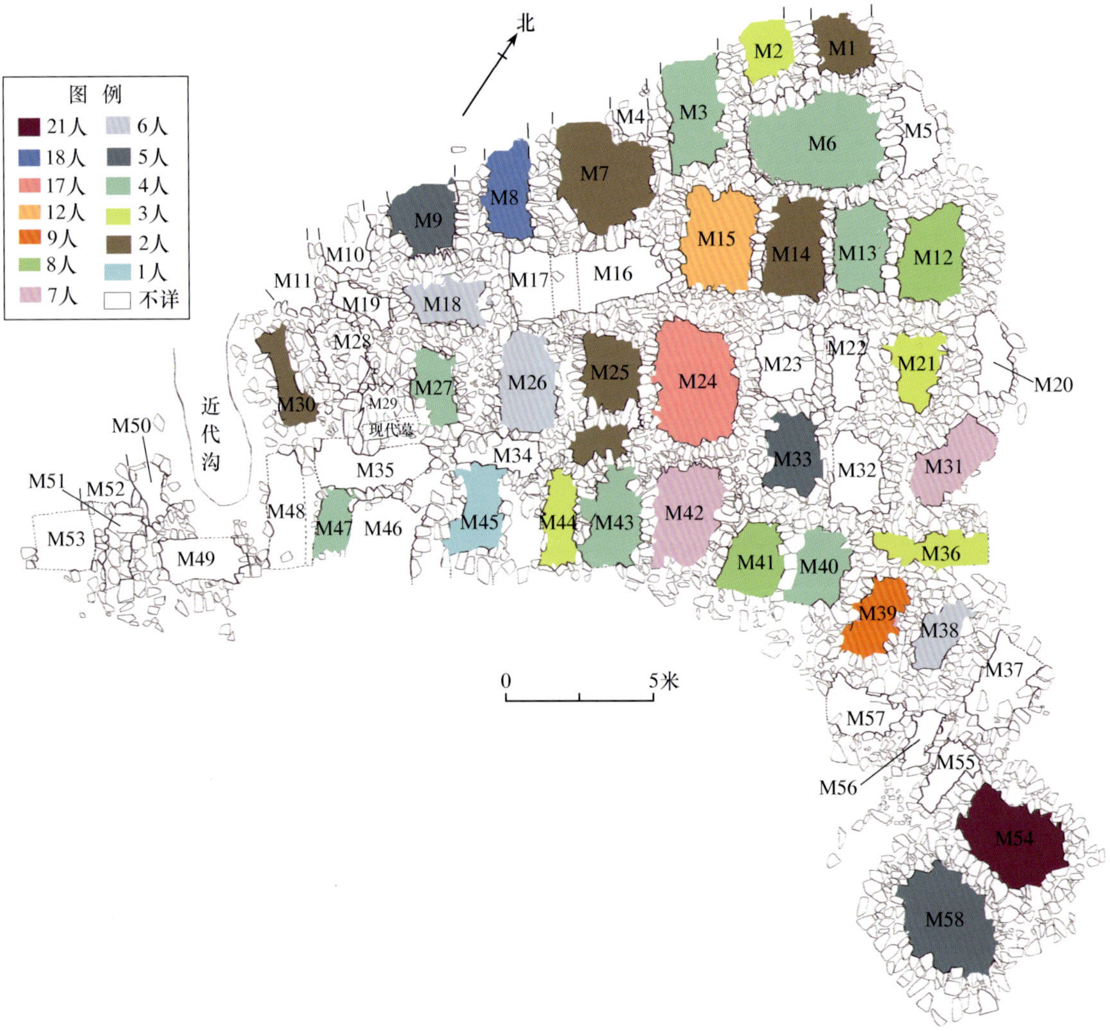

于家砣头墓地墓室人骨数量示意图

1. 杯（M1：1）

2. 圈足罐（M9：1）

3. 杯（M15：1）

4. 圈足罐（M13：1）

5. 钵（M11：2）

6. 圈足罐（M15：2）

M1、M9、M11、M13、M15出土陶器

彩版六

1. 石纺轮（M3：7）

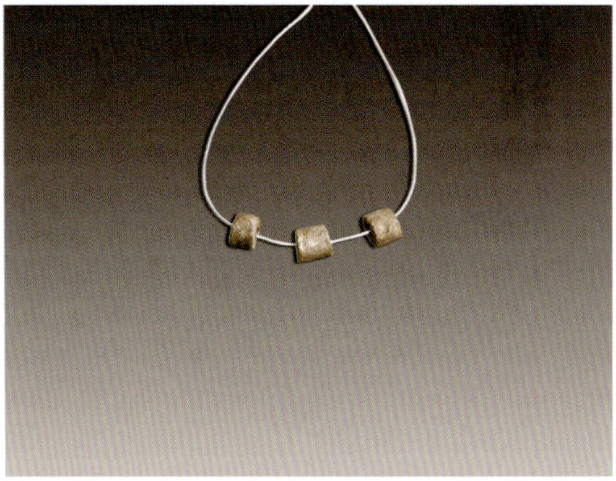

2. 黑滑石串珠（M2：2）

3. 石刀（M12：1）

4. 玉坠（M14：2）

5. 铜鱼钩（M6：1）

M2、M3、M6、M12、M14出土器物

1. 杯（M3：1）

2. 杯（M3：4）

3. 鼓腹罐（M3：2）

4. 鼓腹罐（M3：5）

5. 圈足罐（M3：6）

6. 豆（M3：3）

M3出土陶器

1. 陶杯（M8：5）

2. 陶圈足罐（M8：2）

3. 陶杯（M8：3）

4. 陶折腹罐（M8：1）

5. 陶杯（M8：4）

6. 天河石坠（M8：6）

7. 环状石器（M8：7）

M8出土器物

1. 陶弦纹壶（M21：3）

2. 陶圈足罐（M21：5）

3. 陶弦纹壶（M21：2）

4. 陶大口壶（M21：7）

5. 陶杯（M21：6）

6. 石纺轮（M21：1）

M21出土器物

1. 陶鼓腹罐（M24：7）

2. 陶圈足罐（M24：2）

3. 陶折腹罐（M24：1）

4. 陶折腹罐（M24：3）

5. 玛瑙珠（M24：8）

6. 石锛（M24：4）

M24出土器物

1. 铜镞（M24：5）

2. 铜镞（M24：6）

3. 陶鼓腹罐（M25：1）

4. 陶钵（M25：3）

5. 陶钵（M25：2）

6. 陶钵（M25：6）

M24、M25出土器物

1. 陶器座（M27：1）

2. 陶弦纹壶（M30：2）

3. 陶盆（M28：3）

4. 陶圈足罐（M30：1）

5. 天河石坠（M30：3）

6. 石纺轮（M26：2）

M26～M28、M30出土器物

1. 陶弦纹壶（M31：3）

2. 陶碗（M31：4）

3. 陶圈足罐（M31：2）

4. 陶钵（M33：2）

5. 铜环（M31：7）

6. 石斧（M31：5）

M31、M33出土器物

1. 陶圆腹壶（M39：1）

2. 陶豆（M40：2）

3. 陶弦纹壶（M40：1）

4. 陶弦纹壶（M36：1）

5. 陶串珠（M37：1）

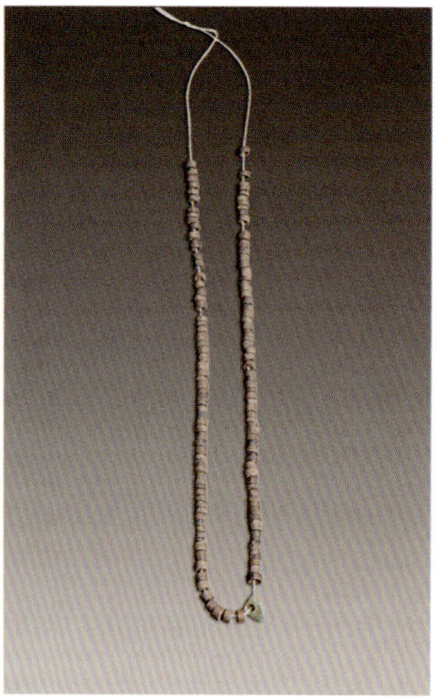

6. 黑滑石串珠与绿松石坠（M40：4、M40：5）

7. 石纺轮（M36：2）

M36、M37、M39、M40出土器物

1. 陶杯（M38：2）

2. 陶钵（M38：3）

3. 陶舟形器（M38：1）

4. 陶串珠和绿松石坠（M38：7、M38：4、M38：9）

5. 铜泡（M38：5、M38：6）

6. 陶串珠（M38：11）

M38出土器物

1. 陶杯（M41：1）

2. 陶杯（M41：2）

3. 陶弦纹壶（M41：3）

4. 陶串珠（M41：6）

5. 石纺轮（M41：4）

6. 天河石坠、玛瑙珠、绿松石坠
（M41：8、M41：5、M41：7）

M41出土器物

1. 陶杯（M42：7）

2. 陶折腹罐（M42：8）

3. 陶钵（M42：4）

4. 陶圈足（M42：3）

5. 陶弦纹壶（M42：1）

6. 黑滑石串珠（M42：6）

7. 绿松石坠（M42：5）

M42出土器物

1. 陶圈足罐（M44：1）

2. 陶碗（M44：2）

3. 陶鼓腹罐（M44：3）

4. 陶弦纹壶（M45：1）

5. 黑滑石串珠、绿松石坠（M45：2、M45：3）

6. 玉坠、黑滑石串珠（M43：2、M43：3）

7. 陶串珠（M44：4）

M43～M45出土器物

1. 陶鼓腹罐（M46：3）

2. 陶碗（M47：1）

3. 陶盆（M46：2）

4. 陶折腹罐（M48：1）

5. 石纺轮（M46：1）

6. 玛瑙珠（M47：2）

7. 陶杯（M48：2）

M46～M48出土器物

1. 陶鼓腹罐（M50：1）

2. 陶碗（M50：2）

3. 陶杯（M55：1）

4. 石纺轮（M49：1）

M49、M50、M55出土器物

1. 鼓腹罐（M51：3）

2. 杯（M51：5）

3. 鼓腹罐（M51：4）

4. 杯（M51：6）

5. 圈足（M51：7）

6. 纺轮（M51：8）

M51出土陶器

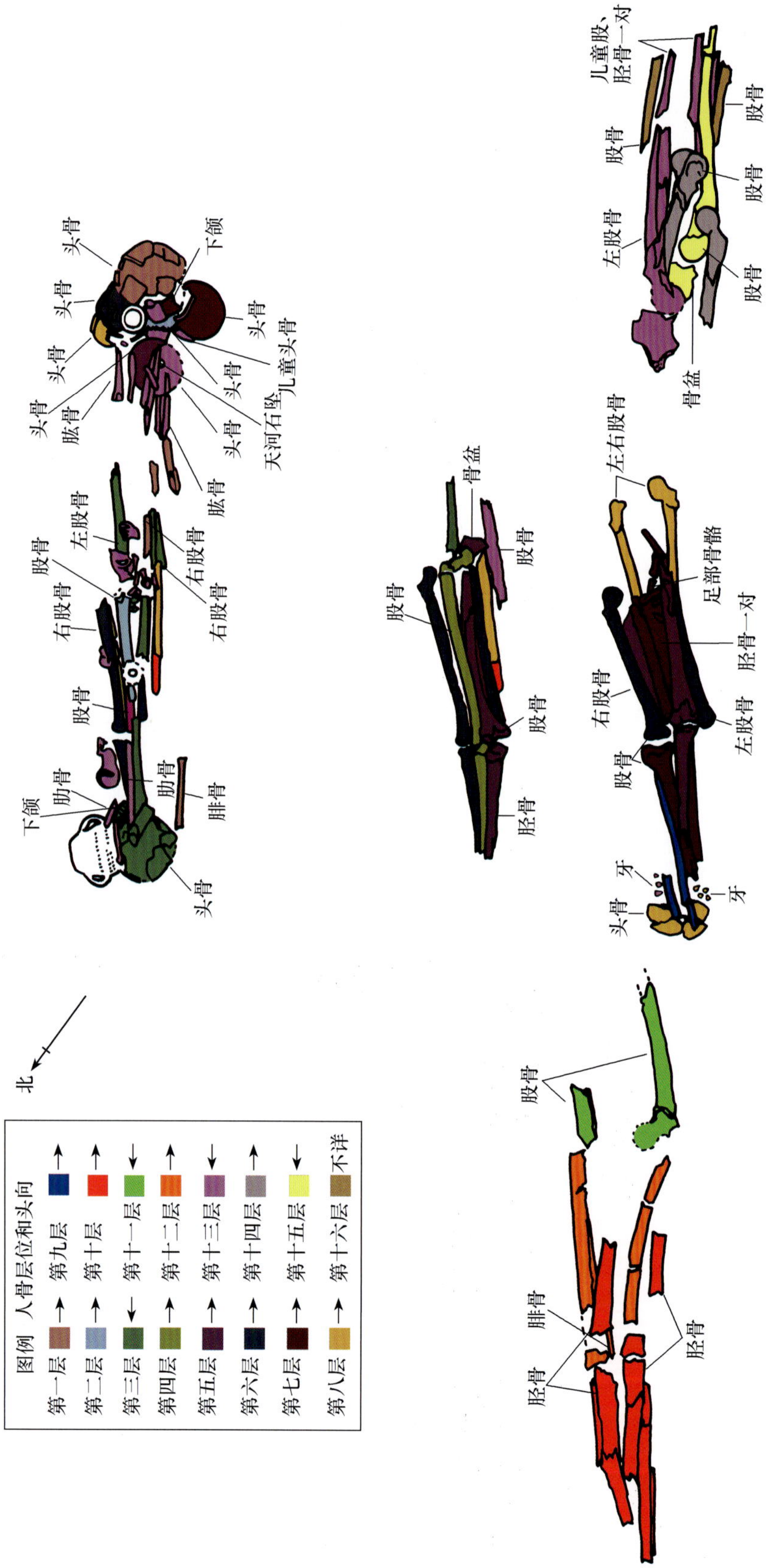
图例 人骨层位和头向
第一层
第二层
第三层
第四层
第五层
第六层
第七层
第八层
第九层
第十层
第十一层
第十二层
第十三层
第十四层
第十五层
第十六层
不详
北
头骨
下颌
肱骨
儿童头骨
天河石坠
股骨
左股骨
右股骨
肋骨
腓骨
骨盆
胫骨
左右股骨
足部骨骼
胫骨一对
牙
儿童股、胫骨一对

M8人骨分析图

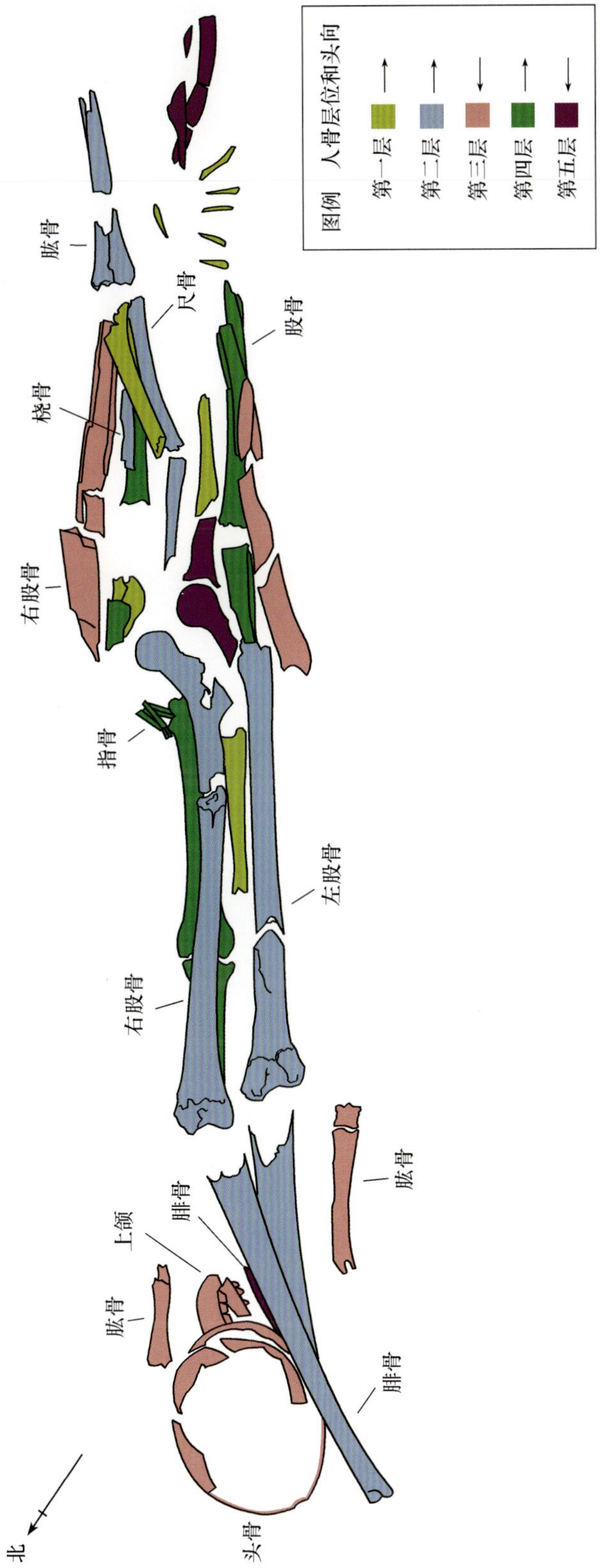
图例 人骨层位和头向
第一层
第二层
第三层
第四层
第五层
肱骨
尺骨
股骨
桡骨
右股骨
指骨
左股骨
右股骨
肱骨
腓骨
上颌
肱骨
腓骨
头骨
北

M9人骨分析图

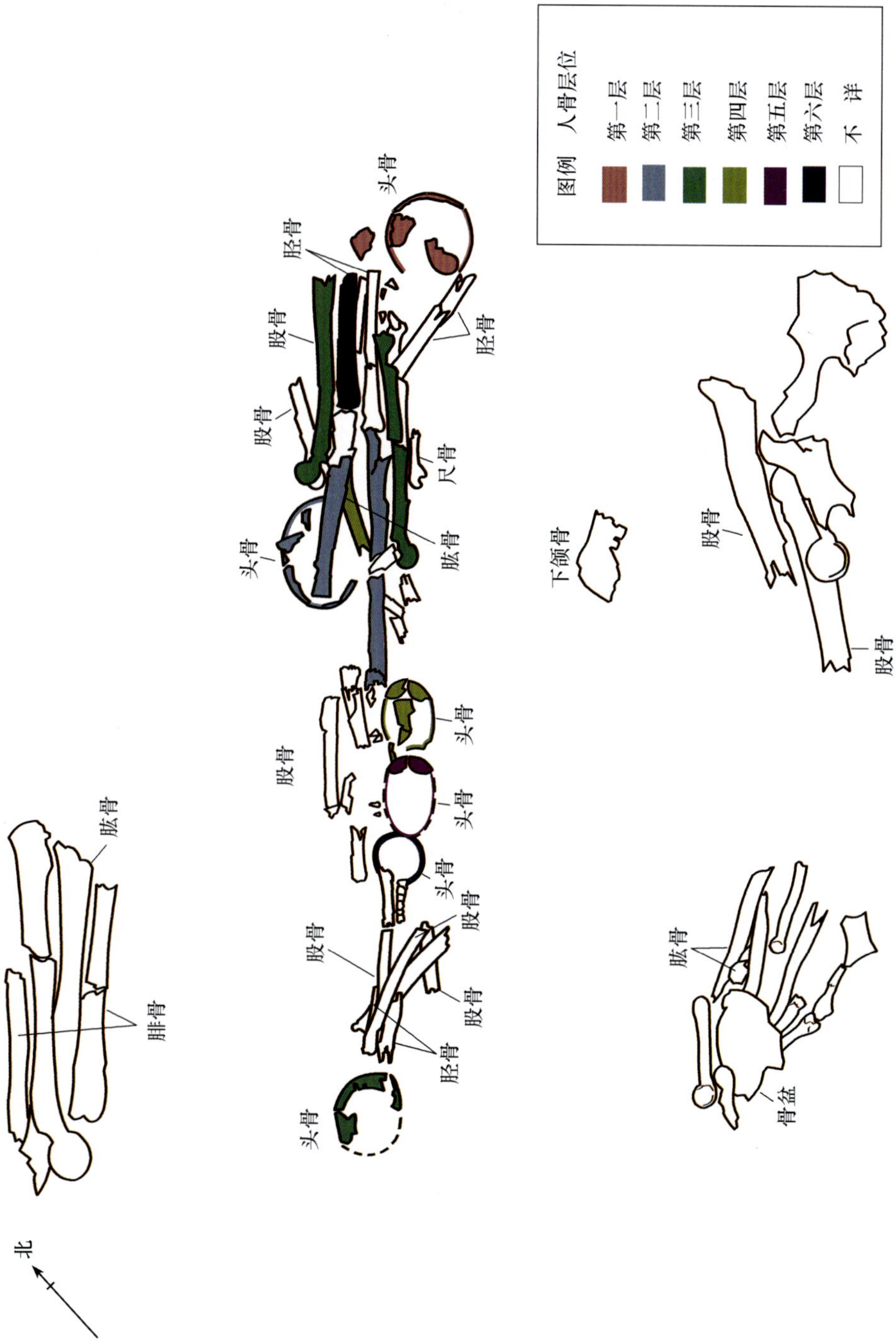
图例 人骨层位
第一层
第二层
第三层
第四层
第五层
第六层
不 详
头骨
胫骨
股骨
胫骨
股骨
尺骨
头骨
肱骨
头骨
股骨
头骨
头骨
股骨
股骨
股骨
胫骨
头骨
肱骨
腓骨
下颌骨
股骨
股骨
肱骨
骨盆
北

M18人骨分析图

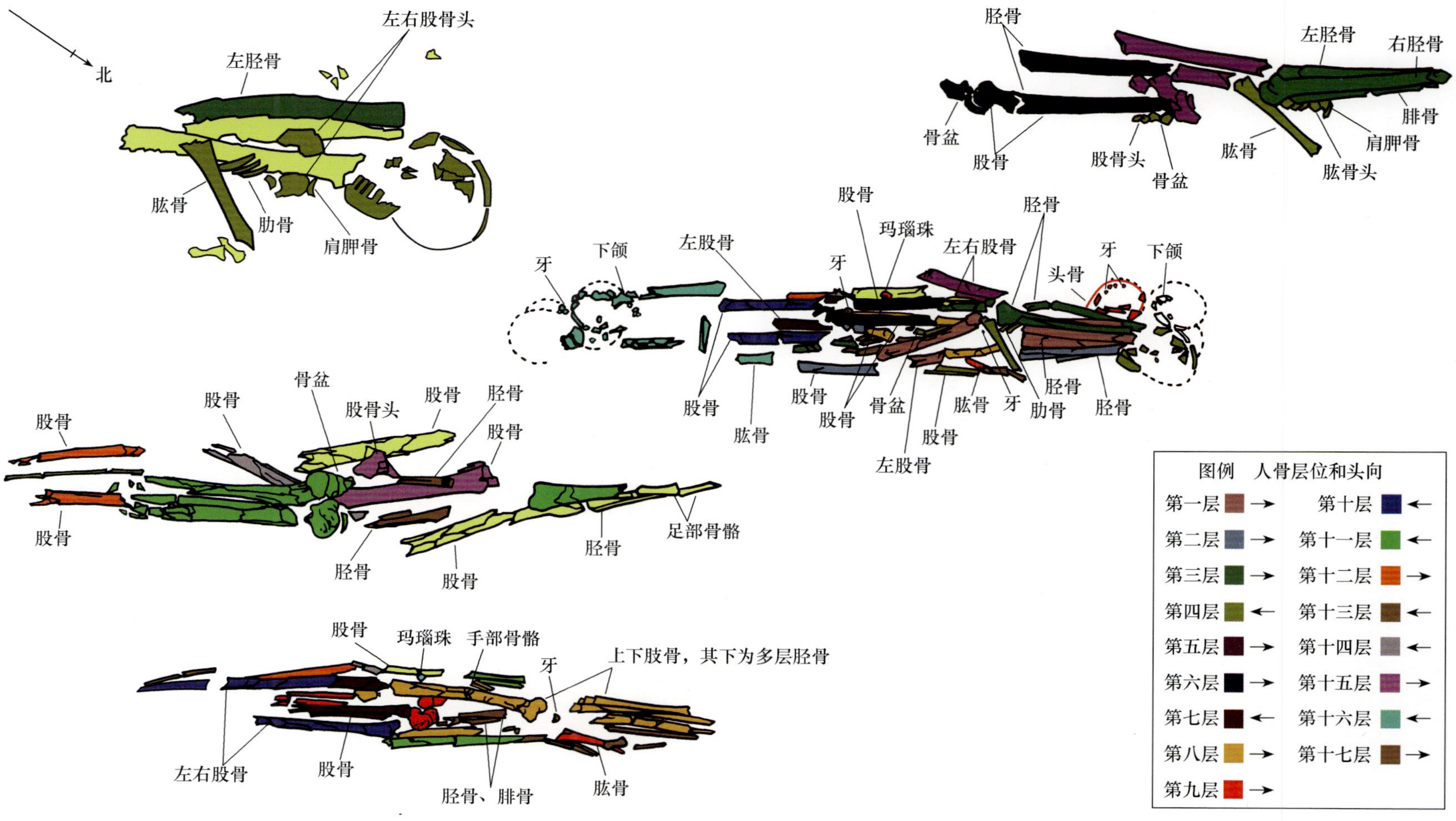
北
左右股骨头
左胫骨
肱骨
肋骨
肩胛骨
胫骨
左胫骨
右胫骨
腓骨
肩胛骨
肱骨头
肱骨
骨盆
股骨
股骨头
骨盆
牙
下颌
左股骨
牙
股骨
玛瑙珠
左右股骨
胫骨
牙
头骨
下颌
股骨
肱骨
股骨
股骨
骨盆
左股骨
股骨
肱骨
牙
肋骨
胫骨
胫骨
股骨
股骨
骨盆
股骨头
股骨
胫骨
股骨
胫骨
股骨
胫骨
足部骨骼
股骨
股骨
玛瑙珠
手部骨骼
牙
上下肢骨，其下为多层胫骨
左右股骨
股骨
胫骨、腓骨
肱骨
图例　人骨层位和头向
第一层 →
第二层 →
第三层 →
第四层 ←
第五层 →
第六层 →
第七层 ←
第八层 →
第九层 →
第十层 ←
第十一层 ←
第十二层 →
第十三层 ←
第十四层 ←
第十五层 →
第十六层 ←
第十七层 →

M24人骨分析图

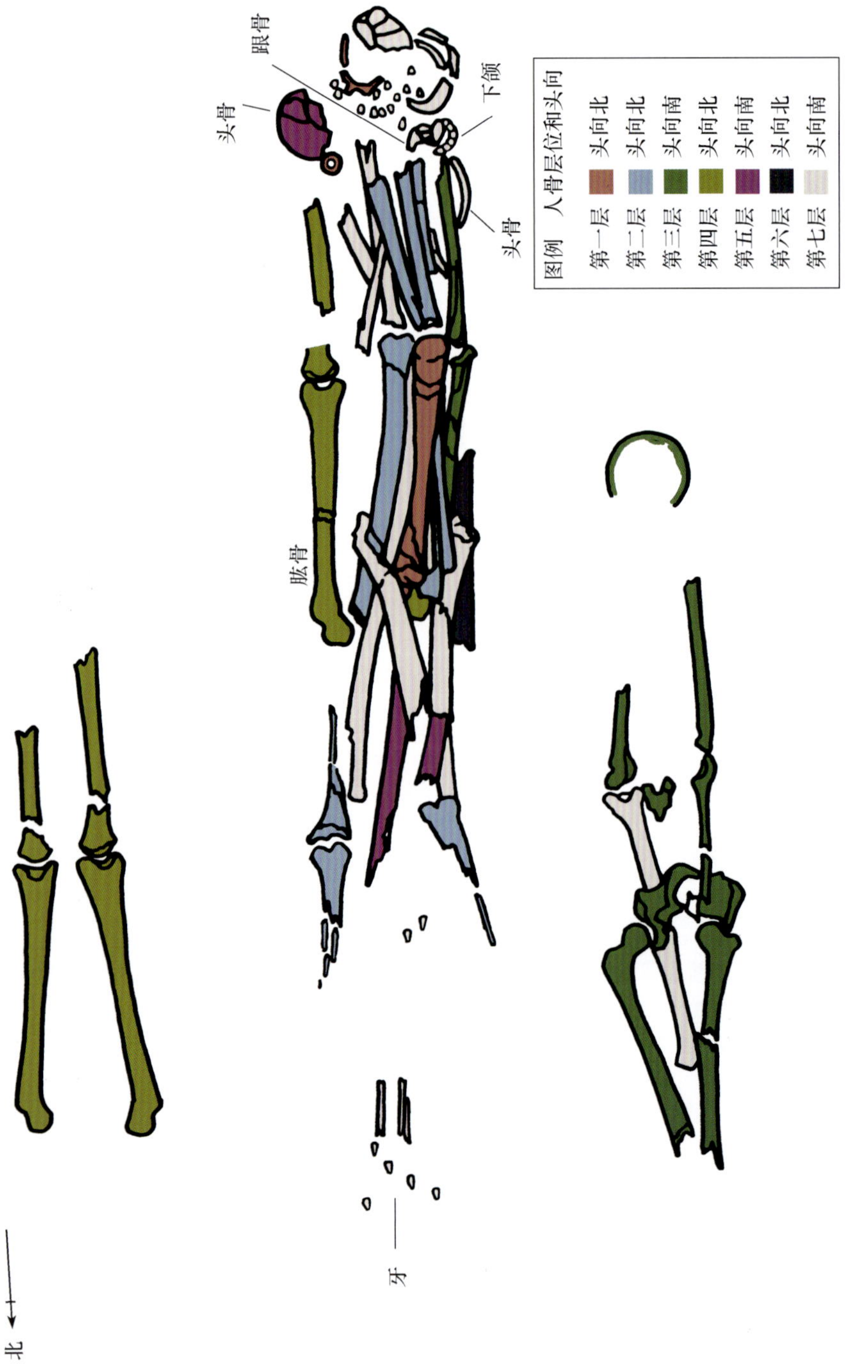

头骨
跟骨
下颌
头骨
肱骨
牙
北
图例 人骨层位和头向
第一层 头向北
第二层 头向北
第三层 头向南
第四层 头向北
第五层 头向南
第六层 头向北
第七层 头向南

M31人骨分析图

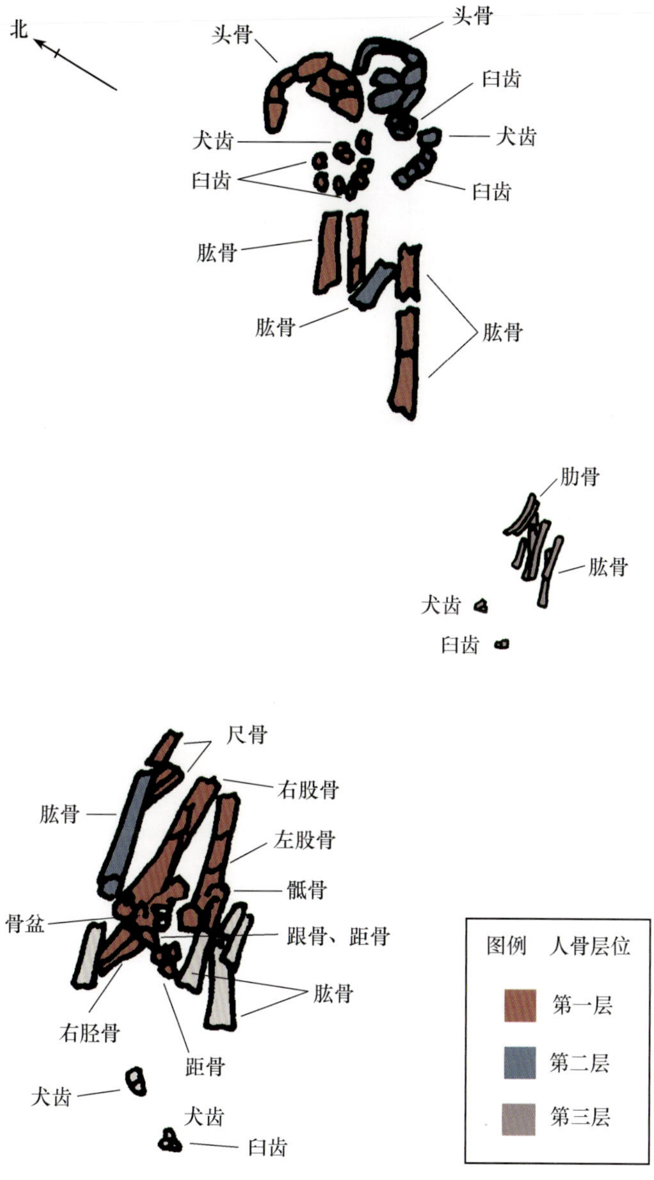
北
头骨
头骨
臼齿
犬齿
犬齿
臼齿
臼齿
肱骨
肱骨
肱骨
肋骨
肱骨
犬齿
臼齿
尺骨
右股骨
肱骨
左股骨
骶骨
骨盆
跟骨、距骨
肱骨
右胫骨
距骨
犬齿
犬齿
臼齿
图例 人骨层位
第一层
第二层
第三层

M36人骨分析图

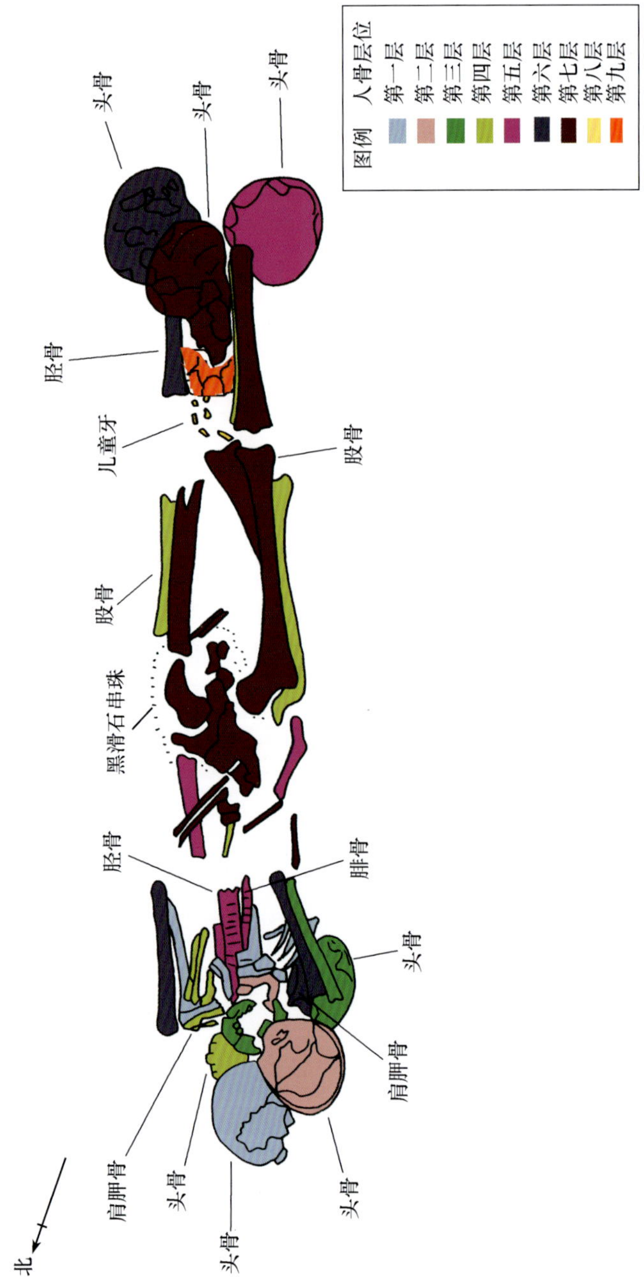
图例 人骨层位
第一层
第二层
第三层
第四层
第五层
第六层
第七层
第八层
第九层
头骨
胫骨
儿童牙
股骨
黑滑石串珠
腓骨
肩胛骨
北

M39人骨分析图

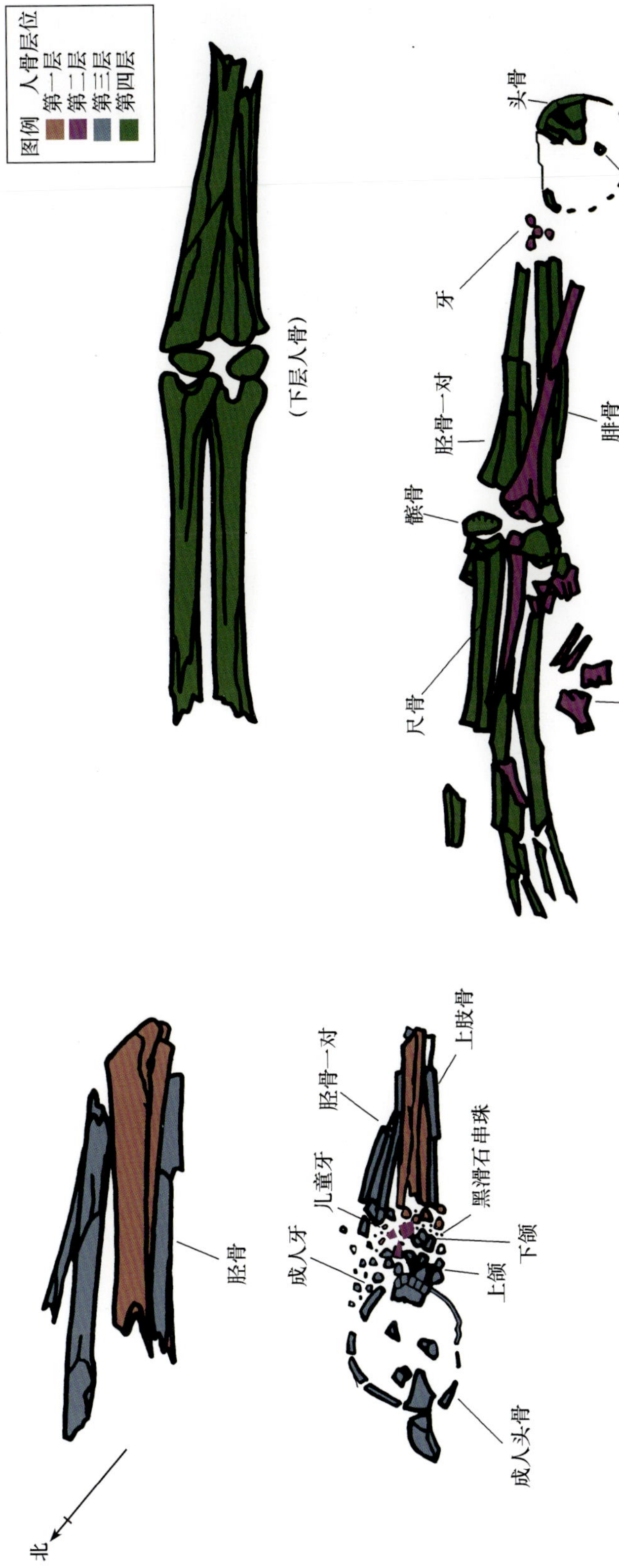

图例 人骨层位
第一层
第二层
第三层
第四层
（下层人骨）
头骨
绿松石坠
牙
胫骨一对
腓骨
髌骨
尺骨
腰椎骨
胫骨
上肢骨
胫骨一对
黑滑石串珠
儿童牙
下颌
成人牙
上颌
成人头骨
北

M40人骨分析图

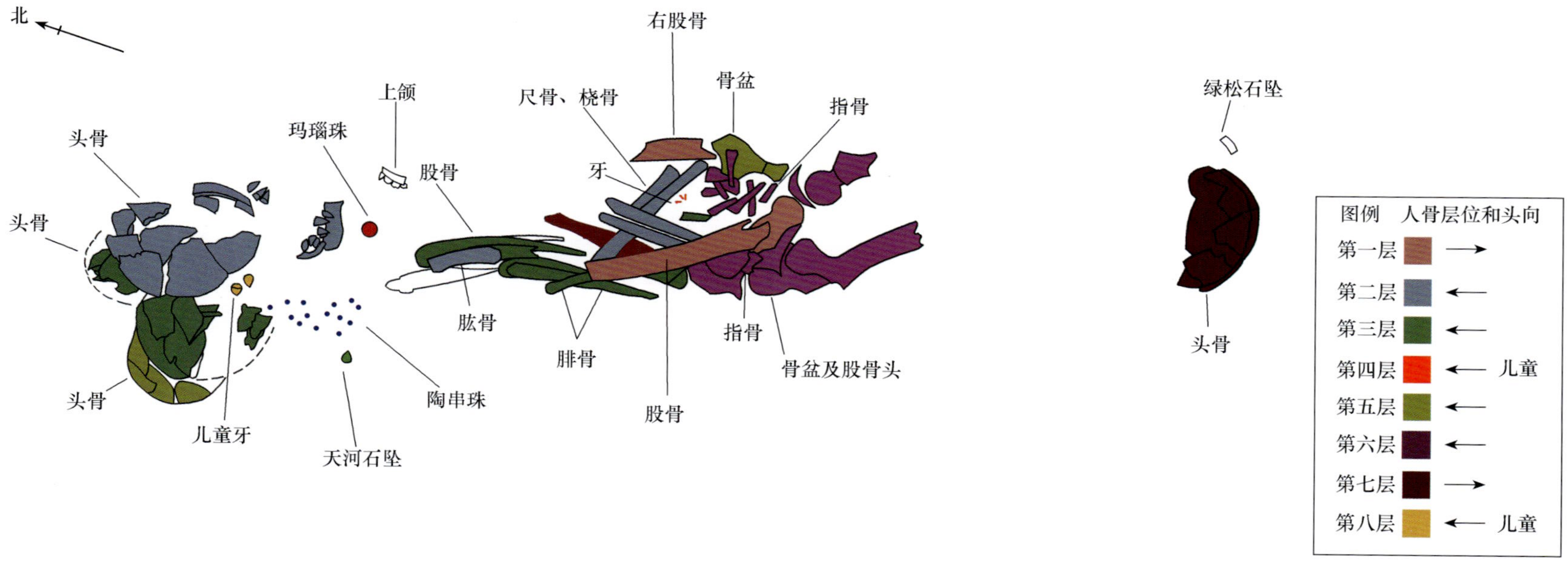
北
头骨
头骨
头骨
儿童牙
玛瑙珠
天河石坠
上颌
股骨
陶串珠
肱骨
尺骨、桡骨
牙
腓骨
右股骨
骨盆
指骨
股骨
指骨
骨盆及股骨头
绿松石坠
头骨
图例 人骨层位和头向
第一层 →
第二层 ←
第三层 ←
第四层 ← 儿童
第五层 ←
第六层 ←
第七层 →
第八层 ← 儿童

M41人骨分析图

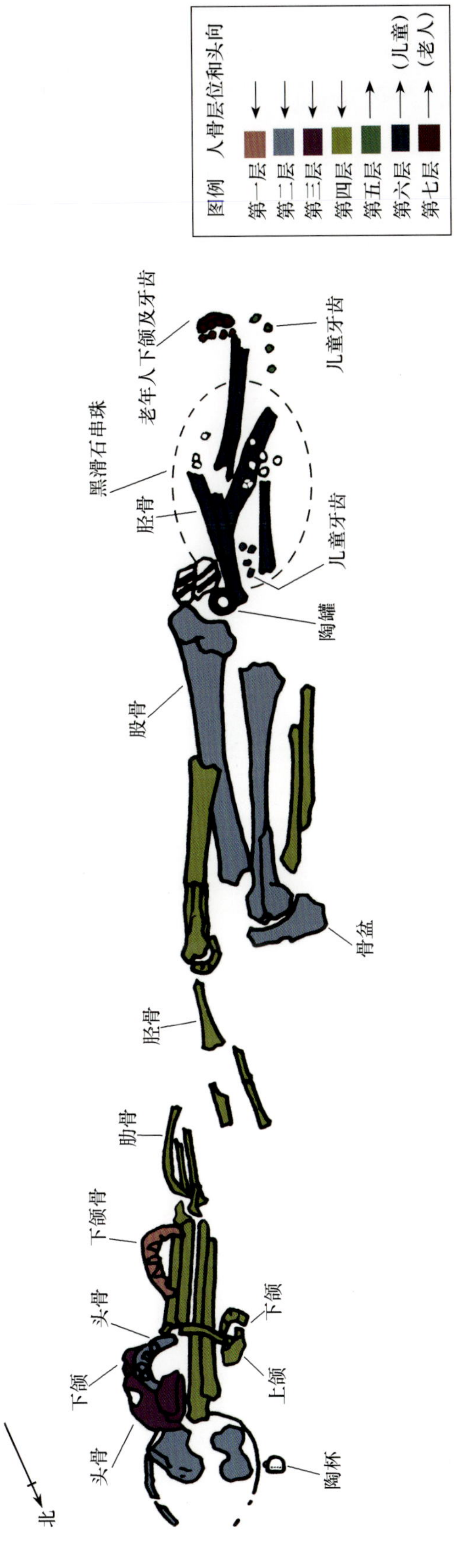
图例 人骨层位和头向
第一层
第二层
第三层
第四层
第五层
第六层 （儿童）
第七层 （老人）
老年人下颌及牙齿
儿童牙齿
黑滑石串珠
胫骨
儿童牙齿
陶罐
股骨
骨盆
胫骨
肋骨
下颌骨
头骨
下颌
下颌
上颌
头骨
陶杯
北

M42人骨分析图

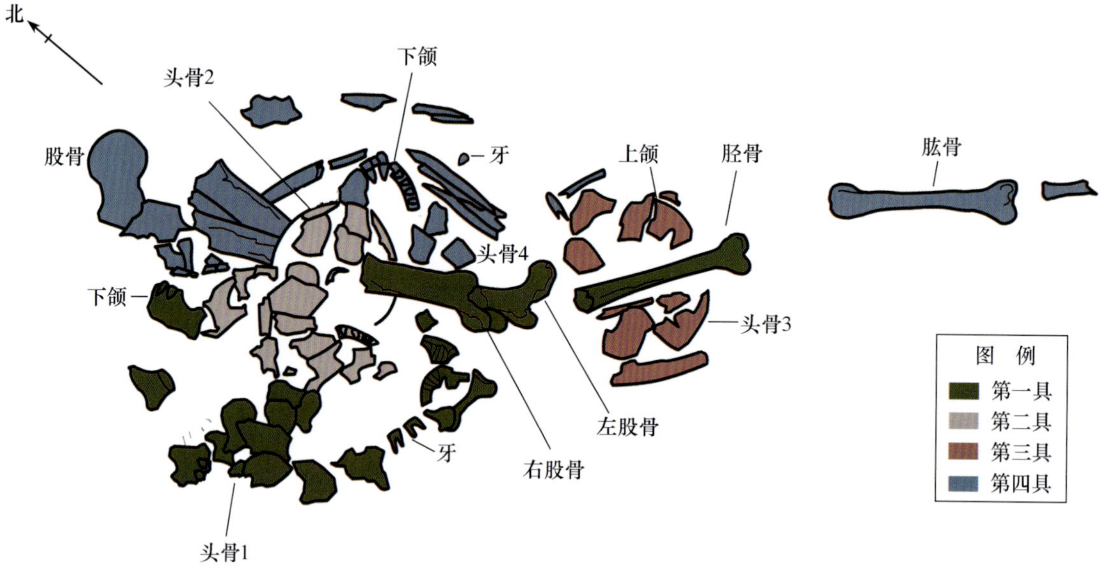

1. 人骨分布图

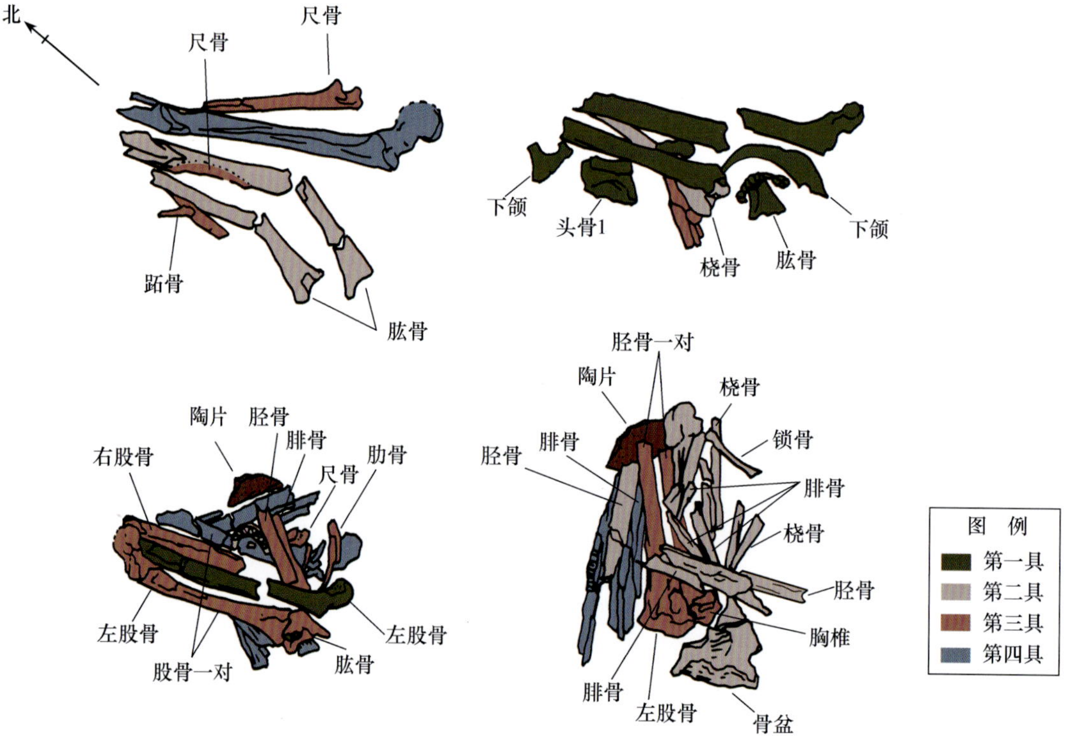

2. 人骨分解图

M47人骨分布图和人骨分解图

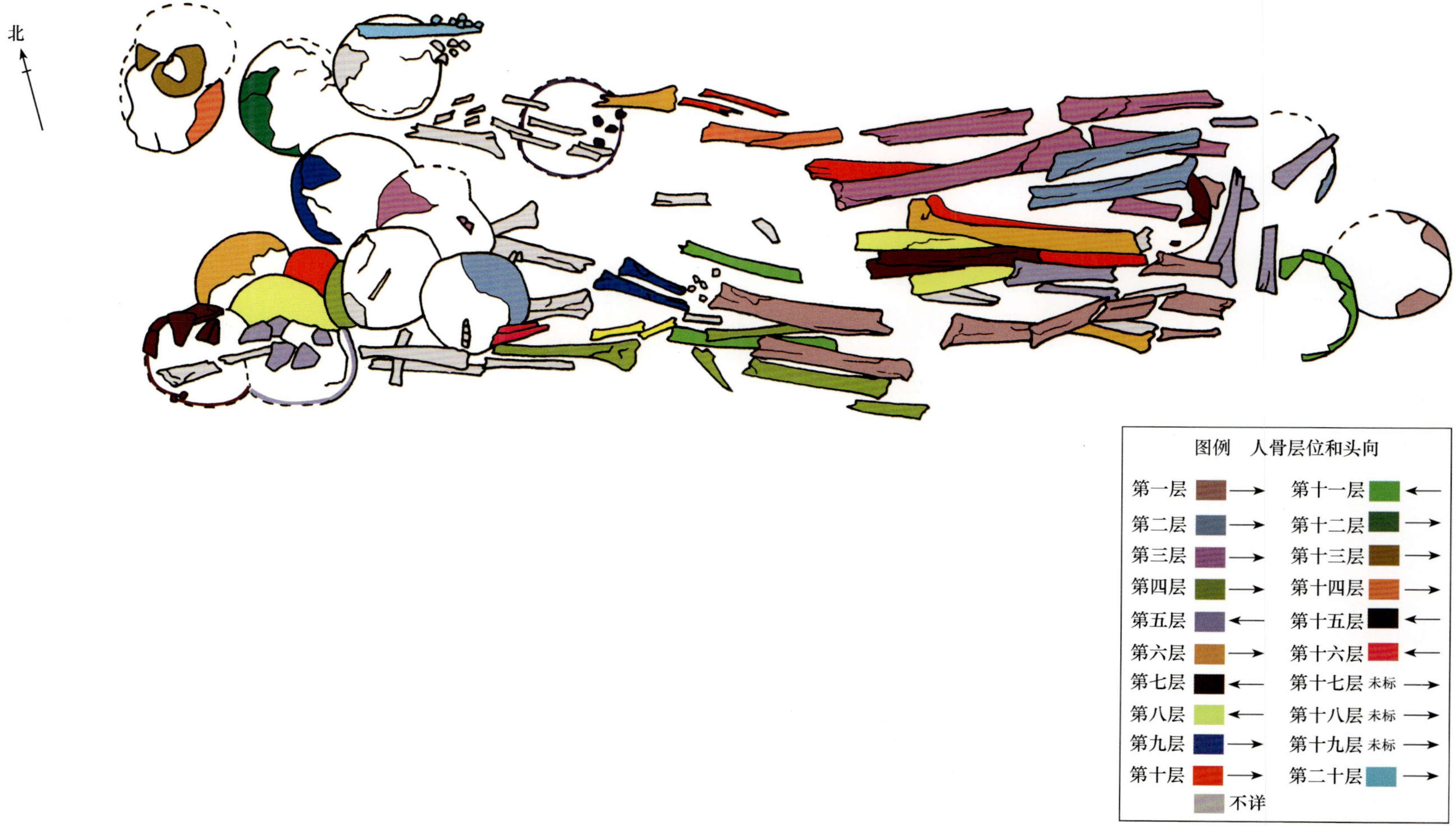
北
图例 人骨层位和头向
第一层
第二层
第三层
第四层
第五层
第六层
第七层
第八层
第九层
第十层
不详
第十一层
第十二层
第十三层
第十四层
第十五层
第十六层
第十七层 未标
第十八层 未标
第十九层 未标
第二十层

M54人骨分析图

彩版三四

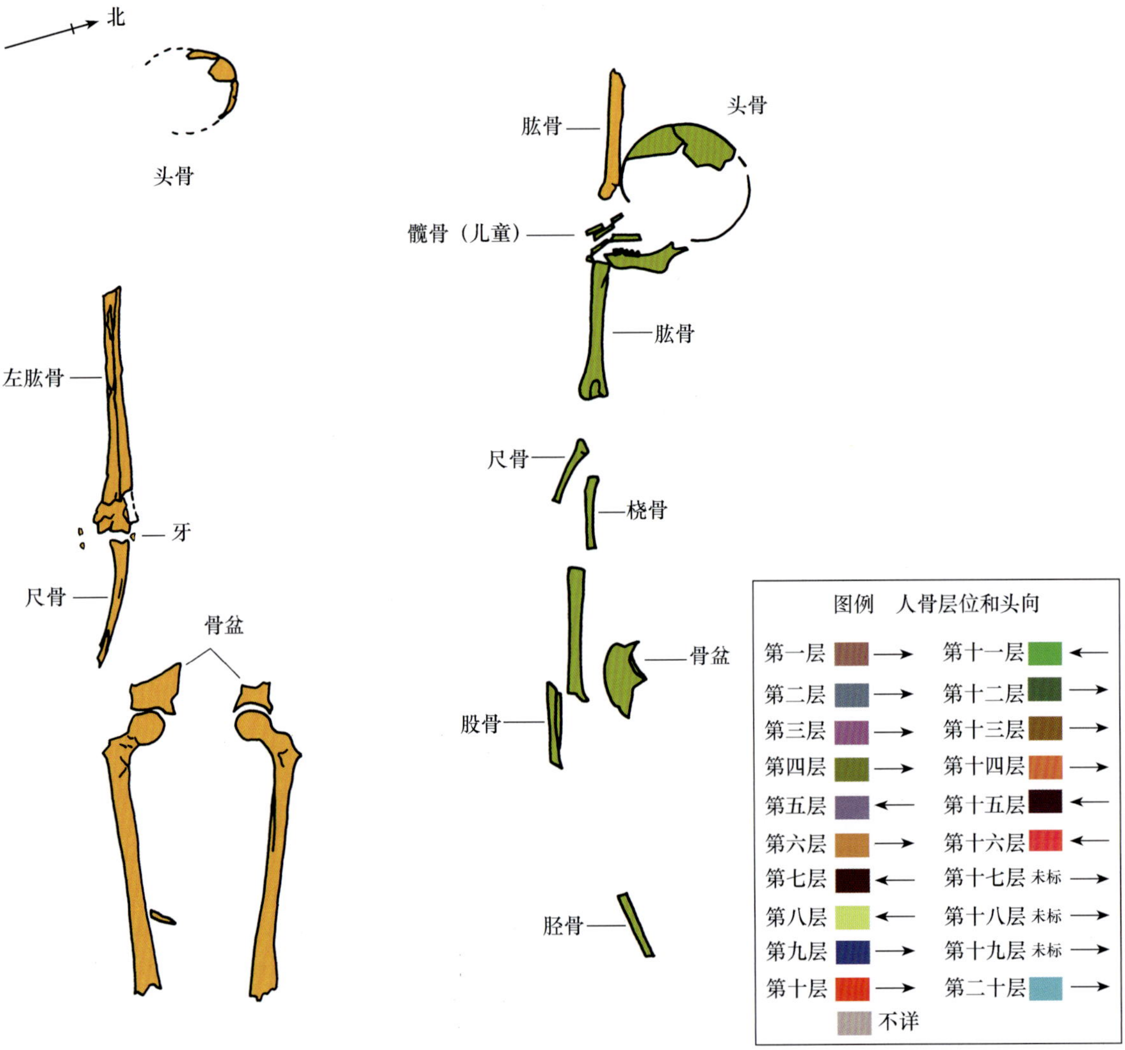

M54人骨分析图

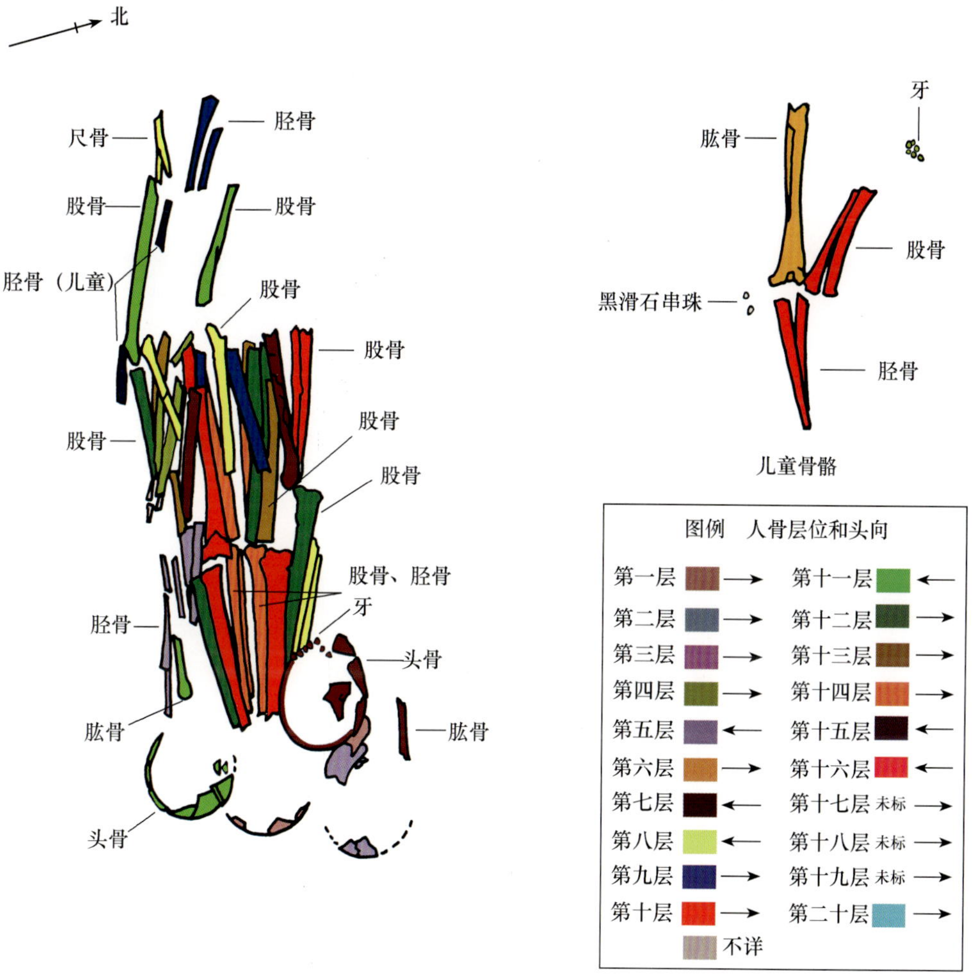
北
尺骨
胫骨
股骨
股骨
胫骨（儿童）
股骨
股骨
股骨
股骨
股骨
股骨、胫骨
牙
胫骨
头骨
肱骨
肱骨
头骨
牙
肱骨
股骨
黑滑石串珠
胫骨
儿童骨骼
图例　人骨层位和头向
第一层 →
第二层 →
第三层 →
第四层 →
第五层 ←
第六层 →
第七层 ←
第八层 ←
第九层 →
第十层 →
不详
第十一层 ←
第十二层 →
第十三层 →
第十四层 →
第十五层 ←
第十六层 ←
第十七层 未标 →
第十八层 未标 →
第十九层 未标 →
第二十层 →

M54人骨分析图

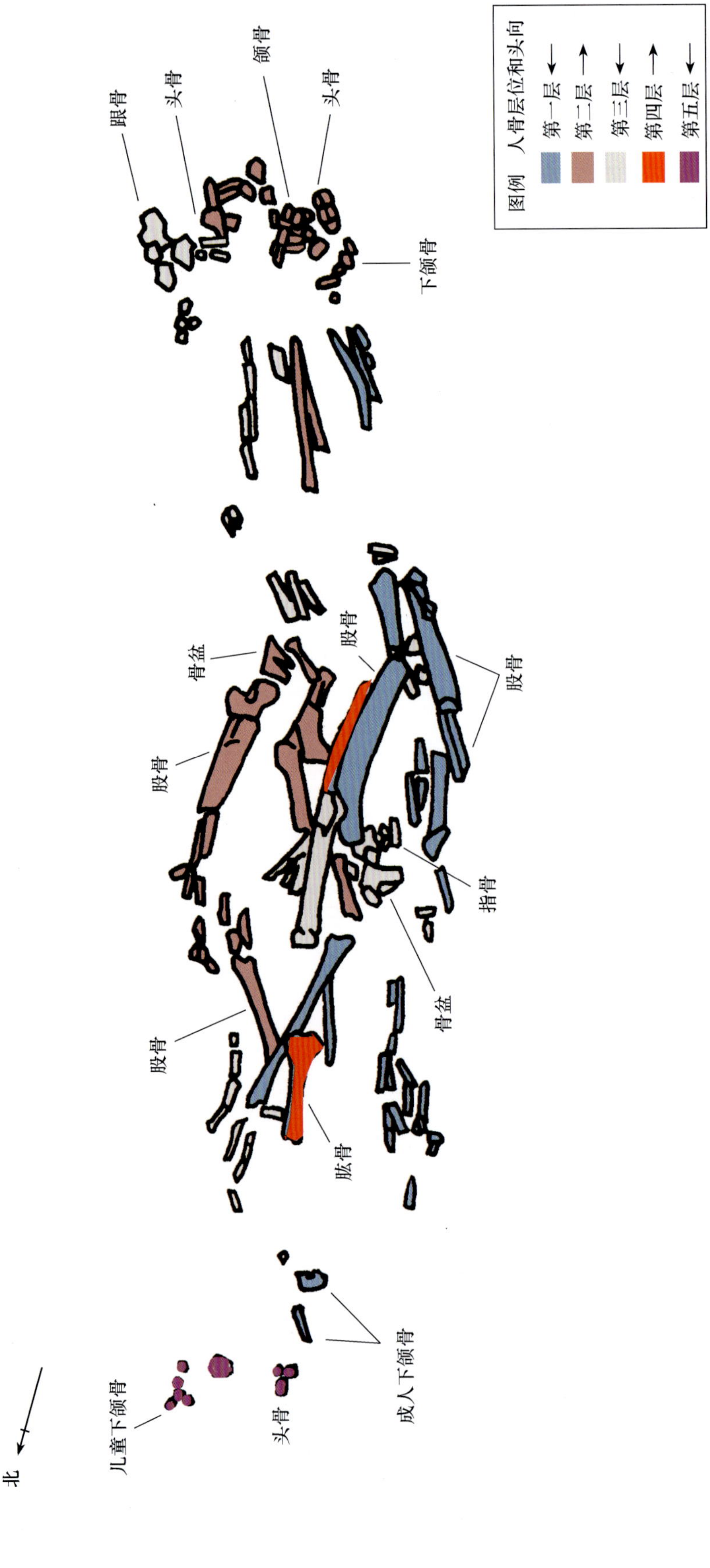
图例
人骨层位和头向
第一层
第二层
第三层
第四层
第五层
跟骨
头骨
颌骨
头骨
下颌骨
骨盆
股骨
股骨
股骨
骨盆
指骨
股骨
肱骨
成人下颌骨
儿童下颌骨
头骨
北

M58人骨分析图

图版一

于家砣头墓地发掘全景

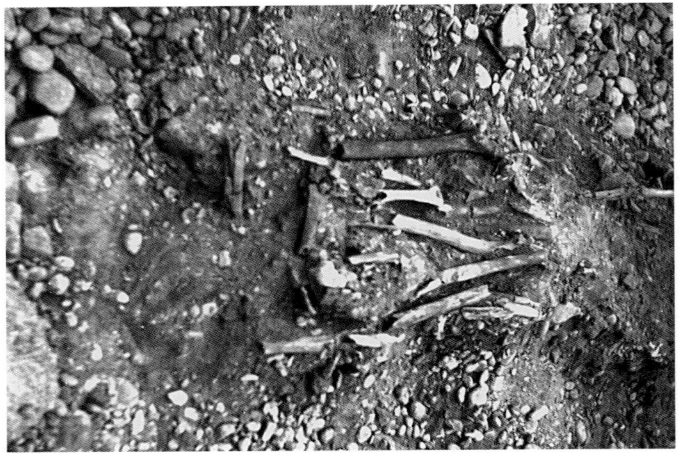

1. M5人骨状况

2. M6东壁状况

3. M8墓室清理状况

4. M8墓底状况

M5、M6、M8

1. 墓底状况

2. 墓底状况

3. 墓室状况

4. 人骨状况

M9

图版四

1. M12墓室清理状况

2. M15清理状况

3. M15墓底状况

4. M21墓室清理状况

M12、M15、M21

1. M24铜镞出土状况

2. M25墓室清理状况

3. M28墓底状况

4. M30墓室清理状况

M24、M25、M28、M30

图版六

1. M31墓室清理状况

2. M36墓室清理状况

3. M38墓室清理状况

4. M39墓室清理状况

M31、M36、M38、M39

1. M42墓室状况

2. M42人骨状况

3. M43墓底状况

4. M44出土器物

M42～M44

图版八

1. M45墓底状况

2. M54墓室状况

3. M54人骨状况

4. M58墓室状况

M45、M54、M58